臺灣閩南方言記略

張振興

文史哲出版社印行

國家圖書館出版品預行編目資料

臺灣閩南方言記略 / 張振興著. -- 台一版. --
臺北市：文史哲, 民 86 印刷
8,184 面；26.3 公分
ISBN 957-547-680-8

802.527   82002723

臺灣閩南方言記略

著　　　者：張　　　　振　　　　興
出　版　者：文　史　哲　出　版　社
登記證字號：行政院新聞局版臺業字五三三七號
發　行　人：彭　　　　正　　　　雄
發　行　所：文　史　哲　出　版　社
印　刷　者：文　史　哲　出　版　社
　　　　　臺北市羅斯福路一段七十二巷四號
　　　　　郵政劃撥帳號：一六一八○一七五
　　　　　電話 886-2-3511028・傳眞 886-2-3965656

實價新臺幣四〇〇元

中 華 民 國 八 十 六 年 五 月 台 一 版 三 刷

前　　言

一、這幾年有機會對"臺灣話",主要是對臺灣閩南方言進行一些調查、了解的工作，實現了我多年來的願望。現在又有可能把這些不成熟的調查結果公佈出來，為將來進一步調查臺灣和其他各省地的閩南方言，提供一個初步的參考，這是十分令人愉快的事情。

二、我是初次從事這項工作的，見鮮識寡，所知甚少；同時，今天我們還無法親自到當地作深入、細緻的調查研究工作。所以現在出版的這本《臺灣閩南方言記略》可能有許多缺點和錯誤，懇切地希望專家、學者，以及各方面讀者，提出批評和指正。

三、工作過程中，不斷得到領導的支持，前輩的教誨，朋友的幫助。特別應該提到一起工作的一些臺灣同胞，尤其是幾位發音合作人，他們自始至終，通力合作，表現得嚴肅認真，一絲不苟。我應該借此機會，向所有這些同志，表示衷心的感謝。還應該衷心感謝出版社的同志，這樣一本符號繁多，體例細碎的書，一定給有關的編輯和排印工人增加了不少的麻煩，如果沒有他們的辛勤勞動，這本書也是出不來的。

作者　一九八一年九月

臺灣省漢語閩南方言、客家方言和高山族語分佈示意圖

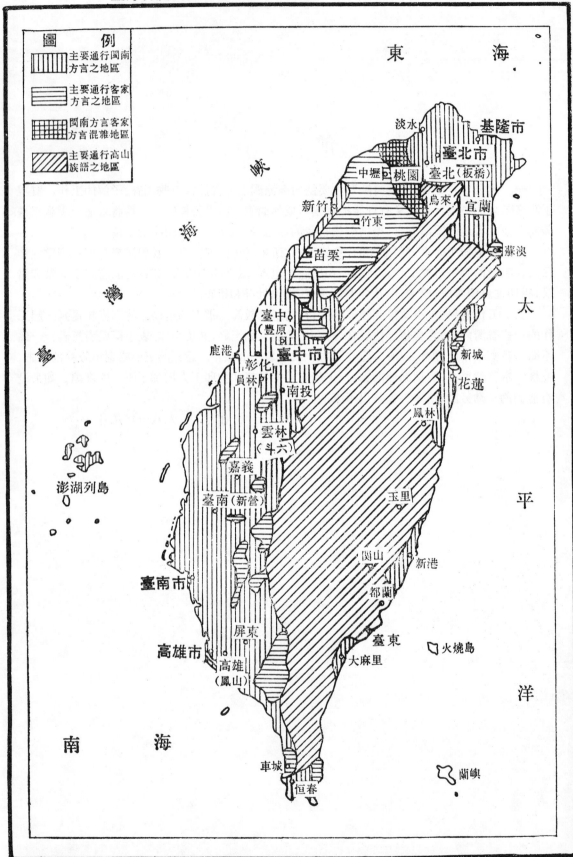

圖　例

主要通行閩南方言之地區

主要通行客家方言之地區

閩南方言客家方言混雜地區

主要通行高山族語之地區

目　録

内 容 提 要

　　本書作者根據發音合作人所提供的材料，對流行在臺灣省臺北和臺南的閩南方言進行了簡要的描寫和分析，總稱爲臺灣閩南方言記略。

　　全書分伍章。第壹、貳兩章對語音系統作了簡要的描寫和分析；第叁章是分類詞表，提供了四千條左右常用的方言詞語；第肆章比較詳細地說明了幾種主要的語法特點；第伍章是若干成篇語料，作爲前此各章描寫分析的佐證。因此，本書可以作爲進一步調查臺灣和其他省地閩南方言的參考，也可以作爲一般方言工作者、語言學工作者和有關部門工作者的參考。

導　論

一　臺灣地理和語言概況

臺灣省簡稱臺,除本島外,周圍還擁有澎湖列島、赤尾嶼、彭佳嶼、蘭嶼、火燒島等數十個島嶼,總面積三萬六千平方公里。這裏地處亞熱帶地區,氣候温暖,雨量充沛,境內港灣遍佈,河洸縱横,溝渠交錯,物産豐富,資源很多,是我們偉大祖國一個非常美麗,富饒的省份。

全省位於東經一百一十九度十八分至一百二十二度零六分、北緯二十一度四十五分至二十五度二十七分之間。它東臨太平洋,北接東海,南界巴士海峽,西隔臺灣海峽與福建省相望。由於地理上的重要位置,臺灣省成了我國東南海上的天然屏障和重要的交通門户。所以《臺灣府志》説:"臺灣府(臺灣省舊稱——引者注),處大海之中,坐東南面西北,爲江、浙、閩、粵四省之外界,諸島往來之要會。緣高丘之阻以作屏,臨廣洋之險以面勢。澎湖爲門户,鹿耳爲咽喉,七鯤身毗連,環獲三茅港,匯聚澄泓。誠天設之險,爲海疆最要。"(注一)

臺灣全省人口約一千七百萬,其中漢族占百分之九十七多,高山族占百分之二多。與此相應的,省內也有兩種語言,這就是漢族居民所使用的漢語方言和高山族同胞所使用的高山族語。

高山族語屬馬來波尼西亞語系印度尼西亞語族,主要分佈於臺灣中部的廣闊山區邊緣地帶,以及東部沿海的某些地區。漢語方言中,主要有三種,即:閩南方言、客家方言,以及以北方方言爲主的其他一些漢語方言。不過後者在臺灣流行的時間比較晚,主要是最近三十幾年的事情,所以通常在講臺灣省漢語方言時,往往略去不提。客家方言在臺灣省內通行較廣,使用的人數也較多,是漢族居民中所使用的一種主要方言。它主要分佈於偏北部以苗栗、中壢爲中心的一大片丘陵地帶,以及南部下淡水溪流域的一些地方。從淵源上説,流行在臺灣的漢語客家方言,和今天廣東省梅縣一帶的客家話極其相近。因爲歷史上遷臺的客家人,大部分來自廣東東部,也就是清代的嘉應洲和惠洲地域,即今天的梅縣、興寧、五華、平遠、焦嶺以及海豐、陸豐等縣。關於臺灣省內的客家方言,因爲不是本書記敍的任務,所以從略。

本書所要記敍的是流行在臺灣省內的漢語閩南方言,通稱爲臺灣閩南方言。它主要分佈於北部、西部人烟稠密的沿海平原和丘陵地區。在臺灣省內使用這種方言的人,估計多達一千二百萬人左右,約占全省人口總數的百分之八十。事實上,許多講客家方言和高山族語的臺灣同胞,也多少懂得一些閩南方言,不少人還説得相當流利。正是從這個意義上講,人們經常習慣地管這種方言叫"臺灣話"。

那麼,臺灣閩南方言和大陸閩南方言之間,是一種什麼關係呢?

我們知道,閩南方言是漢語的重要方言之一。在這種方言裏,古全濁聲母字一部分變爲送氣清音,一部分變爲不送氣清音;古非組字常讀爲雙唇音,古知組字常讀爲舌尖塞音。有[-m]、

注一:《臺灣全志》之"臺灣府志"卷之一第118—119頁。

[-n]、[-ŋ] 以及與之相配的 [-p]、[-t]、[-k] 和 [-ʔ] 等七個輔音韻尾；聲調上因陽上歸陽去，一般是七個，連讀變調的現象特別顯著；還有一整套複雜的文白兩讀系統。在基本詞匯裏，仍然保留着許多古代漢語常用的單音詞成分；在語法上也有不少特殊之處。因此這種方言爲我們今天研究漢語發展史，提供了許多活生生的有力證據。從分佈上講，閩南方言主要分佈於福建南部的廈門、泉州、漳州地區，臺灣省大部分地區，廣東東南部的潮汕地區和海南島上的漢族居住區，以及江西東部和浙江南部的某些地方。此外，東南亞各國的華僑中，也有很大一部分人講的是閩南方言。平常所説的"河洛話"和"十五音"系統，實際上就是指這種廣義的，遍佈於閩、粵、臺以及海外的閩南方言而言的。值得注意的是：不管分佈的地域多麽遼闊，這種方言的內部卻相當一致，只有海南島的閩南方言從語音系統上看，略顯得有點兒特殊。其中，福建的廈門話，可以説是閩南方言的代表點，一方面廈門最初是鄭成功"反清復明"的根據地，很快成爲閩、粵、臺地區的一個政治中心；後來廈門又成爲五口通商的港口之一，商業繁盛，人煙輳集，方言雜揉，廈門話大致具有閩南各次方言的一些特點。另一方面也是因爲上述原因所造成，所以廈門話的通行範圍最廣泛，最有代表性。

臺灣閩南方言只是整個閩南方言的一個分支，已如上述。從源流上看，它是直接來源於福建廈（門）、泉（州）、漳（州）地區的閩南方言的，只有少數和廣東東南部潮汕地區的閩南方言有一些關係。因此，臺灣閩南方言和福建閩南方言之間的一致性，顯得尤其突出，只有在語音系統和詞匯方面有一些細小的差別。這種情況，是由早期福建閩南地區人民，大量移居臺灣所決定的。從臺灣閩南方言內部來説，也有各種差別，其中比較有代表性的是時常聽到的所謂"泉州腔"與"漳州腔"的不同。在這裏，"腔"是一種約定俗成的説法，實際上指的是土音。兩種"腔"的不同，就是兩種土音的差別，猶如福建閩南方言內部有"廈門音"、"泉州音"、"漳州音"的差別一樣。另外，由於臺灣閩南方言的"泉州腔"和"漳州腔"，分別來源於福建閩南方言的"泉州音"和"漳州音"，因此，兩種"腔"的差別，在一定程度上也反映了兩種"音"的差別。當然，兩種"腔"內部也還存在着分歧。舉例來説，同是"日、入、兒、二"這些字的聲母，"泉州腔"有人讀 [l-]，也有人讀 [dz-]，"漳州腔"有人讀 [l-]，也有人讀 [dz-]；同是"魚、去、據、墟"這些字的韻母，"泉州腔"有人讀 [-u]，也有人讀 [-ɯ]，"漳州腔"有人讀 [-i]，也有人讀 [-u]，等等。

在地理分佈上，北部臺北、基隆和鹿港、淡水一帶，南部高雄至恒春沿海一線主要通行泉州腔；中部嘉義、南投一帶和東北部宜蘭、羅東、蘇沃等地主要通行漳州腔；而西部臺南、臺中以及東部新城、花蓮一帶，泉漳腔交錯分佈的情況則很複雜，經常分不清哪一種是主要的，哪一種是次要的。但從總的來説，"泉州腔"略佔優勢。這也是由歷史上的移民情況所決定的。我們知道，福建閩南人集中地、大量地移居臺灣，是鄭成功一六六一年從荷蘭人手中收復臺灣以後的事。鄭成功是泉州府南安縣人，他的左右將士也多泉州人。鄭成功死後，輔佐其子鄭經的重臣，當時的諮議參軍陳永華又是泉州府同安縣人，他定法規，立學校，考試儒童，選拔人才，影響很大。因此，初期移往臺灣的閩南人中，以泉州人爲多。這種情況，一直到了將近三百年以後，也沒有多大改變。據一九二八年出版的《臺灣在籍漢民族鄉貫別調查》一書載稱：當時全省福建系人口計 312 萬，佔總人口的 73.5%；其中以來自泉州府者爲最多，佔福建系總人口 54%；漳州府次之，佔 42%，汀州府第三，約佔 1.4%……。(注一)

這裏，還有兩點必須特別交代。第一，臺灣閩南方言的"泉州腔"和"漳州腔"，雖然分別來

注一：引自陳正祥《臺灣人口地理》，敷明農業地理研究所研究報告第 65 號，1956 年，臺北。

源於福建閩南方言的泉州音和漳州音，但又與原來的泉州音和漳州音不一樣。兩種“腔”之間的差別越來越小，以致於經常出現分混不清的情況。這樣，一方面要承認這兩種“腔”之間的差別，另一方面又不能把這種差別隨意誇大。其原因是原來從泉州府或漳州府遷來的居民，入臺以後，只有極少數人聚族而居，自爲村落，多數人是交錯雜處，來往頻繁。因此，原來所帶去的方言色彩由濃而淡，由純而雜，這是很自然的。第二，今天，這兩種“腔”都分別向閩南方言的代表點——廈門話——的語音系統靠攏。如果説它們很像廈門話，都具有非漳非泉，亦漳亦泉的特點，那是不爲過份的。但是，到目前爲止，無論是“泉州腔”還是“漳州腔”，和今天的廈門話又都不很一樣，其間的界限仍然是明確存在的。

　　綜上所説，臺灣省高山族語和漢語的兩種主要方言之間，漢語閩南方言内部的“泉州腔”和“漳州腔”之間，在地理分佈上，呈現一種錯綜複雜的關係，我們確實很難劃出一條或幾條絕對準確的地理分佈界線。但是，除了附屬若干小島之外，區分出大致的分佈區域，這仍然是可能的（見臺灣省漢語閩南方言、客家方言和高山族語分佈示意圖）。

二　調查簡況和音標符號

我們調查時，有兩位主要的發音合作人。一位是臺北市人，講的是臺北"泉州腔"；另一位是臺南市人，講的是臺南"漳州腔"。他們回到祖國大陸的時間都不長，在這以前除了短時間的離開以外，絕大部分的時間都住在臺北和臺南。

我們首先用中國科學院語言研究所編製的《漢語方言調查字表》（修訂本），分別記錄了臺北泉州腔和臺南漳州腔的大概音系；然後由發音人按一個大致的分類思考，分別記錄了近一萬條詞語；最後，由於這兩位發音人本身工作的關係，我們找了四位在地理上，音系上與上述兩位相同的發音人，記錄了若干成篇材料作爲補充，並請他們校對了前此記錄的字音和一大部分詞語。

從比較中知道，兩位主要發音人所使用的臺北泉州腔和臺南漳州腔，在今天的臺灣閩南方言內部，是有代表性的。下文所説的"臺灣閩南方言"，只是爲了稱説的方便，事實上只是指我們所記錄的兩種"腔"而言的。同時，本書用來進行分析研究的材料，更以"泉州腔"爲主，在可能的地方，才盡量兼顧"漳州腔"。

本書標音以國際音標系統爲基礎，在實在必要的時候才酌情加以補充。下面把本書常用的音標符號，分別加以説明。

（一）　輔音

本書所用輔音符號如 0.2.1 表：

			雙唇	唇齒	舌尖前	舌尖後	舌面前	舌根	喉
塞音	清	不送氣	p		t			k	ʔ
		送氣	p'		t'			k'	
	濁	不送氣	b		d			g	
塞擦	清	不送氣			ts	tʂ	tɕ		
		送氣			ts'	tʂ'	tɕ'		
		鼻音	m		n			ŋ	
		邊音			l				
擦音		清		f	s	ʂ	ɕ	x	h
		濁			z				

（二）　元音

本書所用舌面元音符號，如下列元音圖：

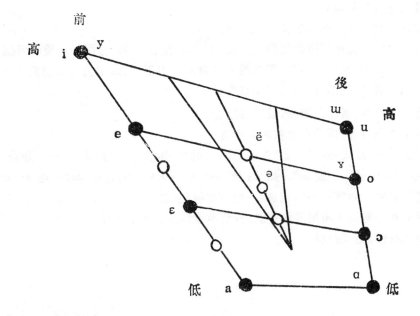

圖上八個標準元音用實心圓點表示，其他用空心圓點表示。

除元音圖上表示的舌面元音外，還有兩個舌尖元音，在跟普通話比較時用得上。 1 表示舌尖前元音， ʅ 表示舌尖後元音。

跟普通話比較時，還有一個 ər 韻。

鼻化元音用在元音上頭加“～”來表示，如 ã 是 a 的鼻化音。

（三）　聲調

調值符號用五度制聲調符號。在臺灣閩南方言裏，連讀變調的現象非常顯著，但都在原來各調調值範圍內，並沒有產生新的調值；同時變調的規律性很强，例外的地方不多。因此本書一律不採用變調符號。

下面是本書所用聲調符號：

平調型：˥ 55 調　　˦ 44 調　　˧ 33 調　　˨ 22 調　　˥ <u>4</u> 調（下面的短橫線，表示該調是短促的入聲調，下同）。

升調型：˧˥ 35 調　　˨˦ 24 調

降調型：˥˩ 51 調　　˥˧ 53 調，<u>53</u> 調

　　　　˧˩ 31 調　　˨˩ 21 調，<u>21</u> 調

升降型：˨˦˧ <u>2 4 3</u> 調　　˩˨˩ <u>1 2 1</u> 調

降升型：˨˩˦ 214 調

平降型：˥˥˧ 553 調

輕聲型：˧ 30 調

本書有時還要用調類符號。調類符號用歷來標四聲的發圈法。標法如下：

陰平　陽平　陰上　陽上　陰去　陽去　陰入　陽入

．□　ˏ□　'□　'□　□'　□'　□.　□,

附本書其他常用符號：

//　　音位符號。如 /ts/ 表示 ts 是一個音位。

[ ]　　音位變体符號和國際音標符號。如 [ts tɕ] 表示 ts tɕ 是同一音位的兩個變體；又如 [ts] 表示 ts 是國際音標，但在沒有誤會的情況下，可以省去 [ ]，逕寫作 ts。

□　　字下加雙線，表示文讀音，或叫讀書音。

□　　字下加單線，表示白讀音，或叫口語音。

□　　表示該處有音，但沒有適當的字可寫。

＞　　表示"……變成……"。如"二十" liᴗ tsapˎ＞liapˎ，表示 liᴗ tsapˎ 變成 liapˎ。

＜　　表示"……從……變來"。如"四十" siapˎ＜siᴗ tsapˎ，表示 siapˎ 從 siᴗ tsapˎ 變來。

～　　省字符號。如"喙～空"，這裏"～空"即"喙空"之省。

同音字表和分類詞表所用其他符號，分別參看該章說明。

臨時使用符號，隨文說明。

第壹章 語音系統

一 聲韻調系統表

（一） 聲母

臺灣閩南方言共有十四個聲母,分別用二十個符號表示。如 **1.1.1** 表:

p	p'	b(m)	
爸罷<u>房</u>	泡炮<u>扶</u>	某畝萬煤梅妹	
t	t'	l(n)	
都肚重	梯體錘	良涼日乃奈耐	
ts(tɕ)	ts'(tɕ')		s(ɕ)
茲制撞	此市腸		思世示
k	k'	g(ŋ)	h
公工猴	考靠倚	牙語我	好浩<u>雨</u>
ø			
員晚冤			

沒有普通話唇齒音 [f] 和舌尖後音 [tʂ]、[tʂ']、[ʂ]、[ʐ] 兩組聲母。

泉州腔與漳州腔在聲母方面沒有什麼差別。

[p] 是雙唇清塞音。

[t] 是舌尖清塞音,但發音部位比正常位置稍後。

[k] 是舌根清塞音。

[p]、[t]、[k] 都是不送氣的,相對的送氣清塞音分別是 [p']、[t']、[k']。

[h] 是一個喉清擦音,發音部位比正常位置稍前,但不是舌根清擦音 [x]

其他聲母,再分項說明如下:

(1) /b(m)/、/l(n)/、/g(ŋ)/ 分別是三個音位。

[b] 並不是一個單純的雙唇濁塞音,在它的前頭總是帶有一個輕微的不帶聲的鼻音成分,用嚴式標音應寫作 [ᵐb]。

[l] 可以分成兩派:一派主要是中年以下的人,他們的 [l] 很接近於一個舌尖邊音,只是前頭略帶有一個輕微的不帶聲的舌尖鼻音成分,用嚴式標音應寫作 [ⁿl];另一派主要是老年人,他們的 [l] 很接近於一個舌尖部位的濁塞音 [d],發音時舌尖與硬顎接觸較多,氣流不是從舌的兩旁流出,而是舌尖離開硬顎後,從舌面上端流出,同時在它的前頭也帶有一個輕微的不帶聲的舌尖鼻音成分,用嚴式標音應寫作 [ⁿd]。本書兩位主要發音合作人都屬於前一派,因此我們的標音用 [l] 不用 [d]。

[g] 也不是一個單純的舌根濁塞音,在它的前頭也帶有一個輕微的不帶聲的舌根鼻音成分,用嚴式標音應寫作 [ᵍg]。

　　由於 [b]、[l]、[g] 本身都帶有輕微的鼻音成分，因此它們跟韻母結合的時候，就出現兩種情況：第一種是跟元音韻母（如 [a]、[ai] 等）和入聲韻母（如 [ap]、[at]、[ak]、[aʔ] 等）結合，前頭輕微的不帶音的鼻音成分仍然很不顯著；第二種是跟元音鼻化韻母（如 [ã]、[ãi] 等）和鼻音韻母（如 [am]、[an]、[aŋ] 等）結合，前頭輕微的鼻音成分由於韻母鼻音的影響而加強，以致於分別變爲同部位的 [m]、[n]、[ŋ]。

　　所以，從音位觀點來説，[b]、[l]、[g] 和 [m]、[n]、[ŋ] 互爲音位變體。如果臨時用 "v" 代表元音韻母，用 "vp" 代表入聲韻母，用 "ṽ" 代表元音鼻化韻母，用 "vm" 代表鼻音韻母，那麼，我們可以用下列公式來表述：

$$A \quad \begin{bmatrix} b \\ l \\ g \end{bmatrix} > \begin{bmatrix} m \\ n \\ ŋ \end{bmatrix} \Big/ \underline{\quad} \begin{Bmatrix} ṽ \\ vm \end{Bmatrix}$$

就是説，在元音鼻化韻母和鼻音韻母之前，[b]、[l]、[g] 分別變爲 [m]、[n]、[ŋ]。或者：

$$B \quad \begin{bmatrix} m \\ n \\ ŋ \end{bmatrix} > \begin{bmatrix} b \\ l \\ g \end{bmatrix} \Big/ \underline{\quad} \begin{Bmatrix} v \\ vp \end{Bmatrix}$$

就是説，在非鼻化元音韻母和入聲韻母之前，[m]、[n]、[ŋ] 分別變爲 [b]、[l]、[g]。

　　據此，完全可以把兩組音位變體合併爲音位 /b/、/l/、/g/ 或 /m/、/n/、/ŋ/。現在我們用前者不用後者，主要考慮到元音韻和元音鼻化韻的問題。在臺灣閩南方言裏，有多少元音韻母，也就幾乎有相等數量的元音鼻化韻母，然而單跟 [b] 組或 [m] 組發生搭配關係，而不再與其他聲母發生搭配關係的，却只有 [ɔ̃]、[ãu]、[iãu] 三個。採用 /b/、/l/、/g/ 音位，依據公式 A，只要説，凡是在 ṽ vm 之前的 [b] 組一律變爲 [m] 組就行了。如果採用 /m/、/n/、/ŋ/ 音位，依據公式 B，雖然可以省去了 [ɔ̃]、[ãu]、[iãu] 三個韻母，但却必須逐個説明在它們後面的元音韻，在什麼環境裏是真正鼻化的，在什麼環境裏實際是非鼻化的。這樣煩瑣累贅，於實用上十分不便。

　　(2) /ts(tɕ)/、/tsʻ(tɕʻ)/、/s(ɕ)/ 也是三個音位。[ts] 是舌尖清塞擦音，[tsʻ] 是相應的送氣音，[s] 是同部位的清擦音。它們和韻母結合的時候，也有兩種情況：第一種是和開、合呼韻母結合，發音部位保持不變；第二種是和齊齒呼韻母結合，發音部位後移，分別顎化爲舌面前音 [tɕ]、[tɕʻ]、[ɕ]。從音位觀點來看，我們可以把 [ts、tɕ]，[tsʻ、tɕʻ]，[s、ɕ] 兩種變體分別歸併爲音位 /ts/、/tsʻ/、/s/ 或 /tɕ/、/tɕʻ/、/ɕ/。如果臨時用 "a" 來表示開口呼韻母，用 "u" 來表示合口呼韻母，用 "i" 來表示齊齒呼韻母，那麼，可以用下面的公式來表述：

$$C \quad \begin{bmatrix} ts \\ tsʻ \\ s \end{bmatrix} > \begin{bmatrix} tɕ \\ tɕʻ \\ ɕ \end{bmatrix} \Big/ \underline{\quad} \{ i \}$$

或者：

$$D \quad \begin{bmatrix} tɕ \\ tɕʻ \\ ɕ \end{bmatrix} > \begin{bmatrix} ts \\ tsʻ \\ s \end{bmatrix} \Big/ \underline{\quad} \begin{Bmatrix} a \\ u \end{Bmatrix}$$

現在我們採用音位 /ts/、/tsʻ/、/s/，是因爲它們可以同時跟 "a" 和 "u" 類韻母發生搭配關係,比之於 /tɕ/、/tɕʻ/、/ɕ/ 只能跟 "i" 類韻母發生搭配關係,當然更具有普遍性了。

（3）　聲母表裏 [Ø] 表示没有聲母。没有聲母在計算上也應該是一個聲母,習慣上叫做零聲母。用 "Ø" 代替慣用的"○",可以避免與韻母 "o" 韻的混淆。零聲母出現的位置總是固定不變的,凡是在韻母前頭没有其他聲母的地方,都可以説有一個零聲母,所以在實際標音時可以把它省略掉。

根據上面説明,本書後面的實際標音,可以省去 (m)、(n)、(ŋ)、(tɕ)、(tɕʻ)、(ɕ) 等六個符號。Ø 聲母當然一併省去。

（二）　韻母

臺灣閩南方言共有七十七個韻母,如 1.1.2 表:

		i	知之基	u	夫久女
a	家飽打	ia	蛇騎社	ua	瓜紙卦
ɔ	普夫祖				
o }	科無保	io }	表橋叫		
ɣ*		iɣ*			
e	馬災啟			ue	吹洗杯
		iu	九珠右	ui	脆氣隊
ai	戴使派			uai	乖快懷
au	教九歐	iau	表柱曉		
m	媒姆	im	林熊深		
am	三淋談	iam	甜滲點		
		in	進眩仁	un	問忍存
an	單陳辦	ian	邊展演	uan	酸端煩
aŋ	湯斷牀	iŋ	命千兵		
aŋ	講公江	iaŋ	相響香		
ɔŋ	公講風	iɔŋ	鄉雄忠		
		ĩ	邊爭麵		
ã	馬擔三	iã	京城鏡	uã	半換碗
ɔ̃	五傲我	iɔ̃* }	鄉唱牆		
		iũ }			
				uĩ	梅媒關縣秤
ẽ*	柄爭坑			uẽ*	梅媒妹
ãi	指埋耐			uãi*	關縣秤
ãu	惱鬧藕	iãu	猫		
		m̩	物		

ãʔ 閜	iãʔ 悻		
ɔ̃ʔ 膜			
ẽʔ 脈			
	iʔ 笛滴舌	uʔ 托浡	
aʔ 百押甲	iaʔ 錫格屐	uaʔ 末活割	
oʔ / ɤʔ* } 學索鶴	ioʔ / iɤʔ* } 約溢尺		
eʔ 伯白腋		ueʔ 八截割劀界	
		uiʔ 血	
	ip 立急集		
ap 答納雜	iap 接立帖		
	it 實必植	ut 物末佛	
at 八笛察	iat 別白切	uat 活脱決	
	ik 百綠或		
ak 學讀岳	iak □ [piak˛] ~開: 器物突然破裂		
ɔk 讀伏託	iɔk 逐曲育		

從表中可見,臺灣閩南方言没有普通話的全部撮口呼韻母（ [y]、[ye]、[yan]、[yn] ），也没有 [uo]、[ie]、[ei]、[ou]、[ɿ]、[ʅ]、[ɚ]、[ŋ̍]、[uaŋ]、[əŋ]、[uəŋ]、[ɚ] 等十一個韻母。

上列韻母中,右上角有星號 "*" 的,共八個,是屬於漳州腔所特有的: [ɤ]、[iɤ]、[iɔ̃]、[ẽ]、[uẽ]、[uãi]、[ɤʔ]、[iɤʔ]。它們和泉州腔韻母的關係,通過表中的例字,大致可以清楚。

韻母的其他情況,再分項説明於下:

（1） 所有韻母中,包含 [i]、[u]、[e]、[a]、[ɔ]、[o]、[ɤ] 等七個元音。其中 [i]、[u] 還可以做韻頭和韻尾,它們和七個元音之間的配合關係如 1.1.3 表:

		i	u	e	a	ɔ	o	ɤ
i	韻　頭	○	+	○	+	○	+	+
	韻　尾	○	+	○	+	○	○	○
u	韻　頭	+	○	+	+	○	○	○
	韻　尾	+	○	○	+	○	○	○

表中"○"表示没有配合關係,"+"表示有配合關係。七個元音的具體音值是:

[i]: 比元音圖上的標準元音略低略後,但在鼻化韻中的 [ĩ],則相當接近於標準元音。在 [iu] 韻和漳州腔的 [iŋ]、[ik] 韻中, [i] 有明顯的複元音化爲 [ie] 或者 [iə] 的傾向。

[u]: 比元音圖上的標準元音略低。做韻頭時,舌位更低,口不甚圓。

[e]: 泉州腔的 [e] 比元音圖上的標準元音略低。漳州腔的 [e] 則略後,有時甚至接近於央元音 [ə]。

[a]：發音部位有時要受 [-m]、[-n]、[-ŋ]和 [-p]、[-t]、[-k]、[-ʔ] 等輔音韻尾的影響而前後移動。一般在標準元音 [a] 和 [ɑ] 的中間。但在 [ian]、[iat] 兩韻母中，[a] 實際上很接近於元音圖上的央元音 [ə]。

[ɔ]：在無韻尾或配韻尾 [-k] 時，十分接近於標準元音 [ɔ]，但在配韻尾 [-ŋ] 時，則比標準元音 [ɔ] 略低。[iɔŋ] 韻中的 [ɔ] 實際上又很接近於標準元音 [o]。

[o]：十分接近於元音圖上的標準元音 [o]。

[ɤ]：只出現於漳州腔中，是與標準元音 [o] 相對的不圓唇元音。

（2）　有一部分元音韻母，發音時氣流同時從口、鼻出去，習慣上稱爲鼻化韻。在臺灣閩南方言裏，鼻化都和元音同起迄，包括韻頭、主要元音和韻尾。但爲了方便起見，在韻母表裏鼻化符號"～"一律加在主要元音上面。同時，這類韻母和聲母相拼時，鼻化的作用也要影響到聲母。在這方面，鼻化韻前面的聲母 [b]、[l]、[g] 一律變成鼻音聲母 [m]、[n]、[ŋ]，就是一個證明。

（3）　[m]、[ŋ] 本來是聲母 [b]、[g] 的兩個變體，但在臺灣閩南方言中，它們還可以作爲韻母來使用。它們還可以跟其他聲母結合，但情況不太一樣。[m] 韻只跟 [h-] 母相拼，此外並不跟別的聲母相拼了。而 [ŋ] 韻不受這個限制，可以跟所有聲母相拼，不過這時聲母和 [ŋ] 之間往往還帶有 [ɯ] 的音。這個 [ɯ] 顯然是個過渡音，在實際上是完全不必寫出來的。

（4）　還有相當一部分帶輔音尾的韻母。一類是帶 [-m]、[-n]、[-ŋ] 尾的，另一類是與之相配的帶 [-p]、[-t]、[-k]、[-ʔ] 尾的。[-ʔ] 尾暫且不談外，這兩類輔音韻尾的配搭十分整齊：

[-m]　　[-n]　　[-ŋ]
[-p]　　[-t]　　[-k]

什麼元音可以帶輔音韻尾，什麼元音不可以帶輔音韻尾呢？也可以用一個圖表來表示。如1.1.4表：

	i	u	a	ɔ	ia	io	ua
-m (-p)	+	○	+	○	+	○	○
-n (-t)	+	+	+	○	+	○	+
-ŋ (-k)	+	○	+	+	+	+	○

根本不能帶任何輔音韻尾的單元音或復合元音，都沒有列入表中。帶 [-ŋ (-k)] 尾的 [-ioŋ (-iok)] 韻，爲求得韻母表的系統化，在實際標音時一律改爲 [-iɔŋ (-iɔk)] 韻。

從發音方法來看，當輔音尾的 [-m]、[-n]、[-ŋ] 跟當輔音聲母用的 [m-]、[n-]、[ŋ-] 有很相似之處，但又不完全相同。雖然氣流都從鼻腔而出，但 [-m]、[-n]、[-ŋ] 分別在雙唇、舌尖、舌根部位阻塞以後，立即中斷了氣流，不再延長。而 [m-]、[n-]、[ŋ-] 則不是這樣，它們不中斷氣流，可以繼續延長。

帶 [-p]、[-t]、[-k]、[-ʔ] 尾的，就是所謂入聲韻尾。當入聲韻尾的 [-p]、[-t]、[-k]、[-ʔ] 和當輔音聲母的 [p-]、[t-]、[k-]、[ʔ-] 也不完全相同。這裏可以引用羅常培先生的一段話來說明，他說："這種韻尾的 -p、-t、-k，只達到 p、t、k 的部位而止，有勢無音，並不能聽見顯著的破裂，所以只能算是截斷音,而不是真正的爆發音。"(注一) [-ʔ] 的情況也是這樣。

（5）　還有 [ãʔ]、[ɔ̃ʔ]、[ẽʔ]、[ĩʔ]、[iãʔ] 等五個韻母,可以叫做鼻化入聲韻。它們作爲入聲韻母,和（4）項所説的 [-ʔ] 的情況大致一樣;而作爲鼻化韻母,和（2）項所説略有不同,就是它們前面的聲母,並不受鼻化的影響。

（三）　聲調

臺灣閩南方言有七個聲調（不包括輕聲）。如 1.1.5 表:

調　　　類	陰平(1)	陽平(2)	陰上(3)	陰去(5)	陽去(6)	陰入(7)	陽入(8)
例　　　字	軍	羣	滾	棍	近郡	骨	滑
調　　　型	˥	˧˥	˥˧	˨˩	˧	˨˩	˥˧
調　　　值	55	24	53	21	33	21	53

泉州腔和漳州腔在單字聲調方面沒有什麼差別。

表中的調型,是根據五度制豎線標調法,標記每個聲調相對高低升降的符號。調值就是根據五度制的五個單數表達調型的具體數值。

沒有像普通話上聲 [˨˩˧] 213 那樣的降升調。陰上很像普通話的去聲 51 [˥˩] 調,但落點較高,是 53。陰去和陽去的調型調值如上表。其他幾個調要另加説明。陰平的實際調值應該是 44,但爲了跟後面的陽去在書面上有個顯著的區別,姑且標記爲 55,屬高平調;陽平的實際調值應該是 224,即先平而後升,但前面的平調不甚顯著,可以簡化爲 24,屬中升調,和普通話的陽平 [˧˥] 35 調很接近。陰入的調值是短促的 21,調型跟陰去相似,也屬低降調;陽入的實際調值,泉州腔是短促的 54,漳州腔是短促的 55,爲了系統化的方便,也一概簡化爲短促的 53,跟陰上相似,屬高降調。因此,我們完全可以借用陰去的調型 "˨˩" 來標記陰入,而用陰上的調型 "˥˧" 來標記陽入。總之,就是用五個調型來標記七個調類。這麼一來,陰入和陰去,陽入和陰上不是混在一起了嗎? 其實不會。凡是入聲調,第一讀起來一定短促,在一般情況下不能延長; 第二入聲韻母一定有 [-p]、[-t]、[-k]、[-ʔ] 四個音收尾,這就足以把入聲和非入聲分開。然後聲調相對低的那個一定是陰入、相對高的那個一定是陽入,這又足以把兩個入聲分開。

除了上面講的七個聲調以外,還有一個輕聲。輕聲本身並不單獨出現,它的調值常常隨同前後的聲調而變化。本書在後面的標音中,用 [˧] 來表示輕聲。

注一:　羅常培《廈門音系》第 16 頁,科學出版社,1956年,北京。

二　聲韻調的配合關係

十四個聲母分爲 [p p' b]、[t t' l]、[ts ts' s]、[k k' g h] 和 [Ø] 五組。

七十七個韻母分爲開口呼、齊齒呼、合口呼三大類。没有撮口呼。

臺灣閩南話聲母韻母聲調配合關係的特點是:

(1) 每組聲母都可以和開口呼、齊齒呼、合口呼三大類韻母相拼。

(2) p 組聲母 [p p' b] 不拼 [-m] 尾的舒聲韻(包括 [m̩] 韻)和 [-p] 尾的入聲韻。也不和 [uai (uãi)]、[iũ]、[iãu] 三個韻相拼。

(3) t 組聲母 [t t' l] 不拼 [uai (uãi)]、[m̩]、[uẽ]、[uĩ] 四個韻母。

(4) p 組的 [p'] 母,t 組的 [t'] 母不拼齊齒呼、合口呼的陽入韻。[p'] 母有三個例外:"淬" [p'uʔˋ],"□出~" [p'iaʔˋ],"□翅膀鼓動" [p'iatˋ]。

(5) ts 組的 [ts ts' s] 不拼 [m̩]、[ɔ/ɔʔ]、[ãu]、[iãu]、[uai (uãi)]、[uĩ]、[uẽ] 等韻母。例外是"樣" [suĩ (suãi)ˊ]。

(6) k 組的 [k k' g h] 不拼 [uẽ] 韻和 [ãu] 韻,例外是"藕" [gãuˋ]。[Ø] 母不拼 [uẽ]、[uãi]、[ãu]、[iãu] 四韻。

聲母韻母的配合關係如 1.2.1 表:

	開　口　呼	齊　齒　呼	合　口　呼
p　p'　b	疤　泡　痲	殯　品　面	富　浮　武
t　t'　l	刀　討　澇	點　悿　念	敦　吞　輪
ts　ts'　s	扎　擦　殺	真　親　新	尊　春　孫
k　k'　g　h	鈎　口　豪　侯	兼　欠　嚴　嫌	裙　睏　銀　訓
Ø	熬	演	運

聲母韻母聲調的配合關係如 1.2.2 表: (14—21 頁)

	i/iʔ	u/uʔ	a/aʔ	ia/iaʔ	ua/uaʔ
	陰陽陰陰陽陰陽 平平上去去入入	陰陽陰陰陽陰陽 平平上去去入入	陰陽陰陰陽陰陽 平平上去去入入	陰陽陰陰陽陰陽 平平上去去入入	陰陽陰陰陽陰陽 平平上去去入入
p	卑枇比泌備潷	哹鳧　富伏	疤鈀飽壩罷百	壁	簸簸　鉢跋
pʻ	披脾疕屁	浮䣕　浡	胈爬　泡拍白	僻⑭	⑲　破　潑
b	瞴眯米秘味宓篾	誣武　霧	麻　⑨肉		磨　抹末
t	蜘池底置治滴碟	猪槠拄注箸挃	焦　⑩罩大答踏	爹　摘糴	帶大
tʻ	①蹄②剃稚鐵	貯　托	㿉⑪塔沓	拆	拖　泰獺
l	③厘里④字　裂	擩如汝攄呂	拉撈　⑫　獵	⑮惹　掠	籮　瀨　辣
ts	支餈紫鑄巳摺舌	朱薯煮駐自	遮　早炸	這這姐蔗謝隻食	抓蛇紙迒⑳
tsʻ	姐持撍試市⑤⑥	舒𪗱取次　趨	差柴炒　插	車斜且笡　赤	娶煪㉑㉒
s	絲時死四氏錫折	輸詞暑賜事嗽	裟　傻嘎　煠	賒邪寫赦社錫席	沙　耍煞　煞
k	基旗杞記忌⑦	蚼渠舉鋸舅	膠　絞教　甲⑬	迦　寄掎揭屐	歌　寡掛㉓割㉔
kʻ	觭騎起器柿缺	區踞　去柩⑧	骹　卡敲　恰	欺騎　倚　⑯	誇　可　闊
g	疑蟻　義	牛語　御	牙雅　訝	鵝　⑰	我　外
h	稀　喜戲耳	虛魚府付父	哈蝦　孝夏	靴或　瓦　額	花華　化畫豁伐
ø	伊移椅意異	鳴於羽煦預	阿啊啊亞　鴨匣	爺野瘂夜⑱易	哇　倚　瓦　活

① tʻiˋ ～～ㄐㄧ: 説話口吃狀。
② tʻiˋ ～開: 撕開。
③ liˉ 向下按住。
④ liˋ ～開: 撕裂。
⑤ tsʻiˋ ～～: 往下垂。
⑥ tsʻiˋ 紅膏赤～: 紅光滿面。
⑦ kiˋ 砌: ～石。
⑧ kʻuˋ 咳嗽聲。
⑨ baˉ 接縫嚴密。
⑩ taˋ 粘貼。
⑪ tʻaˉ 重叠起來。
⑫ laˉ ～liˋ: 穿山甲。
⑬ kaˋ 艱～: 艱難。

⑭ pʻiaˋ 出～: 小孩出疹。
⑮ liaˉ 日頭: 遮住陽光。
⑯ kʻiaˋ 門～: 門框兩側。
⑰ giaˉ 從小洞裏望外掏。
⑱ iaˋ ～心: 惡心欲吐。
⑲ pʻuaˉ 擺動。
⑳ tsuaˋ 膠～仔: 蟑螂。
㉑ tsʻuaˉ 顫抖狀。
㉒ tsʻuaˋ 歪斜不正。
㉓ kuaˉ 真～: 淡而無味。
㉔ kuaˋ 咸～～: 咸極了。
潷 piˋ 濾水去滓。
瞴 biˉ 偷看一眼。

宓 biˉ 藏匿起來。
撍 tsʻiˉ 用拳望下按。
折 siˋ ～本: 損失本錢。
觭 kʻiˉ 不正。
哹 puˉ 吹氣聲。
鳧 puˋ 裹物於火中燒烤。
趨 tsʻuˉ 望下滑行。
踞 kʻuˉ 蹲下。
㿉 tʻaˉ 以角挑物。
嘎 saˉ 語氣詞。
笡 tsʻiaˉ 傾斜。
迒 tsuaˉ 行一～: 走一趟。
煪 tsʻuaˉ ～伊去: 帶他去。

	o/oʔ	io/ioʔ	e/eʔ	ue/ueʔ	ui/uiʔ
	陰陽陰陰陽陰陽 平平上去去入入 ˥˧˩˥˧˥˧	陰陽陰陰陽陰陽 平平上去去入入 ˥˧˩˥˧˥˧	陰陽陰陰陽陰陽 平平上去去入入 ˥˧˩˥˧˥˧	陰陽陰陰陽陰陽 平平上去去入入 ˥˧˩˥˧˥˧	陰陽陰陰陽陰陽 平平上去去入入 ˥˧˩˥˧˥˧
p p' b	玻婆寶搖暴駁魄 波　破抱粕 ①無　帽	⑤　表　鰾 飄藻票 描秒　廟	飛爬把蔽焙伯白 皮　帕被 糜尾　妹卜麥	杯培　輩　八 坯　⑬配 買　賣　䘌	⑱肥　痱吠 　屁啡 ⑲
t t' l	刀逃襰到道桌薯 拖桃討套 囉羅老跳澇落	跳　釣趙　䚕 挑　糶 撩　尿略	低茶⑧帝第摘⑨ 胎堤體　蛇宅 胴禮　例	題底　地 推　退 犁　詈笠	追捶　對隊 梯槌腿蜕 雷壘　類
ts ts' s	糟曹左做皂作 撎臢草錯警 搔　嫂燥索	椒　少醮　跖石 猶　笑照尺蓆 燒⑥小　邵惜芍	災蠐姊祭坐　絕 妻　髓脆⑩冊 西垂　稅誓雪⑪	齊　做罪節截 吹　細　⑭ 梳　洗帥	椎⑳嘴醉誰 催　攛碎 荽隨水歲遂
k k' g h	哥撠稿告和攔② 柯③考課酷 訛我餓 號禾好耗賀鶴	驕橋　叫轎腳 　□竅却 ⑦ 　後歇箸	家根果嫁下隔逆 詼葵啟課下客⑫ 牙　藝茇月 灰迴火貨暇	鷄⑮解疥 溪瘸　契　⑯ 　外 花回悔　匯	歸葵鬼季櫃 虧奎　愧潰 巍　魏 非　瓷匪費惠血
ø	阿蚵襖澳　④學	腰搖舀　藥鷯藥	鰻今啞縊禍　腋	挨鞋矮　話　⑰	威帷委畏位㉑

① boŋ˩ kam˥~ : 也是。
② koʔ˥ 怀~ : 但是……。
③ k'o˧ 擺架子ㄌ難他人。
④ oˊ˩ ~做 : 難於做到。
⑤ pioŋ˩ 戲謔。
⑥ sio˧ 軟~~ : 軟而下垂狀。
⑦ gio˧ 粉~ : 一種夏季飲料。
⑧ te˥ 短也。
⑨ teʔ˥ 慳~~ : 吝惜之極。
⑩ ts'e˧ 尋找。
⑪ seʔ˥ 旋轉。
⑫ k'eʔ˥ 藥~仔 : 藥箱子。
⑬ p'ue˩ 量詞。一~ : 一片。

⑭ ts'ue˩ 恨極。
⑮ kue˧ 用手指關節扣打。
⑯ k'ueʔ˩ 合眼。
⑰ ueʔ˥ 狹窄。
⑱ puiŋ 拔出。
⑲ buiŋ 目珠~~ : 眯着眼。
⑳ tsui˧ 砍斷。
㉑ uiʔ˩ 用短而尖的東西刺。
着 toʔ˥ 火燃。
桃 t'o˧ ~園 : 地名。
和 ko˧ 翻滾不定狀。
號 ho˩ 哭喊。
着 tioʔ˥ 肯定之辭 : 對!

照 ts'io˧ ~手電 : 用手電照。
口 k'io˧ 人~。
藥 io˧ ~片。
藥 ioʔ˥ ~片。
被 p'e˧ 被子。
卜 beʔ˩ 答應之辭 : 行、可以。
蟳 tse˧ 蜈蜅~ : 蟲名。
下 ke˧ 低下。
下 k'e˧ 放置。
繪 bue˩ 未曾。
罳 lue˥ 罳罵。
啡 p'ui˧ 吐出。
瓷 hui˧ 陶器總稱。

	ɔ	iu	ai	uai	au	iau	m
	陰陽陰陰陽 平平上去去	陰陽陰陰陽 平平上去去	陰陽陰陰陽 平平上去去	陰陽陰陰陽 平平上去去	陰陽陰陰陽 平平上去去	陰陽陰陰陽 平平上去去	陰陽陰陰陽 平平上去去
p p' b	晡醋補布步 鋪扶普舖簿 模某墓	彪	⑥排擺拜敗 疕派 眉殊矈		胞包飽報鮑 抛袍跑泡 卯貿	標表 漂嫖票漂 苗秒妙	
t t' l	都圖堵妬杜 塗土吐 爐魯路	丟綢肘　宙 抽　丑 溜揉柳②　餾	獃抬　帶貸 篩苔嚏太待 來　利		兜投斗晝豆 偷頭敲透毒 樓籔落漏	雕朝　吊召 超　跳柱 繚了料	
ts ts' s	租祖　助 粗　楚醋 酥鐤所素	珠　酒咒就 秋仇手臭樹 收泅守秀壽	栽財指再在 猜裁彩菜在 獅屎賽侍		糟巢走灶 抄愁草湊 ⑦　撒掃	焦剿鳥照 搜矯 消潲小笑紹	
k k' g h	姑糊古故 區糊苦褲 娛五午 呼胡虎戽户	勾球久救舊 邱趜③　④ 牛⑤ 休裘朽嗅	該骸改戒 開楷概 崖艾 賅孩海害	乖拐怪拐 快 槐　壞	鈎猴垢夠厚 敲口扣 豪 薅侯吼孝效	驕僑繳　狡 翹⑧巧翹 堯 梟嬈曉⑨	⑩媒　　⑪
ø	烏胡①惡芋	優油友幼右	哀　愛	歪　膭	甌熬拗漚後	妖謠夭要耀	梅姆　怀

① ɔ˥ 挖也。
② liu˩ ～皮:脫皮。
③ k'iu˥ 一把抓住。
④ k'iu˩ 真～:很有彈性。
⑤ giu˩ 扯斷。
⑥ pai˥ hia˥～:說人多言,好賣弄自己。
⑦ sau˥ 裂而未開。
⑧ k'iau˩ 說人刁鑽。
⑨ hiau˥ 紙張、布料等邊緣捲起。

⑩ hm˥ 答應聲。
⑪ hm˩ 從上望下打。
駿 sɔ˥ 烏～～:黑乎乎的。
糊 kɔ˥ 糨糊。
糊 k'ɔ˥ 在牆上亂貼東西。
殊 bai˥ 丑、壞。
矈 bai˩ ～看:偷看一眼。
在 tsai˩ 現～。

在 ts'ai˩ 站立不動狀。
拐 kuai˥ ～帶。
拐 kuai˩ ～倒:絆倒。
包 pau˥ 真～:真包公。
毒 t'au˩ ～蟲:把蟲毒死。
落 lau˩ 走漏。
翹 k'iau˥ 死去。
翹 k'iau˩ 倒下去。
怀 m˩ 不肯,不願意。

	im/ip	am/ap	iam/iap	in/it	un/ut
	陰陽陰陰陽陰陽 平平上去去入入	陰陽陰陰陽陰陽 平平上去去入入	陰陽陰陰陽陰陽 平平上去去入入	陰陽陰陰陽陰陽 平平上去去入入	陰陽陰陰陽陰陽 平平上去去入入
p p' b				賓貧秉殯臏畢 蘋品　匹 民閩　面　蜜	分嗌本糞笨撥佛 潘盆⑫噴　刜 文吻⑬問　物
t t' l	沉沉　揕朕 啉林凜賃妊入立	耽潭胆頓淡答杳 貪痰　探①榻 ②南攬③濫塌納	枯甜點店憺　諜 添悿　⑤貼叠 ⑥廉斂捻念攝粒	珍塵頂鎮陣哲直 ⑩　趁 奶仁恁　認　日	敦唇盹扽沌　突 吞豚腯　塾禿 蠕輪忍⑭閏⑮律
ts ts' s	針蟳蟳浸　執集 侵鱭寢　緝 心尋沈滲甚濕習	慚斬蘸站　雜 摻簪慘懺　插 杉糝穇　澀屑	尖潛枕佔漸汁捷 簽⑦⑧釤 瞻尋閃滲甚澀涉	真秦拯晉盡積植 親　秤　七 新神　信慎失實	尊船準俊陣卒秫 春　蠢寸⑯出 孫旬筍舜順恤述
k k' g h	今　錦禁妗急及 欽琴　吸吸 吟錦 欣熊　弇	甘含感監　鴿合 堪砍磡　磕 岩憨 蚶含④頷撼哈合	兼咸減劍　夾挾 謙黔歉欠儉怯 嚴　驗⑨業 薟嫌險喊　協	緊　僅　汔 輕　乞檗 凝囷　⑪ 興眩　或	根裙滾棍近骨掘 坤芹絚睏　屈屈 銀阮　捐 婚痕粉訓份忽佛
∅	音淫飲蔭　揖	庵涵飲暗頷壓盒	閹鹽掩厭焰　葉	因寅引印孕乙逸	恩勻隱揾運鬱

① t'am˩ 踏～：衰老而行動不便的樣子。
② lam˧ 鷄～：竹製鷄罩。
③ lam˩ 踩在爛泥中。
④ ham˪ 用棍子打下去。
⑤ t'iam˥ ～水：投入水中。
⑥ liam˧ ～骹：踮起脚尖。
⑦ ts'iam˪ 刺殺。
⑧ ts'iam˧ 刺進去。
⑨ giap˩ ～着：掩蓋起來。
⑩ t'in˧ ～茶：倒茶。
⑪ gin˪ 討厭。

⑫ p'un˩ 牲畜在地上打滾。
⑬ bun˩ 爬蟲蠕動狀。
⑭ lun˩ 拖延時間。
⑮ lut˩ ～毛：退毛。
⑯ ts'un˪ ～死：豁出命來。
沉 tim˧ 陰～。
沉 tim˩ 下～。
啉 lim˧ 飲也。
鱭 ts'im˩ 銅鈸。
錦 kim˥ ～州：地名。
吸 k'ip˩ 呼～。
吸 k'ip˥ 吸住不放。

錦 gim˧ 什～。
頓 tam˪ ～頭：低着頭。
憨 gam˪ 呆相。
哈 hap˪ ～仙：說大話者。
瞻 siam˧ 從細縫偷看。
恁 lin˥ 你們。
或 hit˥ 那麼。
蠕 lun˩ 爬蟲蠕動狀。
屈 k'ut˪ ～服。
屈 k'ut˥ 孤～：孤單絕種。
阮 gun˥ 我們。

	an/at	ian/iat	uan/uat	ŋ/○	iŋ/ik
	陰陽陰陰陽陰陽 平平上去去入入	陰陽陰陰陽陰陽 平平上去去入入	陰陽陰陰陽陰陽 平平上去去入入	陰陽陰陰陽陰陽 平平上去去入入	陰陽陰陰陽陰陽 平平上去去入入
p p' b	班 瓶 板 半 辦 八 別 攀　盼 　閩 挽 慢① 密	邊 騈 匾 遍 辨 　 白 編 　 鯿 　 撇 ② 棉 免 面 滅	伴 鉢 拔 盤 　 潑 滿 萬 抹 末	楓 　 飯 馮 嗙 門 問	兵 朋 炳 併 病 逼 白 拼 評 聘 並 碧 名 猛 孟
t t' l	丹 陳 等 蛋 但 　 遠 蟶 彈 毯 趁 踢 鱗 懶 濫 力	巔 田 展 電 大 姪 朕 撤 連 碾 鍊 列	端 短 斷 緞 奪 團 脫 彎 暖 亂 劣	當 塘 漲 噹 簦 湯 糖 賣 簦 ⑥瓢 軟 嚷 卵	丁 亭 頂 訂 鄧 得 敵 聽 停 艇 踢 龍 靈 冷 踜 令 歷
ts ts' s	曾 殘 盞 進 贈 札 實 餐 賸 鏟 燦 擦 賊 刪 產 散 殺	煎 錢 剪 戰 賤 折 截 遷 延 淺 茜 切 仙 蟬 癬 搧 善 泄	專 泉 轉 鑽 撰 絕 川 傳 喘 串 宣 旋 選 算 羨 說	裝⑦ 鑽 狀 倉 牀 省 穿 霜 牀 損 算 相	增 情 井 證 靜 責 清 松 請 銃 頌 鵲 蠘 甥 承 省 性 盛 色 蝕
k k' g h	奸 簡 幹 結 牽 看 尅 顏 眼 雁 番 韓 罕 漢 焊 嚇 核	堅 攕 建 腱 桔 杰 褰 乾 犬③ 健 ④ 言 嬿 硯 孽 掀 玄 顯 憲 現 血	觀 權 館 貫 縣 決 抉 圈 環 款 勸 缺 原 願 月 翻 煩 返 煥 犯 發 爵	扛 管 鋼 糠 勸 昏 園 哼 遠	宮 窮 景 敬 競 擊 極 框 瓊 肯 慶 曲 迎 硬 玉 胸 形 興 杏 黑 或
∅	安 恒 案 限 扼	煙 沿 演 宴 ⑤	彎 元 婉 怨 援 斡 越	央 黃 椀 向	英 榮 永 映 用 益 浴

① batˍ 曾經。
② p'iat˥ 禽類翅膀鼓動狀。
③ k'ianˍ ～顢: 粗心大意。
④ k'iat˥ 劃火柴的動作。
⑤ iat˥ 搧風的動作。
⑥ lŋˍ la?˥～: 膕胭。
⑦ tsŋˍ 蒼蠅沾物

彈 t'anˍ 南～: 一種地方戲。

難 lanˍ 患～之交。
散 sanˍ 擴～。
田 tianˍ 神～: 靈魂, 精神。
田 t'ianˍ ～地。
抉 kuat˥ 用巴掌搧人。
當 tŋˍ ～時。
當 tŋˍ 典～。
盪 tŋˍ 洗～。

簦 t'ŋˍ ～纓: 港口浮標。
牀 ts'ŋˍ 睡牀。
省 ts'ŋˍ 省鼻涕的動作。
穿 ts'ŋˍ ～衫, ～褲。
牀 sŋˍ 籠～: 蒸屜。
頌 ts'ŋˍ ～衫, ～褲。
省 siŋˍ 節～。

	aŋ/ak	iaŋ/iak	ɔŋ/ɔk	iɔŋ/iɔk	ĩ/ĩʔ
	陰平 陽平 陰上 陰去 陽去 陰入 陽入	陰平 陽平 陰上 陰去 陽去 陰入 陽入	陰平 陽平 陰上 陰去 陽去 陰入 陽入	陰平 陽平 陰上 陰去 陽去 陰入 陽入	陰平 陽平 陰上 陰去 陽去 陰入 陽入
p / p' / b	枋房榜**放**棒剥牒／芳篷紡　縫伏曝／忙蠓　網沐墨	⑦　⑧	旁榜謗磅北泊／篷棒肨／摸蒙懵墓睦		邊平扁變病／篇彭　片鼻／㉓綿　麵物
t / t' / l	冬同董棟勳敦獨／窗蟲桶①　揬讀／②蟶攏③弄落六	⑨／／涼　亮鑠	東唐黨檔洞督鐸／通桶　痛㷉託／瓏狼攏⑱浪⑲鹿	忠重塚朡仗築軸／蟲　暢　畜／良嚷諒　辱	甜纏　鋌滇／天　掌組／奶尼耳　躡
ts / ts' / s	梭叢穠鬆　捉／蔥漎愡④　搯鑿／鬆　操送揀	掌潐／⑩　⑪　⑫／雙相　⑬　摔	宗崇總壯作族／蒼　創簇／鬆倯爽宋誦束	漳從獎障**狀**足／充　倡觸促／廂常想相尚淑俗	爭晴井箭嚌／青　醒／鉎　閃扇豉
k / k' / g / h	江　港降共角摑／空　孔控碻／⑤　岳／烘杭⑥放項蓄壑	腔　勥　⑭／⑮　⑯⑰／香　享	光狂廣汞⑳國摑／空　孔抗酷攫／㉑　㉒／風防仿放俸福服	恭強　供共菊侗／姜　恐　紬／蓉　玉／兇雄響向　畜	梗緣哽見／坑㉔／硬／㉕　獻硯
0	肮紅夤甕　沃	揚	汪王枉　旺沃	殃容勇　用約育	嬰楹　燕院

① t'aŋˋ 穿透。
② laŋˉ 稀鬆狀。
③ laŋˋ ～t'aŋˋ:前後穿透。
④ ts'aŋˋ ～開:張開。
⑤ gaŋˉ 發愣狀。
⑥ haŋˊ 恐嚇,威脅。
⑦ piaŋˋ 硬～～:硬梆梆。
⑧ piakˋ ～開:突然裂開。
⑨ tiakˊ 用手指彈出去。
⑩ ts'iaŋˊ 猛地潑水。
⑪ ts'iaŋˉ 相遇。
⑫ ts'iakˊ ～着:吃了一驚。
⑬ siaŋˋ 躺下。
⑭ k'iakˊ 用五指關節扣打。
⑮ giaŋˉ 心裏痛快之感覺。
⑯ giaŋˋ 頭髮豎立。
⑰ giaŋˋ 喝拳猜令。
⑱ lɔŋˋ ～開:撞開。
⑲ lɔkˋ 通常指紙口袋。
⑳ kɔŋˉ 牽～:不正當男女關係的牽線人。
㉑ gɔŋˋ 頭暈目眩。
㉒ gɔŋˉ 愚笨。
㉓ bĩˊ 用五指抓物。
㉔ k'ĩˋ 蜘蛛結網的動作。
㉕ hĩˊ 熱～～:熱極了。

放 paŋˋ 放置。
揀 sakˋ 推搋。
放 haŋˊ 發炎腫大。
將 tsiaŋˋ 漢～:高大的人。
摔 siakˋ ～價:跌價。
勥 k'iaŋˋ 精明能幹。
揚 iaŋˊ 自我表現。
狀 tsɔŋˋ ～況。
倯 sɔŋˊ 傻氣。
放 hɔŋˋ 解～。
狀 tsiɔŋˋ ～元。
組 t'ĩˊ 縫補。

	ã/ã?	iã/iã?	uã/○	ɔ̃/ɔ̃?	(ẽ)/ẽ?
	陰陽陰陰陽陰陽 平平上去去入入 ˥˩˥˩˩˩˩	陰陽陰陰陽陰陽 平平上去去入入 ˥˩˥˩˩˩˩	陰陽陰陰陽陰陽 平平上去去入入 ˥˩˥˩˩˩˩	陰陽陰陰陽陰陽 平平上去去入入 ˥˩˥˩˩˩˩	陰陽陰陰陽陰陽 平平上去去入入 ˥˩˥˩˩˩˩
p p' b	怕① 麻馬②罵	抨 餅摒 屏 片 名 命	搬盤坂半扮 潘盤 判伴 ⑩蠻滿 漫	 魔 ⑬冒⑭膜	坪 柄病 偏彭 ⑯明 罵脈
t t' l	担⑧胆担誩 他 坦 林覽爐若④	呈 鼎定 廳程 疼 娘嶺	單彈 旦憚 攤 剷炭 欄攤⑪爛	 怒	酊 趟鄭 　掌
ts ts' s	閘 衫　　⑤	精成整正 清成請倩 聲成啥聖	煎泉盞⑫濺 羨 串 山 散傘		爭晴井静 青 醒 鉎 省姓
k k' g h	監含敢酵 坩 雅憨 黏 喊顄⑥	京行団鏡件 迎 悾 兄燃顯 ⑧	肝寒趕 搰 寬 看 歡䖒 埣	⑮ 蜈偶 悟 好	粳緣哽 坑⑰ 硬挾
ø	揞⑦餡	⑨營影 延	安 碗晏換	惡	嬰

① p'ã˦ 心裏美滋滋的感覺。
② bã˩ 烏~~：極黑。
③ tã˦ 重~：出差錯。
④ lã?˩ 瘸下去。
⑤ sã?˩ ~着：激烈運動後突然發病。
⑥ hã˦ 從袴下過去。
⑦ ã˩ 彎腰。
⑧ hiã?˩ ~衫：拿衣服。
⑨ iã˩ 毽子。
⑩ buã˦ ~衫：披着衣服。
⑪ luã˩ 在地上打滾。

⑫ tsuã˩ 烏白~：吹牛撒謊。
⑬ bɔ˩ ~鼻兮：塌鼻子。
⑭ bɔ?˩ 摟抱小孩的動作。
⑮ kɔ˦ 臭~~：形容臭極。
⑯ bẽ˦ 用五指抓物
⑰ k'ẽ˦ 蜘蛛結網的動作。
担 tã˦ 動詞。
担 tã˩ 名詞。
若 lã˦ 假如，如果。
憨 gã˦ ~~：發呆狀。
抨 piã˦ ~過：扔過去。
疼 t'iã˩ 痛。

成 tsiã˩ 做~。
成 ts'iã˩ 完成未了的工作。
成 siã˩ 幾~。
啥 siã˥ ~事：什麽事？
盤 puã˩ 盤子。
盤 p'uã˩ 翻越。
搰 kuã˦ 拿。
怒 lɔ˦ 又讀[lɔ˦]。
好 hɔ˩ ~奇。
惡 ɔ˦ 可~。
静 tsẽ˩ 言語相爭。

	(uẽ)	iũ	uĩ	ãi	(uãi)	ãu	iãu
	陰陽陰陰陽 平平上去去 ˧˩˥˩˧	陰陽陰陰陽 平平上去去 ˧˩˥˩˧	陰陽陰陰陽 平平上去去 ˧˩˥˩˧	陰陽陰陰陽 平平上去去 ˧˩˥˩˧	陰陽陰陰陽 平平上去去 ˧˩˥˩˧	陰陽陰陰陽 平平上去去 ˧˩˥˩˧	陰陽陰陰陽 平平上去去 ˧˩˥˩˧
p p' b	煤每　妹		煤每	擺 瘊　② ③邁		⑬　卯　貌	
t t' l		張場長帳丈 糧兩　讓		④ ⑤　⑥耐		惱　鬧　猫　鳥⑭	
ts ts' s		漿　槳醬癢 槍牆搶唱匠 傷瘍賞　想	橫	指　怎	橫		
k k' g h		薑 腔 ① 鄉　向	關懸瘸　縣 橫	⑦ ⑧ ⑨　礙 ⑩還　⑪	關懸瘸　縣 橫	藕　⑮　⑯　⑰	
Ø		羊養　樣		⑫			

① giũˊ　扭住不放。
② p'ãiˋ　用單肩背東西。
③ bãiˋ　"怀愛"合音:不要。
④ tãiˋ　打人的一種動作。
⑤ lãiˊ　司~:言語不清,作撒嬌狀。
⑥ lãiˋ　凹下去。
⑦ kãiˊ　量詞。
⑧ k'ãiˊ　鑼聲。
⑨ gãiˋ　磨研的動作。
⑩ hãiˊ　呻吟聲。
⑪ hãiˋ　甩動。
⑫ ãiˋ　雙肩背東西。
⑬ bãuˋ　用棍子打過去。
⑭ liãuˋ　虎~着:被老虎爪子撓着。
⑮ giãuˉ　~~:發癢的感覺。
⑯ giãuˋ　抓癢動作。
⑰ giãuˉ　~ ~:爬蟲蠕動狀。
橫 suĩˊ　~仔:芒果。
擺 p'ãiˋ　~骹:跛足。
瘊 p'ãiˋ　不好,壞。
指 tsãiˉ　掐着指頭數。
怎 tsãiˋ　~樣。
還 hãiˊ　歸還。
鳥 liãuˋ　用爪子抓人。

三 聲韻調的音變

前一節是孤立地描寫了聲母、韻母和聲調,但是在實際的語言中, 它們之間是要發生密切的相互聯系的。兩個或兩個以上的音節,按一定的意義組合在一起,爲了讀音的方便起見, 它們前後的聲母、韻母或聲調要互相影響、互相遷就, 在發音部位和發音方法上產生相同或相反的變化,這就是所謂連音變化,簡稱音變。

有一些字在詞裏有特殊讀法,還有一些字讀法不穩定,這叫特殊音變。例如"釐"通常讀作 [li˧], 但在"一釐錢"一詞中,却讀作 [lin˧]; 還有"條"通常讀作 [tiau˧], 但在"椅條長板凳"一詞中,有人仍讀 [tiau˧], 有人却讀作 [liau˧]。

下面所要講的音變,基本上不涉及這種特殊音變,而是着重於一種有規則的音變。可以分別舉例說明如下:

(一) 聲母的音變

聲母方面的音變不常見,主要的有幾類:

(1) 前字聲母受後字聲母的影響,產生同聲母的變化,例如:

龍眼桂元: giŋ˧ (<liŋ˧) giŋ˥

臭奶呆指小孩子说话不清楚: ts'au˩ tin˧ (<lin˧) tai˧

(2) 後字聲母受前字聲母的影響,產生同聲母的變化,例如:

時陣時候: si˧ (tsun˩>) sun˩

(3) 後字聲母受前字韻母的韻尾或鼻化的影響,和前字韻尾發生同部位變化,例如:

□孟一种竹簸篦: kam˥ (ɔ˩>) bɔ˩

乾焦總是如此: kan˥ (ta˥>) lã˥

鴛鴦豆花生: uan˥ (iu˩>) liũ˥ tau˩

(二) 韻母的音變

韻母方面的變化最常見,主要的有幾類:

(1) 前字韻母受後字聲母的影響而變化,其中以前字 -n 韻尾韻母受后字唇音聲母影響變 -m 韻尾韻母爲最多。例如:

乾貝: kam˥ (<kan˥) pue˩

刊物: k'am˥ (<k'an˥) but˩

閒慢無能: ham˩ (<han˩) ban˧

瘖肉: sam˥ (< san˥) baʔ˩

阿媽祖母: am˥ (< an˥ < a˥) bã˩

填妝給女方送彩禮: t'iam˧ (< t'ian˧) tsŋ˥

鉛筆: iam˧(<ian˧) pit˩

輕便: k'im˥ (<k'in˥) pian˧

勤務: k'im˧ (<k'in˧) bu˧

新婦娘⒳: sim˥ (< sin˥) pu˩

身邊: sim˥ (< sin˥) pĩ˥

新聞: sim˥ (< sin˥) bun˩

發生其他同部位變化的例子，又如：

一門: tsip˥ (< tsit˥) bŋ˩

鰗目魚: sap˩ (< sat˩) bak˥ hu˩

鰗母⒳: sap˩ (< sat˩) bu˩

腹肚⒳: pat˩ (> pak˩) tɔ˥

目珠⒳: bat˥ (<bak˥) tsiu˥

雪文⒳: sam˩ (<sap˩ < sat˩) bun˩

後壁⒳: ap˩ (< au˩) piaʔ˥

家己⒳: kak˩ (< ka˥) ki˩

大甲蓆⒳⒳⒳⒳⒳⒳⒳⒳⒳: tak˩ (< tai˥) kaʔ˩ tsʼioʔ˩

頭殼⒳⒳: tʼak˩ (< tʼau˩) kʼak˩

(2)　前字韻母受後字韻母的影響，產生同韻母的變化，或者同發音方法的變化，例如：

南彈⒳⒳⒳⒳: lan˩ (< lam˩) tʼan˩

今年: kĩ˥ (< kim˥) lĩ˩

墨賊⒳⒳⒳: bat˥ (< bak˥) tsat˩

木蝨⒳⒳: bat˥ (< bak˥) sat˩

早昏⒳⒳: tsã˥ (< tsa˥) hŋ˥

皏霜: pʼĩ˥ (< pʼi˥) sŋ˥

皮蛋: pĩ˩ (< pʼi˩) tan˩

木耳: bɔŋ˥ (< bɔk˥) ĩ˥

(3)　後字韻母受前字韻母的影響而變化，這在韻母的連音變化中是比較少的，例如：

莊裏⒳⒳⒳⒳: tsŋ˥ (li˩) > lĩ˥

白鑠色⒳⒳⒳⒳⒳: peʔ˥ liak˥ (sik˩) > siak˩

（三）　合音變

連音變化引起某些音節的合併，或者聲母和韻母的增減。這種變化，也可以分爲幾類來說明：

(1)　一般音節的合併。例如：

與儂請⒳⒳⒳ > □請: hɔ˩naŋ˥ tsʼiã˥ > hɔŋ˩ tsʼiã˥

與旺奶⒳⒳⒳ > 放奶: hiŋ˥ ɔŋ˩ liŋ˥ > haŋ˥ liŋ˥

啥乜儂⒳⒳⒳ > 甚儂: siaʔ˥ biʔ˥ laŋ˩ > siam˥ laŋ˩

這个時陣⒳⒳⒳⒳ > 這个陣: tsit˥ e˩ si˩tsun˩ > tsit˥ e˩ sun˩

揮發油 > □油: hui˥huat˩ iu˩ > hua˩ iu˩

包落來⒳⒳⒳ > 包□: pau˥ loʔ˩lai˩ > pau˥ luai˩

自動車⒳⒳ > □動車 > 動車: tsu˩tɔŋ˩ tsʼai˥ > tu˩tɔŋ˩ tsʼai˥ > tɔŋ˩ tsʼia˥

在這一類的變化中,還記録到兩個比較特殊的例子:

　　□仔□_{這裏} ＞□□ ＞ □: tsi˩ a˩ i˩ ＞ tsia˩ i˩ ＞ tsiai˩ 或 tsia˩

　　□仔□_{那裏} ＞ □□ ＞ □: hi˩ a˩ i˩ ＞ hia˩ i˩ ＞ hiai˩ 或 hia˩

由三個音節最後變爲一個音節,並且由於音節合併的原因,似乎還產生了新的韻母 [-iai]。但是,細而分析起來,這兩例純粹是由於慢讀(分爲三個音節或兩個音節)和快讀(合併爲一個音節)造成的,並且在一般的場合下,也不講 [tsiai˩] 和 [hiai˩],而講 [tsia˩] 和 [hia˩]。因此,没有把 [-iai] 看成一個獨立存在的韻母,列入前面的韻母表裏去。

　　(2)　數詞的音節合併。有一些數詞在口語裏讀法比較特殊。可以分爲兩類:

一類是第一個音節韻母爲 [-i] 的數詞。這時第一個音節全部和它後面的一個音節的韻母,合併爲一個新的音節。這類數詞有:

二十: li˩ tsap˥ ＞ liap˥;

二十一: li˩ tsap˥ it˩ ＞ liap˥ it˩; 直至二十九可以依此類推。

四十: si˩ tsap˥ ＞ siap˥;

四十一: si˩ tsap˥ it˩ ＞ siap˥ it˩; 直至四十九可以依此類推。

二百一(十): li˩ paʔ˥ it˩ ＞ liaʔ˥ it˩; 直至二百九十可以依此類推。

四百一(十): si˩ paʔ˥ it˩ ＞ siaʔ˥ it˩; 直至四百九十可以依此類推。

另一類是第一個音節韻母不是 [-i] 的數詞(十位數只限於三十一——三十九;百位數中二百一和四百一除外)。這時十位數的第二個音節 “十” [tsap˥] 和百位數的第二音節 “百” [paʔ˥] 變爲 “仔” [a˥]。例如:

三十一: sã˩ tsap˥ it˩ ＞ sã˩ a˥ it˩; 其他可以依此類推。

三百一(十): sã˩ paʔ˥ it˩ ＞ sã˩ a˥ it˩; 其他從五百一(十)直到九百九(十),都可以依此類推。

在連讀變調的情況下,我們可以從 “sã˩ a˥ it˩” 區分出 “三十一” 還是 “三百一(十)”: sã˩ a˩ it˩ 指 “三十一”; sã˩ a˥ it˩ 指 “三百一(十)”。區別在於 “仔” [a˥] 的變調,前者 [a˥] ＞ [a˩],後者 [a˥] ＞ [a˥]。

　　(3)　帶 “仔” 詞裏,“仔” 與前一音節可以合併,但合併與否意思不大一樣。不合併表示加强語氣,有强調的意思;合併表示平常的意思。例如:

今仔日 ＞ 今日: kim˥ a˥ lit˩ ＞ kiã˥ lit˩

今仔年 ＞ 今年: kim˥ a˥ nĩ˩ ＞ kiã˥ nĩ˩

明仔早起_{明天} ＞ 明載: bĩ˩ a˥ tsa˥ kʼi˩ ＞ biã˩ tsai˩

明仔暗_{明晚} ＞ 明暗: bĩ˩ a˥ am˩ ＞ biã˩ am˩

歌仔戲_{一種地方戲} ＞ 歌戲: ko˥ a˥ hi˩ ＞ kua˥ hi˩

圓仔_{圓子} ＞ 圓: ĩ˩ a˥ ＞ iã˩

嬰仔_{幼兒,嬰兒} ＞ 嬰: ĩ˥ a˥ ＞ iã˥

　　(4)　“來”單字 [lai˩],“去”單字泉州腔 [kʼu˩],漳州腔 [kʼi˩],但當它們處於輕聲位置時,聲母 [l-] 和 [kʼ-] 總是被省略掉。例如:

　　人來: lip˥ (l) ai˩　　起來: kʼi˩ (l) ai˩

　　出去: tsʼut˩ (kʼ) u˩　　入去: lip˥ (kʼ) u˩

（四） 變調

變調也是一種音變，並且是臺灣閩南方言裏最常見的一種音變。一個音節在孤立情況下的聲調，習慣上把它叫本調；由兩個或兩個以上音節組成的詞裏，除了輕聲音節、最末一個音節和表示語音停頓的音節以外，其他音節的聲調一般都要發生變化，習慣上把它叫變調。

當然也常常有例外。凡是按通例需要變調而不變調，不需要變調却變了調的地方，往往有語氣上，意義上或其他某種特殊原因。例如"滾水开水"的"滾"在這裏照通例要由原調 [ㄣ] 變爲 [ㄇ]，但却常常不變調，在語氣上表示强調。又如"後年"的"年"不變調讀 [ㄒ]，表示"來年"的意思，但連着唸"今年、明年、後年"時，這裏"後年"的"年"一定要變調，由 [ㄒ] 變爲輕聲 [ㄒ]，表示"第二年"的意思；連着唸"八月、九月、十月"的時候，最末了的一個"月"也可以變調，由 [ㄨ] 變 [ㄨ]，表示說話人强調語氣停頓，以引起聽話人的注意。

最常見、最基本的變調是雙音節組成的詞的變調。聲調變化詞例如 1.2.1 表：

上字 ＼ 下字	陰平	陽平	陰上	陰去	陽去	陰入	陽入	上字變化情 況
1 陰平 ㄱ 55	機關 風吹② 鉸刀⑥	精神 親情③ 公園	清楚 知影④ 歡喜	分配 吩咐 登記	墟市① 新舊 家具	基督 骸脊⑤ 偏僻	烏墨 交易 生日	1＞6
2 陽平 ㄒ 24	紅灰 寒天 皮箱	夷頭⑦ 時行 人情	行李 龍眼 樓頂	脾氣 文旦⑨ 茶罐	雄厚 網緞 排隊	頭殼 茶色 原則	茶箬⑧ 條直⑩ 豪杰	2＞5（泉） 2＞6（漳）
3 陰上 ㄒ 53	反梟⑪ 碗公⑭ 酒杯	本錢 枕頭 手環	攏總 本底 講解	滾笑⑫ 蟊罩 使氣	等待 獎狀 準備	粉筆 警察 小説	屎壑⑬ 扁食 手術	3＞1
5 陰去 ㄐ 21	汽車 菜刀 滑骹	剃頭 戲棚⑮ 算盤	做伙 糞斗 厝頂	計較 費氣 見笑	載重 做事 教導	報答 教室 慶祝	四月 數目 數學	5＞3
6 陽去 ㄐ 33	丈夫 順風 舊刀	伴人 舊時 調停	匯款 淡水⑰ 電火	重氣 序細⑱ 事志⑲	序大⑯ 調動 俗辦	道德 辦法 動作	盡力 備讀 電木	6＞5
7 陰入 ㄐ 21	出山 結婚 北方	雪文⑳ 一時 客人	得體 失禮 蝨母㉒	足够 出世 福氣	得罪 腹部 一定	得失 失責 失色	骨力㉑ 發達 畢業	7＞8
8 陽入 ㄟ 53	木瓜 實施 石灰	日頭 月娘㉔ 目眉	跋倒㉓ 墨水 目屎	合意 白菜 目鏡	實踐 學校 實在	讀册 實質 目的	激烈 白賊㉕ 木屐	8＞7

①墟市：集市。②風吹：風箏。③親情：親家。④知影：知道。⑤骸脊：脚背。⑥鉸刀：剪子。⑦夷頭：殺頭。⑧茶箬：茶葉。⑨文旦：一種柚子。⑩條直：性格梗直。⑪反梟：改變注意，說了不算。⑫滾笑：打打鬧鬧。⑬屎壑：厠所。⑭碗公：大海碗。⑮戲棚：臨時搭起的舞台。⑯序大：長輩。⑰淡水：臺灣地名。⑱序細：晚輩。⑲事志：事情。⑳雪文：肥皂。㉑骨力：勤快、肯使勁。㉒蝨母：蝨子。㉓跋倒：跌交。㉔月娘：月亮。㉕白賊：撒謊。

表中詞例的下字一律不變調。從表中可見：聲調的變化局限在原來範圍之内，没有出現新的調型和調值。泉州腔和漳州腔變調唯一不同之處是：陽平在其他各調前泉州腔均變爲陰去，漳州腔則均變爲陽去。

我們還可以把上表的變化情况，用一個簡化的示意圖表示出來，如 1.2.2 表：

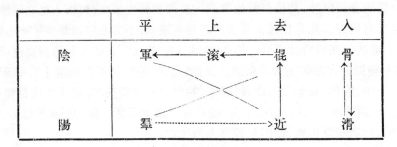

三個音節和三個音節以上的詞，原則上是按雙音節詞的變調規律變化的。這裏不詳説。還有幾種特殊情况要注意：第一是上述音節合併的情况。兩個音節合併成一個新的音節，可以説這個新音節具有一種新的調（仍然没有出現新的調型和調值），而不必説是某調和某調合併變成某調，就是説這裏不存在變調的問題。第二是有一種單音節形容詞的重叠，如"好好好極好"，"快快快極快"等等。它們的變調比較特殊，並且往往和語氣、語法有關。第三是大量帶"仔"、"兮"的詞，如"金仔人名"，"抵仔剛好"，"我兮我的"等，這類詞中的"仔"、"兮"經常引起前後音節的聲調產生特殊的變化規律，並且大多也和語法有關。上述第二、第三兩種情况的變調，我們留待後面講語法的時候再講（參看本書第 129—130 頁和 153 頁）。

在臺灣閩南方言裏，變調是一種司空見慣的現象，也很有規律，並且才能反映一個音節在詞和句子裏的實際讀音，因此，本書詞匯及成篇語料的標調一概按實際讀音標出，而不必同時標出原調和變調。

四　泉州腔和漳州腔

　　我們在導論第一節裏説過，臺灣閩南方言內部有泉州腔和漳州腔的差別。關於這種差**別**的有關問題，下面分兩項敍述。

（一）　泉州腔與漳州腔的主要差別

　　聲母方面的差別極小，僅僅是個別單字的聲母歸類問題，最突出的是泉州腔讀 [∅]（零**聲母**）的個別字，在漳州腔里讀爲 [g-]，例如"譽、玩、員、圜、元、袁、勻、仰"等字。聲調方面（包括變調）的差別也不大，前面講聲調時已經講過了，其他如"的目~"字，泉州腔讀 [tik̚]是陰入，漳州腔讀 [tik̚]是陽入，這是我們記錄中僅有的一個例字。

　　差別比較大的主要表現在韻母方面。有幾個字音的差別並不構成系統，先交代如下：

泉州腔	漳州腔	例字
i	e	待~厝: 在家底~時: 何時
au	io	叩~謝
iam	an	嚴姓
un	uan	阮我們，人稱代詞復數第一人稱
uan	ian	圈
iɔŋ	iaŋ	漳~州: 地名

然後再討論構成系統的主要差別。下面把主要差別分爲三種類型，每種類型各舉若干常用例字，並且注明古韻攝開合口等別（韻舉平聲韻以賅上去），便於看清它們之間差別出現的範圍。

　　1. 完全的對應關係。

泉州腔	漳州腔	例　　　　　　　　字	韻　　　　攝
o	ɤ	多拖駝羅鑼搓左佐哥歌個可鵝	
		河何荷賀；	果攝開口一等歌韻
		波坡玻破婆薄妥囉唆銼鎖瑣鍋	
		戈過果科課和；	果攝合口一等戈韻
		無；	遇攝合口三等虞韻
		襃保堡寶報抱刀禱島倒滔討套	
		桃萄濤道導盜勞牢糟操糙皂造	
		嫂高膏羔告考靠好豪號浩襖；	效攝開口一等豪韻
		母公~；	流攝開口一等侯韻
io	iɤ	茄；	果攝開口三等戈韻
		標表錶票漂秒廟蕉椒霄小笑潮	
		趙招燒少照橋轎腰搖窰；	效攝開口三等宵韻
		釣雕尿叫幺~二三	效攝開口四等蕭韻
		母~親后皂~	流攝開口一等侯韻

泉州腔	漳州腔	例　　　　　　字	韻　　　攝
		謀計~	流攝開口三等尤韻
oʔ	ɤʔ	薄作索各擱落鶴;	宕攝開口一等鐸韻
		駁卓桌學;	江攝開口二等覺韻
ioʔ	iɤʔ	略弱約脚着却藥;	宕攝開口三等藥韻
		惜尺石跖蓆;	梗攝開口三等昔韻
		歇;	山攝開口三等月韻
iũ	iɔ̃	娘量糧梁兩漿槍箱蔣搶想醬匠	
		相張場長丈帳脹廠嘗上唱倡讓	
		羌鄉向羊洋揚養樣;	宕攝開口三等陽韻
		腔;	江攝開口二等江韻
uĩ	uãi	關;	山攝合口二等删韻
		懸縣;	山攝合口四等先韻
		稈;	梗攝合口二等寒韻
		橫;	梗攝合口二等庚韻
		[樣]~仔	
	uẽ	梅煤媒每;	蟹攝合口一等灰韻

2. 部分的對應關係。

泉州腔	漳州腔	例　　　　　　　　字	韻　　　攝
u	i	呂旅慮濾猪箸鋤諸煮鼠藷居車	
		~馬砲舉據鋸墟去渠魚漁語御	
		淤餘巨拒距;	遇攝合口三等魚韻
un	in	矩於具俱懼;	遇攝合口三等虞韻
		跟根恨恩;	臻攝開口一等痕韻
		巾銀;	臻攝開口三等真韻
		斤筋勤芹近殷;	臻攝開口三等殷韻
		韻;	臻攝合口三等文韻
		均鈞匀允;	臻攝合口三等諄韻
ĩ	ẽ	梔;	止攝開口三等支韻
		鮮偏;	山攝開口三等仙韻
		緣邊緣;	山攝合口三等仙韻
		彭生牲鉎硬哽更粳庚坑鏗掌;	梗攝開口二等庚韻
		棚爭;	梗攝開口二等耕韻
		平坪柄病;	梗攝開口三等庚韻
		井姓鄭嬰;	梗攝開口三等清韻
		青星腥醒經;	梗攝開口四等青韻
		[骱]脚後跟[靜]以言相爭	
		□以手指抓物□~撤□蜘蛛結網	
it	ik	卽鯽;	曾攝開口三等職韻

泉州腔	漳州腔	例　　　　　字	韻　　攝
		積跡;	梗攝開口三等昔韻
uiʔ	ueʔ	血;	山攝合口四等屑韻

3. 交叉對應關係:

泉州腔	漳州腔	例　　　　　字	韻　　攝
e	ue	過果餜火伙貨;	果攝合口一等戈韻
		擺攏撥	蟹攝開口二等蟹韻
		灰背焙倍;	蟹攝合口一等灰韻
		髓;	止攝合口三等支韻
		皮被棉~;	止攝開口三等支韻
		飛尾;	止攝合口三等微韻
		歲稅;	蟹攝合口三等祭韻
		□尋找	
ue	e	買賣街鞋蟹矮;	蟹攝開口一等佳韻
		界芥疥挨;	蟹攝開口二等皆韻
		替洗鷄溪底細齊;	蟹攝開口四等齊韻
		坯推退繪;	蟹攝合口一等灰韻
		㽏;	止攝開口三等支韻
		地;	止攝開口三等脂韻
		[繪]不會	
eʔ	ueʔ	腋;	梗攝開口三等昔韻
		郭廓;	宕攝合口一等鐸韻
		月;	山攝合口三等月韻
ueʔ	eʔ	八;	山攝開口二等黠韻
		[曾]未曾□合眼	

上面對應情況説明:

完全的對應關係計有六種兩大類: 一類是凡泉州腔讀 [-o] 類韻的,漳州腔一律讀爲 [-ɤ] 類韻; 另一類是凡泉州腔讀 [-iũ]、[-u-] 等韻的,漳州腔一律讀爲 [-iɔ̃]、[-uãi]、[-uẽ] 等韻。 這兩類概無例外。

部分對應關係計有五種兩大類: 一類是泉州腔讀 [-u]、[-ĩ]、[-un] 韻的一部分在漳州腔 分別讀 [-i]、[-ẽ]、[-in] 韻; 另一類是泉州腔讀 [-it]、[-uiʔ] 韻的一部分在漳州腔讀 [-ik] 韻 和 [-ueʔ] 韻。出現在這一類型對應關係的各種韻母,屬於兩種腔所共有,但顯然地它們所包 括的單字範圍很不一樣。

交叉對應關係計有四種兩大類: 一類是 [-e] 與 [-ue] 的交叉,另一類是 [-eʔ] 與 [-ueʔ] 的交叉。因爲是一種交叉關係,所以它們所包含的單字範圍也就大致相當。

（二）　泉州腔與泉州音,漳州腔與漳州音的關係

我們在導論第一節裏又説過,泉州腔來源於福建的泉州話讀音(簡稱泉州音),而漳州腔來

源於福建的漳州話讀音（簡稱漳州音），它們相互之間有一種淵源上極其密切的關係，但是又不完全一樣。就是說，不能把泉州腔和泉州音等同起來，也不能把漳州腔和漳州音等同起來。這方面稍加比較就清楚了。

先拿泉州腔和泉州音來比較(注一)。聲母方面沒有什麼差別，只是很少一部分單字在聲母歸類上略有參差，可以略去不計。韻母方面的差別比較顯著，下面從泉州腔的角度出發，把有差別的韻母按不同情況進行比較。

第一種情況是：泉州腔比泉州音少了 [-ɤ](注二)、[-ɯ]、[-ɤm](注三)、[-ɤʔ] 四個韻母，這四個韻母在泉州腔裏分別讀做 [-e]、[-ue]、[-u]、[-iam]、[-im]、[-eʔ] 等韻母。如下面 1.3.1 表：

泉　州　腔	泉　州　音	例　　　　　　　　字
e	ɤ	飛皮糜尾妹袋坐脆餜科灰禍
ue		賠倍背退回
u	ɯ	豬除鋤如資煮此次思士居巨語魚
iam	ɤm	針
im		樹參森
eʔ	ɤʔ	襪雪説郭廊月

泉州音裏同時也有泉州腔 [-e]、[-ue] 等六個韻母。但很顯然，泉州音這六個韻母所包含的單字範圍要比泉州腔小一些。

第二種情況是：泉州腔比泉州音多了 [-iaŋ]、[-ãu]、[-ãʔ]、[-ik] 四個韻母，這四個韻母在泉州音裏分別讀爲 [-iɔŋ]、[-au]、[-aʔ]、[-iak] 等韻母。如下面 1.3.2 表：

泉　州　腔	泉　州　音	例　　　　　　　　字
iaŋ	iɔŋ	涼梁娘掌亮雙享響
ãu	au	卯貌惱腦鬧偶藕
ãʔ	aʔ	閘鍘
ik	iak	畜力歷叔雀釋式熟刻或益憶

注一: 拿來比較的泉州音材料，是作者手頭所存的《泉州同音字表》，作者曾親自在泉州市區找有關發音人核對過。

注二: 泉州音的 [ɤ] 實際音值介乎 [ɤ] 和 [ə] 之間，但更接近於 [ə]，以往記泉州音的材料裏也多標爲 [ə]。[ɤʔ] 裏的 [ɤ] 音值同此。因此泉州音的 [ɤ]，實際上不同於臺灣閩南方言漳州腔裏的 [ɤ]（參看本章第一節韻母表説明。）

注三: 泉州音的 [ɤm] 裏的 [ɤ] 實際音值介乎 [ɤ] 和 [o] 之間，以往記錄材料常常把 [ɤm] 標爲 [om]。這裏的改動是爲了和 [ɤ]、[ɤʔ] 等韻母求得系統性的一致。

泉州腔裏同時也有泉州音的 [-iɔŋ]、[ɡ̇ci]、[-ua] 等四個韻母，但也很顯然，泉州腔這三個韻母所包含的單字範圍也要比泉州音小一些。

　　泉州腔與泉州音在聲調方面的差別比較突出。一個是調類上雖然都是七個調類，但泉州腔上聲只有陰上調，去聲分陰去和陽去兩調；而泉州音正好相反，上聲分陰上和陽上兩調，去聲不分陰、陽，只有一個去聲調(注一)。另一個是調值上差別較大：陰平，泉州腔是高平 55 調，泉州音是中平 33 調；陰入，泉州腔是低降短促 21 調，泉州音是中高短 4 調；陽入，泉州腔是高降短促 53 調，泉州音是先升后降短促 243 調。再一個是變調的情況不一樣，最突出的有兩處：陰平，泉州腔變同陽去，但泉州音不變；陰上，泉州腔變同陰平，但泉州音卻變同陽平。其他是調值上略有出入，可以略去不計。綜合上述，聲調方面的差別如下面 1.3.3 表：

		泉　州　腔	泉　州　音	例　　字
陰	平	˥ 55	˧ 33	詩 燈 差 漳
陽	平	˨˦ 24	˨˦ 24	泉 時 棉 無
陰	上	˥˧ 53	˥˧ 53 (注二)	使 討 保 景
陽	上	˧ 33	˨ 22	是 舊 淡 受
陽	去		˧˩ 31	事 面 調 躍
陰	去	˨˩ 21		試 救 透 釣
陰	入	˨˩ 21	˦ 4	識 織 式
陽	入	˥˧ 53	˨˦˧ 243	極 石 滅

　　再拿漳州腔和漳州音來比較(注三)。聲母方面，也是少數單字在聲母歸類上略有參差而已，可以略去不計。韻母方面的差別比較顯著。下面按不同情況進行比較。

　　第一種情況：漳州腔比漳州音少了 [-ɔm] 韻以及 [-ɜ] 類（包括 [-ɛ]、[-ɛ̃]、[-ɜʔ]、[-ɛʔ] 四個）韻母，共五個。這些韻母在漳州腔裏的讀法如下面 1.3.4 表：(31—32 頁)
這個表説明：在漳州腔裏，没有 [-e] 類韻和 [-ɜ] 類韻的對立，[-e] 類韻母包含的單字範圍相對地大；漳州音正好相反，[ɜ-] 類韻母和 [ɜ-] 類韻母是對立的，因此 [-e] 類韻母所包含的

漳　州　腔	漳　州　音	例　　字
iam	ɔm	簪
im		樹 參 森

<hr />

注一：但是在變調的情況下，仍然能够反映兩類去聲的分別。來源於古清音聲母去聲字（即泉州腔的陰去）變調後讀作 [˥˧] 53 調；來源於古濁音聲母去聲字（即泉州腔的陽去）和陽上字一起變調後讀作 [˨˩] 21 調。而這個低降調的調值和調型跟現在統一的去聲 [˨˩]31 調很相近。

注二：《泉州同音字表》陰上是 [˥˥˧] 553 調，核對定爲 [˥˧] 53 調。

注三：拿來比較的漳州音材料，是作者手頭所存的《漳州海澄同音字表》。海澄在漳州市區東南 25 公里處，早先曾是漳州地區移民臺灣的集合地點。該處音系與漳州市區一致。該《同音字表》承“厦門大學中文系方言研究室”的同志核對過。

漳　州　腔	漳　州　音	例　　　　　　　　　　字
e	ɛ	爬把一~，量詞爸馬茶賽叉紗家牙
a		查渣詐炸
ẽ	ɛ̃	豆梗庚坑經
ã		雅
ẽʔ	ɛ̃ʔ	脈
eʔ	ɛʔ	麥冊格客
aʔ		百柏

單字範圍相對地小。

　　第二種情況是：漳州腔的 [-ɤ] 類韻母（包括 [-ɤ]、[-iɤ]、[-ɤʔ]、[-iɤʔ]）正好和漳州音的 [-o] 類韻母（包括 [-o]、[-io]、[-oʔ]、[-ioʔ]）對應。對應情況如下面 1.3.5 表：

漳　州　腔	漳　州　音	例　　　　　　　　　字
ɤ	o	多歌破和寶討勞高號
iɤ	io	茄表小潮少叫
ɤʔ	oʔ	昨索各卓學鶴
iɤʔ	ioʔ	却藥尺石

這種情況恰好與漳州腔和泉州腔之間的對應關係一樣。

　　漳州腔和漳州音在聲調方面的主要差別是陽入調調值和調型的顯著不同：漳州腔是高降短促 53 調，漳州音則是先低升後低降短促的 121 調。其他還有幾個調的調值略有出入，可以略去不計。變調的情況完全一樣。聲調比較如下面 1.3.6 表：

		漳　州　腔	漳　州　音	例　　　字
陰	平	˥ 55	˦ 44	詩 登 差 漳
陽	平	˨˦ 24	˨˦ 24	泉 時 棉 無
陰	上	˥˧ 53	˥˧ 53	使 討 保 景
陰	去	˨˩ 21	˨˩ 21	試 救 透 釣
陽	去	˧ 33	˨ 22	事 面 是 淡
陰	入	˨˩ 21	˧˩ 31	識 織 式
陽	入	˥˧ 53	˩˨˩ 121	極 石 滅

五　文白異讀

（一）　説明

我們暫時按照傳統的認識,區分字音的文讀和白讀,儘管在這樣做的時候, 會碰到許多的困難,並且還會出現不少矛盾的現象。

可以把文白異讀臨時定義爲:來源上相同, 詞義上相關（但不盡相同）的字,在書面語和口語兩種環境里,所出現的一種有規律的、成系統的語音差別。首先是來源要相同, 代表文讀和白讀的某字在《切韵》系統裏,只有一個來源,而沒有兩個來源。例如"駕駛員"的"駛"讀 [suɤ], "駛車"的"駛"讀 [saiɤ], 這兩個"駛"都來源於《切韵》止攝開口三等止韵上聲生母字, 並且意義上相關。因此,可以初步確定,"駛"字的韵母可能有文白兩個讀音。其次, 這兩種讀音必須是有規律的、成系統的一種對應關係,而不是一種偶然的對應現象。例如, 與"駛"音韵地位相同的字裏,還有"伺使似"等一批字,韻母也有 [-u] 和 [-ai] 兩讀,而且 [-u] 韻總是出現在比較文的書面語環境里,如"伺候、假使、相似", [-ai] 韻總是出現在比較白的口語環境里,如"服伺、使儂使喚人、熟似熟悉"。這樣,不但可以確定有一組 "u: ai" 韻母的文白對應,而且可以具體確定, [-u] 韻是文讀, [-ai] 韻是白讀。用同樣的辦法,也可以確定聲母和聲調的文白異讀對應關係。

還臨時規定:

（1）如果説一個字有文白異讀,就是指這個字起碼有兩個以上的讀音; 只有一個讀音的字,不論文白,儘管從系統上講可以歸入"文"的系統或"白"的系統。例如"飽"有 [pauɤ]、[paɤ] 兩個音,前爲文讀,後是白讀。又如"敲"讀 [kʻaˎ], "覺古孝切"讀 [kauˎ] 分別只有一讀,不分文白,雖然在效攝二等裏, [-a] 韻屬白讀系統, [-au] 韻屬文讀系統。

（2）一個字有三個或三個以上讀音的,確定相對説來接近《切韻》反切的一個音爲文讀,其他均爲白讀。例如"成"字作"是征切", 有 [siŋˊ] ~功、[siãˊ] 三~、[tsiãˊ] ~今: 整個、[tsʻiãˊ] 修整四個讀音,其中 [siŋˊ] 接近反切讀音,爲文讀,餘爲白讀。

（3）碰到一個字聲母、韻母文白劃分有矛盾時,首先服從韻母系統。例如"知"字屬知母支韻, 有 [tiˀ] ~識、[tsaiˀ] ~影: 知道兩讀。從聲母看 [tiˀ] 是白讀, [tsaiˀ] 是文讀; 從韻母看 [tiˀ] 是文讀, [tsaiˀ] 是白讀。這樣"知"字按韻母情況定 [tiˀ] 爲文讀, [tsaiˀ] 爲白讀。

（4）個別字文白異讀劃分確實很困難, 則從俗。例如 "講" 字從俗定 [kaŋɤ] ~演音爲文讀, [kɔŋɤ] ~話 音爲白讀。所有字的聲母送氣不送氣,一律不用來區分文白異讀。

（5）按以上規定,共收文白異讀 1898 字次（包括漳州腔 69 字次。詳看第貳章常用同音字表）,基本上是根據所記錄的詞語和成篇材料整理出來的。如果按照傳統上的類推辦法,還可以得到更多的文白異讀。我們不採用這個辦法。

（二）　文白異讀舉例

下面按聲母、韻母、聲調關係,以文讀爲綱,舉例説明。第一欄是文讀,第二欄是白讀,第三欄的數字表示文白異讀字數,第四欄是例字。

1. 聲母文白對應比較簡單,舉例如下:

(1) b　　h　　2　媒茅
　　　　　Ø　　1　梅
(2) t　　ts　　2　陣知
(3) t'　　l　　1　塌
(4) l　　t'　　1　癩
　　　　　h　　2　耳燃
(5) ts　　t　　12　至注誅蛛株拄駐珍唇轉撞諸(漳)
　　　　　t'　　1　柱
　　　　　k　　5　支枝肢指痣
(6) t̂s'　　s　　1　舒
　　　　　t　　2　癡持
　　　　　t'　　3　恥超傳直攣切
(7) s　　ts　　14　是書謝蛇少守誰水嬸成十實叔寂
　　　　　ts'　　27　腮試飼斜搓細售仇囚手松生星像徐樹臊髓酬搜鮮省頌腥醒成粟
　　　　　t'　　1　塞
　　　　　h　　1　歲
(8) g　　l　　1　岩
　　　　　h　　4　蟻危硯額
　　　　　Ø　　2　外傲
(9) h　　p　　20　婦富夫脯肉~斧輔飛吠範反佛腹肥痱分方房放拂幅
　　　　　p'　　10　芙浮麩扶脯杏~馮芳航紡伏房六切
　　　　　k　　11　糊糍糊許厚含銜寒行合侯閡切挾滑猾
　　　　　k'　　6　糊貼上呼薅環虹獲
　　　　　Ø　　15　廈盡胡葫後閑限旱黃向~望紅洪鳳活學
(10) Ø　　t'　　1　夷
　　　　　ts　　2　癢一
　　　　　ts'　　1　延
　　　　　s　　3　蠅瘍翼
　　　　　k　　1　緣
　　　　　h　　7　雨與瓦邀軟岸遠

2. 韻母文白對應最為複雜,舉例如下:

(1) i　　e　　15　皮迷美尾提抵籬屬娣世悽勢計藝毅
　　　　　ue　　6　碑批底地蹄替
　　　　　ai　　10　痞眉知梨裏利趾指腮夷
　　　　　ia　　4　寄欺騎蟻
　　　　　ua　　2　紙倚
　　　　　ui　　9　屁梯機幾氣汽唯維遺

(2) a	e	26	鈀把爬碼渣叉紗家加佳牙蝦假下琶爸枒叙鯊傢嘉嫁價芽霞廈
	ua	4	沙砂痧鯊
(3) ɔ	ue	3	初梳蔬
	au	6	渡透惡_{烏路切}套撒₂厚
	iau	2	數撒₁
(4) o	e	12	菠螺果餜過科課和火伴貨窩
	ue	3	螺捼做
	a	2	阿早~日
	ia	1	鵝
	ua	9	破磨馱拖籮_{籮筐}歌可我過
	au	15	褒報島倒牢老遭糟奏操草掃高懊早~操
	m	1	茅
(5) u	i	16	女之芝子注註鑄飼需私_{家~司公}~辭四肆序諸
	o	1	無
	ɔ	12	普母滷舒愚五午麩扶雨與污
	iu	3	蛀樹珠
	ua	1	徙
	ai	7	師私~_寄使駛似侍伺
	iau	1	柱
(6) ia	ua	1	蛇
(7) ua	ia	1	瓦
	ue	4	瓜外花畫
(8) ai	i	3	待苔戴
	e	8	擺帶_{跟隨}袋待代胎災差
	ue	6	界芥~_辣挨沛解改
	ui	1	開
	ua	7	帶_{皮~大泰}蓋蔡賴芥~_菜
(9) au	a	10	飽豹炮泡吵炒交教較孝
(10) iau	a	1	巧
	io	24	標膘表褾票描秒鉤挑招昭照小嬌撬腰搖鏢錶飄少驕鴟娘
(11) iu	u	12	鳩久韭舊咎臼丘坵邱牛有灸
	au	9	晝流劉留瘤愁臭玖九~十
	iau	3	猶搜九_跛~
(12) ui	u	3	堆龜灰_{火~}
	e	9	飛傭脆髓垂稅葵歲灰石~
	ue	14	推退最罪吹炊回茴悔賄衛繪衰盔
(13) ã	e	2	馬罵
	uã	1	麻

(14) uĩ　　　m　　2　　媒梅

(15) im　　am　　3　　淋森飲

　　　　　iam　　7　　沉臨針枕尋滲甚

　　　　　ã　　1　　林

(16) am　　iam　　2　　暫喊~鷄

　　　　　ã　　14　　担胆監三叁覽含銜敢龕岩揞憨喊~嚇

(17) iam　　ĩ　　5　　甜添拈閃染

(18) in　　un　　5　　陣忍韌震伸

　　　　　an　　5　　閩陳趁鱗進

(19) un　　ŋ　　6　　門問圇村損昏

(20) an　　iŋ　　3　　閑揀間 古閑切

　　　　　ã　　3　　疸坦彈 徒干切

　　　　　uã　　35　　般搬半扮潘蠻單旦攤炭碳欄山散 蘇旱切 乾散 都旰切 看汗安岸坂瞞漫彈
　　　　　　　　　　徒干切 灘癱盞肝竿桿趄寒旱桿鞍

(21) ian　　in　　6　　扁~擔眠面憐眩輦

　　　　　un　　4　　墊~海腆碾前~年

　　　　　iŋ　　5　　千前~面先肩墊户~

　　　　　ĩ　　21　　邊鞭變篇偏片 電影~ 綿天然年錢箭鮮見硯獻緣燕辮棉扁 圓~

　　　　　iã　　7　　燃涎件鍵健顯片 藥~

　　　　　uã　　3　　煎 子仙切 線腺

(22) uan　　an　　6　　範挽萬關番卵 男生殖器

　　　　　ŋ　　15　　斷 徒管切 軟卵 蛋 磚轉川穿酸算管捲券勸園遠

　　　　　iŋ　　2　　還反

　　　　　ĩ　　3　　圓員院

　　　　　uã　　14　　拌伴盤滿泉串官棺寬歡換販腕段

　　　　　uĩ　　3　　縣懸關

(23) iŋ　　in　　7　　頂升稱 昌孕切 承警興 [奶]食~

　　　　　an　　9　　瓶等挺零曾層贈星恒

　　　　　ŋ　　2　　影省

　　　　　aŋ　　1　　崩

　　　　　ĩ　　14　　平坪柄病彭 [奶]牛~ 爭晶井醒徑硬姓生

　　　　　iã　　28　　丙明名命定聽程領整清 福~ 聲聖行成營庭鼎錠嶺精情正請城誠螢
　　　　　　　　　　迎影

(24) aŋ　　ɔŋ　　1　　講

(25) ɔŋ　　ŋ　　21　　方馮當 都郎切 郎莊妝裝葬倉廣堂黃磺當 丁浪切 狀滄艙瘡光康荒

　　　　　iŋ　　6　　膨乘撞頌虹往

　　　　　aŋ　　52　　房芳紡捧亡忘夢東忽聰銅凍動榜謗篷傍通儂綜送功紅洪芒茫望蔥同
　　　　　　　　　　桐筒棠董棟桶膿籠弄鬆爽公工蚣岡空康慷孔控豐蜂翁

	ĩ	3	棚冥盲
	iã	1	惶
	iũ	1	腔
(26) iɔŋ	im	1	熊
	ŋ	7	丈讓兩数詞相央秧向
	iŋ	16	重直容切中脹龍鐘種松弓供九容切瓊窮胸雄湧用傭
	aŋ	4	重直隴切蟲供居用切共
	iaŋ	7	量力讓切亮將子亮切相香享響
	iũ	28	張場脹量吕張切糧章蔣箱想鄉羊洋長中兩切楊瘍養丈樟唱傷賞像 向 烊 樣癢兩量詞讓
(27) ip	ap	2	十₂澀₂
	iap	3	立十₁澀₂
(28) ap	aʔ	9	答榻塌沓插合古沓切壓盒匣
(29) iap	iʔ	1	接
	iaʔ	1	頁
(30) it	at	4	密值漆實
	iʔ	2	繁薛
	iaʔ	2	食跡
(31) ut	ĩʔ	1	物
(32) at	ueʔ	1	八
	uaʔ	3	撒葛喝
(33) iat	at	3	結別節量詞
	iʔ	2	鐵裂~開
	ueʔ	2	截節年~
	iaʔ	1	裂裂開
	uaʔ	1	熱
	uiʔ	1	血
(34) uat	ut	6	末~仔脱捋戌猾滑
	at	1	乏
	iʔ	1	缺缺口
	eʔ	5	絕雪説月缺缺乏
	uaʔ	11	撥鉢跋潑抹末粉末沫刷括伐活
(35) ik	at	6	踢剔栗力嚇笛吹笛
	iat	1	白~帶
	iʔ	3	避閃~錫金~~笛笛子
	aʔ	2	百白~荒
	iaʔ	15	避~開癖摘~果子擇則借赤雀席揭役疫亦易錫金屬名
	oʔ	1	魄

　　　　　io? 1 惜
　　　　　e? 7 伯柏白~色帛摘~米厠格
(36) ak 　o? 1 學
(37) ɔk 　au 4 毒落掉下來哭惡烏各切
　　　　　ak 19 北腹幅縛伏房六切木沐目獨讀搦谷[摑]沃壳落塌下崛確齷
　　　　　u? 2 篤托
　　　　　ua? 2 擴霍
　　　　　o? 10 駁薄卓落~車作索各閣擱酷
　　　　　e? 1 郭
(38) iɔk 　ik 13 竹軸畜綠燭叔寂熟局劇曲玉雀
　　　　　ak 6 逐六若捉麵蓄
　　　　　ia? 2 掠削
　　　　　io? 4 略弱却約

3. 聲調方面的文白對應最簡單,只有少數幾條:

(1) 陰平 陽平 1 相息良切
　　　　陽去 1 贈
(2) 陽平 陽去 1 螺
(3) 陰上 陰去 1 喊
　　　　陽去 16 裏耳蟻愈雨與午有卵遠兩數詞想 癢 恨; 五 伍二字白讀陰上、阳去
　　　　　　　　兩見
(4) 陰去 陽去 5 照~手電扮換飯相息亮切
(5) 陽去 陰平 1 汗
　　　　陰上 1 碼
　　　　陰去 1 盡
(6) 陰入 陰去 2 哭惡烏各切
　　　　陽入 2 一捋
(7) 陽入 陰去 1 落
　　　　陽去 1 毒
　　　　陰入 2 伏房六切腹

(三)　文白異讀類型

　　上面文白異讀舉例共五十五類一百七十三條。其中韻母異讀最多,計三十八類一百二十九條;聲母次之,計十類三十條;聲調最少,計七類十四條。這種情況是和原來聲韻調數目的懸殊有關的。

　　可以把所有的文白異讀按對應關係分屬七種類型:

1. 單純的聲母對應。文白異讀單純從聲母的差異表現出來。例如:

癡 ts'iㄱ/tiㄱ, 持 ts'iˊ/tiˊ; 蛛 tsuˊ/tuˊ, 拄 tsuˇ/tuˇ, 唇 tsunˊ/tunˊ; 恥 ts'iˇ/t'iˇ; 超
ts'iauㄱ/t'iauˊ/t'uaiˊ; 支 tsiㄱ/kiㄱ, 指 tsiˇ/kiˇ; 書 suㄱ/tsuㄱ, 守 siuˇ/tsiuˇ; 斜 siaˊ/ts'iaˊ, 手

siuˇ/ts'iuˇ; 婦 huㄒ/puㄒ, 分 hunㄱ/punㄱ; 浮 huˊ/p'uˊ, 航 haŋˊ/p'aŋˊ; 邀 iauˊ/hiauˊ; 胡 hɔˊ/ɔˊ, 限 hanㄒ/anㄒ; 糊 hɔˊ/kɔˊ, k'ɔˊ, 環 huanㄒ/k'uanˊ; 蠅 inˊ/sinˊ, 翼 itˇ/sitˇ; 延 ianˊ/ts'ianˊ; ……

2. 單純的韻母對應。文白異讀單純從韻母的差異表現出來。絕大部分的文白異讀都屬於這種情況。例如：

批 p'iㄱ/p'ueㄱ, 替 t'iˋ/t'ueˋ; 皮 p'iˊ/p'eˊ, 美 biˇ/beˇ; 梨 liˊ/laiˊ, 指 tsiˇ/tsaiˇ; 機 kiㄱ/kuiㄱ, 氣 k'iˋ/k'uiˋ; 倚 iˇ/uaˇ; 欺 k'iㄱ/k'iaㄱ, 寄 kiˋ/kiaˋ; 邱 k'iuㄱ/k'uㄱ, 灸 kiuˋ/kuˋ; 待 taiㄒ/tiㄒ, 戴 taiˋ/tiˋ; 擺 paiˇ/peˇ, 代 taiㄒ/teㄒ; 挨 aiㄱ/ueㄱ, 解 kaiˇ/kueˇ; 芝 tsuㄱ/tsiㄱ, 子 tsuˇ/tsiˇ; 普 p'ɔˇ/p'uˇ, 母 buˇ/bɔˇ; 珠 tsuㄱ/tsiuㄱ; 師 suㄱ/saiㄱ, 似 suㄒ/saiㄒ; 堆 tuiㄱ/tuㄱ, 灰 huiㄱ/heㄱ; 推 t'uiㄱ/t'uㄱ, 吹 ts'uiㄱ/ts'ueㄱ; 把 paˇ/peˇ, 加 kaㄱ/keㄱ; 沙 saㄱ/suaㄱ; 飽 pauˇ/paˇ, 教 kauㄒ/kaㄒ; 阿 oㄱ/aㄱ; 巧 k'iauˇ/k'aˇ; 鵝 goˊ/giaˊ; 破 p'oˋ/p'uaˋ, 拖 t'oㄱ/t'uaㄱ; 泰 t'aiˋ/t'uaˋ, 蓋 kaiˋ/kuaˋ; 渡 tɔㄒ/tauㄒ; 初 ts'oㄱ/ts'ueㄱ; 數 sɔˋ/siauˋ; 報 pɔˋ/pauˋ, 草 ts'ɔˇ/ts'auˇ; 果 kɔˇ/keˇ, 火 hɔˇ/heˇ; 做 tsoㄒ/tsueㄒ; 標 piauㄱ/pioㄱ, 表 piauˇ/pioˇ; 流 liuˊ/lauˊ, 九 kiuˇ/kauˇ, kiauˇ; 臨 limˊ/liamˊ, 針 tsimㄱ/tsiamㄱ; 林 limˊ/lãˊ; 森 simㄱ/samㄱ; 熊 himˊ/hiŋˊ; 擔 tamㄱ/tãㄱ, 三 samㄱ/sãㄱ; 暫 tsamㄒ/tsiamㄒ; 甜 tiamˊ/tĩˊ, 添 t'iamㄱ/t'ĩㄱ; 眠 bianˊ/binˊ, 面 bianㄒ/binㄒ; 鞭 t'ianˇ/t'unˇ; 陳 tinˊ/tanˊ, 趁 t'inˋ/t'anˋ; 稱 ts'iŋㄱ/ts'inㄱ, 興 hiŋㄱ/hinㄱ; 村 ts'unㄱ/ts'ŋㄱ, 損 sunˇ/sŋˇ; 單 tanㄱ/tuãㄱ, 山 sanㄱ/suãㄱ; 等 tiŋˇ/tanˇ, 星 siŋㄱ/sanㄱ; 坦 t'anˇ/t'ãˇ; 揀 kanˇ/kiŋˇ; ……

3. 單純的聲調對應。文白異讀單純從聲調的差異表現出來。只有兩例：

恨 hunˋ/hunㄒ; 愈 luㄍ/luㄒ。

4. 聲母、韻母混合對應。文白異讀從聲母、韻母的差異表現出來。例如：

知 tiㄱ/tsaiㄱ; 舒 ts'uㄱ/sɔㄱ; 飛 huiㄱ/peㄱ; 蛇 siaˊ/tsuaˊ; 厚 hoㄒ/kauㄒ; 茅 boˊ/hmˊ; 岩 gamˊ/lãㄒ; 岸 anㄒ/huãㄒ; 轉 tsuanˇ/tŋˇ; 像 sioŋㄒ/ts'iuㄒ; 實 sitˇ/tsatˇ; 活 huatˇ/uaʔˇ; ……

5. 聲母、聲調混合對應。文白異讀從聲母、聲調的差異表現出來。只有兩例：

一 itㄐ/tsitˇ; 耳 lĩˇ/hĩㄒ, hiㄒ。

6. 韻母、聲調混合對應。文白異讀從韻母、聲調的差異表現出來。共十九例：

裏 liˇ/laiㄒ; 有 iuˇ/uㄒ; 五伍午 guˇ/gɔㄒ; 碼 baㄒ/beˇ; 照 tsiauˋ/ts'ioㄒ ~手電; 晝 tiuㄱ/tauㄒ; 毒 tɔkˇ/t'auㄒ, 落 lɔkˇ/lauㄒ; 哭 k'ɔkㄐ/k'auㄒ, 惡 ɔkㄐ/auㄒ; 喊 hamˇ/hiamㄒ; 扮 p'anㄒ/puãㄒ; 贈 tsiŋㄒ/tsanㄒ; 相 siŋㄒ/sŋㄒ; 兩 lioŋˇ/lŋㄒ; 想 sioŋˇ/siũㄒ; 卵 luanˇ/lŋㄒ。

7. 聲母、韻母、聲調混合對應。文白異讀同時從聲韻調的差異表現出來。共十例：

雨與 uˇ/hɔㄒ; 遠 uanˇ/hŋㄒ; 汗 hanㄒ/kuãㄒ; 換 huanㄒ/uãㄒ; 飯 huanㄒ/pŋㄒ; 癢 iaŋㄒ/tsiũㄒ; 腹 hɔkㄐ/pakㄐ; 伏 hɔkㄐ/p'akㄐ; 蟻 giˇ/hiaㄒ。

第貳章　常用同音字表

説　明

一、本表收入常用漢字三千多個。根據臺北泉州腔的音系排列，在適當地方同時列上臺南漳州腔。表中排列先按韻母分部，同韻的字按聲母排列，聲韻相同的按聲調排列。

二、凡是加括號的韻母，表示該韻是臺南漳州腔讀音。凡是在字後加小注"(漳)"字，表示該字是臺南漳州腔讀法。

三、本表韻母的排列次序是：

i

u

a、ia、ua

ɔ

o (ɤ)、io (iɤ) o

e、ue

iu

ui

ai、uai

au、iau

m、im

am、iam

in、un

an、ian、uan

ŋ、iŋ

aŋ、iaŋ

ɔŋ、iɔŋ

ĩ

ã、iã、uã

ɔ̃

(ẽ)、(uẽ)

iũ (iɔ̃)

uĩ

ãi、(uãi)

ãu、iãu

ãʔ、iãʔ

ɔ̃ʔ

ẽʔ

ĩʔ

iʔ

uʔ

aʔ、iaʔ、uaʔ

oʔ (ɤʔ)、ioʔ (iɤʔ)

eʔ、ueʔ

uiʔ

ip

ap、iap

it

ut

at、iat、uat

ik

ak、iak

ɔk、iɔk

四、本表聲母的排列次序是：

p、p'、b

t、t'、l

ts、ts'、s

k、k'、g、h、Ø

五、本表聲調的排列次序是：

˥ 陰平，˩ 陽平；˦ 陰上；˨ 陰去，˦ 陽去；˨ 陰入，˦ 陽入。

六、字下加浪線"﹏"，如"車"，表示該字是本地同音字；字外有"[ ]"，如[焦]表示該字是本地常用訓讀字；字右下小阿拉伯數字1、2……表示又讀。

七、文白讀符號、缺字符號和省字符號，參看本書導論第二節常用符號說明。

八、表中需要加注的字，一律在字右上角標小阿拉伯數字1、2、3……，表示順序，並統一注在最後。有些字標有調類符號，表示聲調的規則讀法，例如"[kuˣ] 巨'"表示"巨"字規則讀法是陽去[˦]，但實際讀爲陰上[ˣ]。

		piˍ	備被平義切，~迫婢
	i	p'iˊ	披丕砒批量詞
piˉ	碑坤卑悲啡咖~篦	p'iˍ	皮脾2，~氣疲羆
piˊ	脾1，脾臟裨枇琵螕牛~	p'iˣ	痞疕1傷瘕鄙
piˣ	彼比妣	p'iˍ	屁鐾~喻
piˍ	痺麻~庇秘1，祕泌閉□~油：撇去肉	biˉ	微1，~~笑：微笑狀 迷 ~來~去：藏來藏

去瞷²偷看一眼

biˊ	眉湄帽眯薇彌~陀:地名 溦³~~雨: 毛毛雨微₂~小采⁴~水:潛水	siˊ	徐辭匙時鰣~魚
biˇ	美尾米	siˇ	死始
biˋ	秘₂	siˋ	四肆世勢試
biˉ	未味謎魅寐小睡	siˉ	是序示視祀氏寺
tiˉ	知癡諸(漳),姓猪(漳)蜘蹰	kiˉ	機~器 支枝肢吱幾~乎饑肌磯嘰 姬箕基居(漳)車(漳),~馬炮
tiˊ	提 ~防持維~ 池馳遲弛墀鋤 (漳)	kiˊ	奇渠鼊切,~怪 岐歧祁祈其棋旗箕期 琪淇渠(漳)
tiˇ	底抵	kiˋ	幾第~指~天發誓杞紀舉(漳)矩(漳) 巨'(漳)拒'(漳)距'(漳)
tiˋ	戴智致緻置□~起:開水沸起 至	kiˉ	計寄痣記據(漳)鋸(漳)倨(漳)
tiˉ	地稚痔治遞弟箸(漳) 待~唇:在家 [底]~時:何時	kiˉ	忌'己家~:自己 技妓具(漳) 俱(漳) 懼(漳)
t'iˉ	梯□~~叫:說話口吃的樣子	k'iˉ	欺欹⁶傾斜 觭⁷指桌椅等腿脚不正
t'iˊ	蹄苔湖~:青苔	k'iˊ	騎蜞蚚~:螞蟥
t'iˇ	恥□~開:撕開來,張開(嘴)	k'iˇ	企起齒
t'iˋ	替剃	k'iˋ	氣汽棄器去(漳)
t'iˉ	雉~鷄	k'iˉ	柿柿子
liˉ	□向下按住	giˊ	宜誼'₂,儀疑
liˊ	梨籬離~開漓厘狸而兒	giˇ	蟻語(漳)
liˇ	裏~外 女在室~:處女 里~程 浬理 鯉李姓你爾旅(漳)□laˉ~:穿山甲	giˉ	毅藝義議誼₁
liˋ	□~開:分開,撕開	hiˉ	希浠稀犧熙羲熹嬉禧虚(漳)墟(漳)
liˉ	利厲痢俐莉餌吏字寫~二膩 細~:小心注意魏₃,~虎:人名呂(漳) 慮(漳) 濾(漳)	hiˊ	魚(漳)漁(漳)
tsiˉ	支枝肢之芝諸姓脂~肪	hiˇ	喜
tsiˊ	瓷鶿藷(漳),甘薯	hiˋ	戲肺
tsiˇ	指趾紙姊子旨紫只止址祉黹針~ 籽煮(漳)	hiˉ	耳₁,耳朵
tsiˋ	痣注註鑄至人名志誌滯'濕也	iˉ	伊衣依醫於淤(漳)
tsiˉ	巳是~誰	iˊ	夷唯維~持遺移姨頤怡胎餘(漳)于 (漳)
ts'iˉ	悽癡 ~詝:幼稚而容易上當 腮蛆	iˇ	倚椅已以矣
ts'iˊ	持徐~州:地名	iˋ	意
ts'iˇ	耻侈鼠(漳)批⁵用拳望下按	iˉ	易以豉切,容~肆~業異禦(漳),防~
ts'iˋ	試 ~~:試一試 翅刺七賜切,~殺		
ts'iˉ	飼喂養市		u
siˉ	私書(漳)需司屍詩施絲鷥蜥螄~	puˉ	[呼]吹氣聲
		puˊ	[匏]葫蘆瓜 [炰]把食物直接放在火中燒

	烤[垺]量詞。一～：一小堆		小島：鼓浪～
pu	富富裕	ku	龜鳩居車～馬砲蚼 恭於切，金～：螞
pu	伏⁸扶富切，孵卵，～雞 婦新～：媳	ku	名痀¹³痝～：駝背
p'u	浮芙～蓉葡[烰]油炸	ku	渠
p'u	普⁹～～：日光曚曬 殕生～：食物上長白毛	ku	久韭舉巨'拒'距'矩
bu	無蕪誣～告	ku	據鋸句灸 居右切，針～倨
bu	母₁，老～侮武舞瞴¹⁰～～：視野不清	ku	具俱懼舅舊咎
bu	務霧雲霧霧～水：用嘴噴水 鶩遇人名，如常～春	k'u	丘邱坵區嶇軀驅拘
tu	誅蛛株堆豬	k'u	[踞]¹⁴蹲也瞿姓
tu	除鋤厨橱踃□懊～面：哭喪臉蹦	k'u	去
tu	貯₁，～藏拄相遇	k'u	柩臼石～
tu	注歸～：整堆的東西	gu	愚牛
tu	箸筷子□～喙：頂嘴	gu	五伍午語
t'u	貯₂～存	gu	御～林軍礐（漳）
lu	[撓]推搡	hu	麩夫灰灰燼虛 膚敷伕[咻]～～吼：狂風怒吼聲
lu	如茹孺儒	hu	浮扶芙蜉鳧魚漁符
lu	女男～滷汝旅乳屢'愈～加：更加	hu	脯許₁允～ 斧釜'撫府腑
lu	攄～䭕仔：去掉鍋底的煙灰	hu	富付咐附赴賦 婦輔負父師～腐
lu	吕慮濾裕富～喻比～愈～來～好	u	淤污鳴
tsu	珠誅蛛株諸之芝書 讀～硃朱資姿咨茲滋淄緇	u	于予餘愉渝榆逾
tsu	慈磁蜍藷¹¹甘薯	u	雨與宇禹羽齲 鯢：心裏煩燥
tsu	子拄主梓煮	u	煦¹⁵'～燒：使冷食物加溫
tsu	駐蛀注註鑄	u	饗防～礜預有
tsu	柱自□～塗：墊上泥土		
ts'u	舒～被：褥子		**a**
ts'u	雌	pa	巴芭疤笆粑
ts'u	娶此主切，～親 此處昌與切，～理杵鼠取	pa	鈀琶
ts'u	次處昌據切，到～ 趣厝¹²房子	pa	把～握飽 食～：吃飽
su	書需私師司須樞輸斯思息兹切，馬克～[襲]量詞。一～衫褲：一套衣服	pa	壩霸豹
su	辭詞祠殊	pa	罷爸'
su	使駛徙暑緒光～署'曙'	p'a	葩扒脬膀胱[泡]量詞，一～膿水 □～山：翻越過山
su	四肆賜思相吏切，意～	p'a	爬
su	序樹似相～侍飼伺'敍嗣事士仕嶼	p'a	泡起～炮
		ba	䖙猫莫交切，山猫

ba˦	碼三~布□~~:蓋得嚴密,接榫準礁
ɪa˥	[焦]¹⁶乾燥礁~溪:地名
ɤa˥	□粘貼
La˥	罩踔¹⁷跳躍貌
ta˦	大~家:公婆｜~夫:丈夫
t'a˥	悼¹⁸以長而尖的東西挑取
t'a˦	□重疊起來
La˥	拉
La˦	撈~~:收集物品 蘿紅~獨:紅蘿蔔
ɪa˦	[扨]₂輕輕攪拌□~liɪ:穿山甲
tsa˥	渣遮查₂調~
ɤa˦	早
La˦	詐炸榨
ɪa'˥	叉杈釵衩差相~
ts'a˦	柴查₁~看
ɤa'˥	吵炒
sa˥	沙砂紗痧鯊裟莎柵,木~:地名
ɤa˥	傻
La˦	[嗄]語氣詞
ka˥	家加傢嘉佳膠古肴切,皮~ 鉸 古肴切,~刀:剪子 笅鮫交~易筊 [傀]~儡戲:木偶戲
ka˦	駕絞賈姓疝¹⁹·腹肚~:腹中急痛 假~使攪~吵:打攪
ka˦	價嫁教教訓｜~冊:教書 較稼膠古孝切,洘~:粘性大
ka˦	皎²⁰咬也
k'a˥	骹²¹腳也尻²²~川:屁股
k'a˦	巧取~卡
k'a˦	敲苦教切,敲打
ga˦	牙芽
ga˦	雅₂
ga˦	迓迓
ha˥	哈
ha˦	蝦霞瑕
ha˦	孝帶~哈~唏:打哈欠
ha˦	下胡駕切,~降夏胡駕切,春~秋冬 廈大~

a ㄚ

a˥	丫阿鴉
a˦	啊驚嘆聲
a˦	啊感嘆聲[仔]常用詞尾
a˦	亞

ia

tia˥	爹
lia˥	□~日頭:遮太陽
ɤia˦	惹
tsia˥	[這]₁,這裏,這些
tsia˦	[這]₂
ɤia˦	姐者
tsia˦	蔗鷓~鴣鳥
tsia˦	謝姓
ts'ia˥	車汽~ 車~倒:猶言翻倒 奢~花
ts'ia˦	斜
ɤia'˦	且₁
ts'ia˦	笡²³斜也
sia˥	些賒
sia˦	斜蛇邪
ɤia˦	寫
sia˦	舍`捨瀉赦
sia˦	謝多~社射麝
kia˥	迦釋~佛
kia˦	寄
kia˦	徛₁,形容山勢陡峭,崎竹~,地名
k'ia˥	奇居宜切,單數欺~人[寄]私~:私房錢財
k'ia˦	騎~馬
k'ia˦	徛₂²⁴站立
gia˦	鵝[蜈]~蚣[蜥]蟧~:長腳蜘蛛 □~頭:抬起頭
hia˥	靴[或]₁,那裏,那些 □~pai˥:多言而好賣弄
hia˦	[或]₂,
hia˦	瓦厝~:房瓦 蟻狗~:螞蟻
ia˦	爺耶椰

iaˋ 野也冶

iaˊ 瘞²⁵因病而生倦態

iaˍ 夜敆²⁶~種: 撒種子

ua

puaˋ 簸布火切,動詞,用簸箕揚去糠秕、塵土等雜物

puaˍ 簸補過切,名詞,~箕

p'uaˊ □擺動;絆上

p'uaˋ 破

buaˍ 磨

tuaˊ 帶皮~駐住也

tuaˍ 大~細: 大小 馱

t'uaˊ 拖

t'uaˊ 泰長~: 地名

luaˊ 籮籮筐

luaˊ 瀨²⁷水中淺灘

luaˍ 賴姓

tsuaˊ 抓

tsuaˊ 蛇

tsuaˋ 紙

tsuaˍ 逝₂行列誓₂咒~: 咀咒

ts'uaˊ 蔡娶七句切,~嫁

ts'uaˍ □₂歪斜不正[秃]~你去: 帶你去

suaˊ 沙砂鯊痧

suaˋ 耍徙移動

suaˊ 續'辭屢切,連續,連接

kuaˊ 瓜歌

kuaˋ 寡

kuaˊ 蓋芥~菜過罪~掛卦

kuaˍ □真~: 淡而無味

k'uaˊ 夸誇

k'uaˋ 可小~

guaˋ 我

guaˍ 外~口: 外面

huaˊ 花

huaˍ 華樺鏵

huaˍ 化

huaˍ 畫

uaˊ 哇

uaˋ 倚依靠

uaˍ 瓦

ɔ

ɔˊ 蒲草~: 草地 夫大~: 丈夫 晡²⁸~時: 黃昏時刻[埔]平地[蜅]蟾~螬: 蟲名

ɔˋ 醐

ɔˋ 斧脯₁,肉~: 肉乾 補捕

ɔˍ 布怖佈傅姓□韌~~: 韌極

ɔˍ 步部埠~頭: 碼頭舖蒲故切晡蒲故切輔

p'ɔˊ 敷鋪普胡切,~路

p'ɔˋ 扶扶持抔手掬物莆~田: 地名

p'ɔˋ 普脯₂,杏~浦圃譜鋪'普故切,店~

p'ɔˍ 舖里程單位,俗以十華里為一舖

p'ɔˍ 簿本子

bɔˋ 模₁,模子謨摹漠謀₁,參~

bɔˋ 某畝牡姥母公~: 公的和母的

bɔˍ 戊慕募墓貿茂□量詞,五~紅肉: 五塊濕疹

tɔˊ 都

tɔˋ 途屠圖涂₂,~改塗₂,~蚓: 蚯蚓

tɔˋ 堵賭肚當古切,腸~

tɔˋ 妒□水迹陰閉

tɔˍ 渡踱鍍度杜肚徒古切,~臍

t'ɔˊ 塗²⁹₁,泥土涂₁,姓

t'ɔˋ 土~洋結合□~目: 眼球突出

t'ɔˋ 透吐兔

lɔˊ 奴~隷爐蘆盧鱸鸕~鷀

lɔˋ 滷~味魯櫓虜努

lɔˍ 路露鷺怒₂,

tsɔˊ 租

tsɔˋ 祖阻組

tsɔˍ 助

ts'ɔˊ 初~中粗

ts'ɔ˥	楚	p'ɔ˩	破
ts'ɔ˩	醋	p'ɔ˥	抱
sɔ˧	梳蔬舒疏酥蘇	bɔ˧	□kam˧~:也是
sɔ˥	[駿]烏~~:黑乎乎的	bɔ˥	茅無
sɔ˥	撒所	bɔ˩	磨帽
sɔ˩	數~目訴素	tɔ˧	刀多
kɔ˧	箍金~棒辜沽姑枯鴣菇孤	tɔ˥	駝逃淘萄陶陀鴕濤砣桃 1.洋~: 水果名
kɔ˥	糊1.糊糊□猪~: 裝猪用的長形竹器	tɔ˥	倒打~島擣朵□何也。~落:何處
kɔ˥	古估詁牯股蠱鼓	tɔ˩	到
kɔ˩	固故錮僱顧	tɔ˩	馱舵道導盜稻
k'ɔ˧	瞘目~箍凡圓形物的單位量詞,如竹~| 桶~ 呼~鷄|~狗	t'ɔ˧	拖滔發
k'ɔ˥	糊2.往牆上亂貼東西	t'ɔ˥	桃2.~園:地名 迄30佚~:散步,遊玩
k'ɔ˥	苦康杜切,颗~ 許姓	t'ɔ˥	妥討
k'ɔ˩	庫褲苦苦故切,假~:裝優	t'ɔ˩	套
gɔ˧	愚□旋轉吾2吳2梧娛	lɔ˧	囉~嗦□臭花~:發酵而生臭味
gɔ˥	五2伍2	lɔ˥	籮螺~蛳螺~絲絞: 螺絲刀 挼31按摩 牢1.~固羅鑼鑼邏勞嶗癆醪32粘~: 粘而稠
gɔ˩	誤2午~時茶:中藥茶名 伍3五3		
hɔ˧	呼招~	lɔ˥	老佬腦裸[餱]麻~:一種麵制食品[咾] 阿~: 稱贊□搖晃不定狀
hɔ˥	胡湖葫壺糊狐鬍猢弧餬□撈起,如~飯|~藁乎		
hɔ˥	虎否滸水~傳	lɔ˩	跳33個頭高大
hɔ˩	戽	lɔ˩	澇糯
hɔ˩	厚忠~護滬戶互雨與給與	tsɔ˧	遭糟
ɔ˧	烏污	tsɔ˥	曹槽漕.慒34~心:心裏煩燥
ɔ˥	胡湖壺葫	tsɔ˥	早左佐棗
ɔ˥	□挖也	tsɔ˩	做奏
ɔ˩	惡烏路切,1,可~	tsɔ˩	皂
ɔ˩	芋	ts'ɔ˧	操~行搓膜腥~:腥味
		ts'ɔ˥	蹉35踩踏
	o(ɤ)	ts'ɔ˥	草甘~
		ts'ɔ˩	糙~米挫錯措銼
po˧	菠褒玻	so˧	搓臊唆餕娑嗦騷搔 ~草: 除草 趖36 漫遊
po˥	婆鄱		
po˥	保寶堡鴇	so˥	嫂瑣鎖
po˩	報播	so˩	掃糞~: 垃圾燥
po˩	暴瀑薄:2.厚~		
p'o˧	波坡		

ko˥ 歌高哥戈羔糕鍋篙膏藥～ 痀 癩～症: 痲瘋病

ko˨˦ 撩～儀: 占人便宜. 膏濁而稠的稀狀物

ko˥˧ 果粿稿

ko˩ 過～程過～船: 划船 告個～人

ko˧ 和胡卧切,～來～去: 翻滾不定狀

k'o˥ 科柯軻苛～刻

k'o˨˦ □擺架子刁難他人

k'o˥˧ 可考拷烤洘水～: 水少下去

k'o˩ 課功～: 課程靠犒

go˨˦ 鵝俄訛遨

go˥˧ 我

go˧ 餓

ho˥ ˛號胡刀切,哭喊

ho˨˦ 和盧戈切,～平｜～麵 禾毫豪～杰壕 河何荷～蘭

ho˥˧ 火伙好1.～人

ho˩ 貨耗

ho˧ 號胡到切，口～｜號數賀浩荷薄～禍

o˥ 阿～咾: 稱贊 窩撾□倒賣行爲

o˨˦ 蚵

o˥˧ 襖

o˩ 懊澳奧□～gio˨˦: 一種夏季飲料

io (iɤ)

pio˥ 標鏢膘□戲謔

pio˥˧ 表錶裱婊

pio˧ 鰾

p'io˥ 飄

p'io˨˦ 薸浮萍

p'io˩ 票

bio˨˦ 描謀2.計～

bio˥˧ 杪母2.～親

bio˧ 廟

tio˨˦ 跳徒聊切,顫抖狀 潮～洲: 地名 趒[37]雀行貌

tio˩ 釣

tio˧ 兆趙

t'io˥ 挑～起來: 平鏟起來

t'io˩ 糶～米

lio˨˦ 撩～油: 去掉湯上的油層

lio˧ 尿廖姓

tsio˥ 招昭椒蕉

tsio˥˧ 少一點兒

tsio˩ 醮做～炤照1.～～: 照一照

ts'io˥ 秋(漳)，涼快 猶起～: 動物發情

ts'io˩ 笑

ts'io˧ 照'2.～手電

sio˥ 燒蕭姓霄雲～: 地名 相2.～往來: 互相往來

sio˨˦ □真～: 小孩淘氣□軟～～: 軟而下垂的樣子

sio˥˧ 小～可少料～: 少許

sio˧ 邵姓

kio˥ 嬌驕

kio˨˦ 蕎茄橋

kio˩ 叫

kio˧ 轎撬

k'io˥˧ 口3.人～

k'io˩ 竅做～: 出壞點子 叩丘堠切(漳),～謝

gio˨˦ □粉～: 一種夏季飲料

hio˧ 后皇～

io˥ 腰么～二三唷

io˨˦ 搖徭姚姓

io˥˧ 舀

io˧ 藥,2.

e

pe˥ 飛菠～稜菜: 菠菜

pe˨˦ 鈀琶爬～起來爬[38]～癢: 抓癢杷枇～·

pe˥˧ 把一～火 擺撥開

pe˩ 蔽弊'斃'

pe˧ 陛幣倍焙背蒲昧切爸'老～

pʻe	坯(漳)批(漳)書信也	ke	假古馬切,真~|放~ 果餜
pʻe	皮(漳)	ke	計嫁價過~去界(漳)芥(漳)疥(漳) 架繼
pʻe	帕	ke	下1.低下
pʻe	被皮彼切,被子	kʻe	科詼笑~:詼諧溪(漳)
be	迷糜稀粥	kʻe	葵~扇:蒲扇瘸(漳)
be	買(漳)尾馬碼美景~:地名	kʻe	啟
be	賣(漳)妹罵[燴](漳),不會	kʻe	課功~:活計
te	低	kʻe	下放置
te	茶題(漳)	ge	倪姓 牙芽
te	抵底(漳),盛東西叫~□短也	ge	藝毅
te	帝帶跟從帶量詞。一~;一境	he	飛2.~行機:飛機 灰石~[或]1.那個
te	第袋地(漳)待(漳),~厝:在家 代 [底]		瘸41~痀:氣喘咳嗽
	(漳),~時:何時	he	蝦霞和~尚迴[或]2.
tʻe	推(漳)胎[毹]半~,倒:半臥	he	火伙許2.~顧
tʻe	堤提	he	歲貨
tʻe	體	he	系~統係暇蟹(漳)夏胡雅切,姓
tʻe	替(漳)退(漳)	e	挨(漳)~~陣陣:擁擠而過 鵙鍋也 窩~
tʻe	蛇水母擔39 2.拿、取		仔菜:莒筍葉
le	犁(漳)腡 手指紋 璃黎籬璨~瓏: 貨	e	今鞋(漳)
	郎鼓	e	啞矮(漳)倭(漳)
le	佢禮晷'(漳)罵也	e	縊
le	厲瀝~例勵糲隸	e	禍下2.底下 廈~門:地名會能,能夠
tse	[這]1 這個災着:遭殃渣藥~		繪(漳)
tse	[這]2 蛴蟘蛸~:蟲名 齊(漳)		
tse	姊		
tse	祭際濟制製債		
tse	坐座寨劑藥~:成藥		**ue**
tsʻe	叉杈釵悽1妻差出~;梧~:地名		
tsʻe	髓	pue	碑飛(漳)杯
tsʻe	脆岔細(漳),米粉,米屑	pue	培陪賠裴
tsʻe	□尋找	pue	擺(漳)
se	西1 紗鯊	pue	輩貝
se	垂領~:小孩圍嘴布巾	pue	背(漳)倍(漳)焙(漳)□(臺南)鞋~:鞋
se	洗(漳)		拔子
se	世婿1 勢税細(漳)	pʻue	批書信坯
se	薔:近;□2.旋轉,繞圈子	pʻue	皮(漳)
ke	家加傢嘉佳紮'縖繫街(漳)雞(漳)	pʻue	□量詞。一~:一片[胚]喙~:臉頰
ke	梘40枷具	pʻue	沛配佩'粺

pʻue˥	被(漳),被子	ue˥	矮倭
bue˥	尾(漳)買	ue˩	畫衛繪外₂,~甥仔話劃₂計~
bue˧	賣[繪],莓		
tue˥	蹄狗~芋:一種芋頭品種 題		**iu**
tue˥	底		
tue˩	帶(漳)	piu	彪
tue˧	地	biu˧	謬
tʻue	推~讓	tiu	丟
tʻue˩	替退	tiu˩	綢稠籌
lue˥	犁捼	tiu˥	肘
lue˥	罟'	tiu˧	晝'宙紂袖⁴²稻谷
lue˧	笠,螺鋸~:鏈刀	tʻiu	抽₁~調
tsue˥	齊	tʻiu˥	丑
tsue˩	最做	liu	溜尾~抽₂,~簽
tsue˧	罪□多也。真~:真多	liu˧	流劉留瘤榴硫琉柔揉瀏
tsʻue	吹炊初年~	liu˥	紐柳扭鈕
tsʻue˥	髓(漳)	liu˩	□~皮:脫皮
tsʻue˩	細	liu˧	蹓~籠
tsʻue˧	□(漳),尋找	tsiu	珠目~:眼周舟州啾侏
sue˥	梳蔬衰	tsiu˩	酒守~寨
sue˥	洗黍	tsiu˧	咒蛀
sue˩	細帥歲(漳)稅(漳)	tsiu˧	就
kue	鷄街瓜	tsʻiu	鬏鰍秋~天鞦~鞦
kue˥	□~頭壳:用手指關節打頭	tsʻiu˥	愁售'酬仇囚
kue˥	改₁~婚果(漳)餜(漳)解勦~	tsʻiu˥	手尋瞅~睬:見人而不理
kue˩	會古外切,~計疥檜桼~:人名過(漳),~去界芥	tsʻiu˧	臭
		tsʻiu˧	樹
kʻue	溪魁盔鋼~	siu	搜修收羞
kʻue˥	瘤	siu˥	仇酬囚售'泅茜
kʻue˩	契	siu˥	守手首狩
gue˧	外₁員~	siu˩	秀綉銹袖'獸宿二十八~宿⁴³臭穴
hue	花灰(漳)恢	siu˧	壽受授綬
hue˥	回茴和(漳),~尚	kiu	赳雄~~鳩勾⁴⁴捲縮起來
hue˥	悔賄火(漳)伙(漳)	kiu˧	求球毬
hue˩	貨(漳)歲(漳)	kiu˥	久九韭玖糾₁,~察隊
hue˧	匯會黃外切,開~ 蟹	kiu˩	救究居右切疚'糾₂,~正灸
ue	挨~~陣:擠擠而過	kiu˧	舊白咎
ue˥	鞋	kʻiu	丘坵邱蚯

k'ui˥	趨⁴⁵ ~筋: 抽筋	tsui˩	醉最
k'ui˥	糗□ 拉住，一把抓住	tsui˩	罪₁誰是~
k'ui˩	□真~: 很有彈性	ts'ui˥	摧~毀吹炊崔催
giui˥	牛	ts'ui˥	揣
giui˩	□扯斷	ts'ui˩	脆翠碎粹悴喙⁴⁶嘴也
hiui˥	休	sui˥	綏雖簑梭~: 蓑衣 荽 芫~: 香菜 衰~
hiui˥	裘棉~: 棉夾襖		落 祟' 龜~: 鬼頭鬼腦
hiui˥	朽	sui˥	隨垂誰~人
hiui˩	嗅□~~: 甩一甩	sui˥	髓水~調歌頭水美也
iui˥	優悠憂幽	sui˩	歲稅
iui˥	猶尤郵由油鈾游遊魷	sui˩	遂穗瑞罪₂畏~
iui˥	有酉友	kui˥	龜機布~硅圭閨歸規
iui˩	幼	kui˥	葵~花逵₁李~: 人名
iui˥	又右佑祐釉柚誘	kui˥	幾~歲改₂鬼傀軌詭癸宄奸~
		kui˩	桂季貴創

ui

		kui˩	櫃悸跪
pui˥	□拔出	k'ui˥	盔~甲開虧窺
pui˥	肥	k'ui˥	逵₂李~奎
pui˥	痱	k'ui˩	愧氣起~: 擺派頭汽
pui˩	吠狗~	k'ui˩	潰
p'ui˥	屁	gui˥	危安~巍
p'ui˥	[啡]~瀾: 吐唾沫	gui˩	魏₁~國
bui˩	□目珠~~: 眯着眼	hui˥	飛₁~行員灰~心非妃菲揮輝徽麾
tui˥	堆追	hui˥	肥回茴危~險洄~水瓷陶瓷總稱
tui˥	捶	hui˥	悔賄誹毀匪
tui˩	對碓	hui˩	痱費廢諱
tui˩	隊墜兌	hui˩	吠雞鳴狗~彙惠
t'ui˥	推梯	ui˥	威[搣]小挖
t'ui˥	槌鎚鎚	ui˥	維唯遺爲蔻支切，作~惟濰帷違圍
t'ui˥	腿	ui˥	委緯偉
t'ui˩	退蛻~變	ui˩	畏尉慰
lui˥	雷蕾擂鐳	ui˩	繪衛爲於偽切，~什麼位胃猬謂無所
lui˥	儡壘藥磊累力委切，積~		~魏₂~國□從……
lui˩	類銳淚累良偽切，連~		
tsui˥	椎錐		

ai

tsui˥	□砍斷		
tsui˩	嘴水溪~	pai˥	□hiai~: 説人多言，好賣弄自己
		pai˥	排牌

paiˇ	擺1.~散: 跛足擺搖~		撇去浮在水面的髒物 槩49斗~: 平斗斛器
paiˋ	拜		具
pai˪	敗	k'aiˉ	開揩
p'aiˇ	痞1.不好，壞	k'aiˋ	楷凱
p'ai˪	沛派湃	k'ai˪	概溉愾
baiˇ	埋~伏楣眉	gaiˊ	崖涯
baiˋ	[䀛]醜、壞、可惡	gai˪	艾
bai˪	[矄]~看: 偷看一眼	haiˉ	賅大也
taiˉ	獃	haiˋ	孩[頦]下~: 下巴
taiˋ	臺1.擡[坮]埋葬	haiˋ	海
taiˋ	帶戴	hai˪	亥械害
tai˪	代袋~鼠大 ~夫: 醫生 怠黛貸殆	aiˉ	挨~打哀哎埃
	[事]~志: 事情[鯠]草~: 魚名	ai˪	愛隘薆
t'aiˉ	胎篩		
t'aiˋ	臺2苔夷宰殺		**uai**
t'aiˋ	嘻47無理謾罵		
t'ai˪	泰汰太態	kuaiˉ	乖
t'ai˪	待癩~瘤: 痲瘋病	kuaiˋ	枴拐~帶
laiˊ	來梨萊	kuai˪	怪
lai˪	賴依~癩裏~底: 裏邊 利刀~: 刀快	kuai˪	[拐]~倒: 絆倒
tsaiˉ	災知知道哉哀~栽齋	k'uai˪	快
tsaiˋ	裁1.制~臍肚~才財材	huaiˊ	淮懷槐
tsaiˋ	宰~相趾指手~頭	huai˪	壞
tsaiˋ	載三年兩~再	uaiˉ	歪
tsai˪	在1.現~	uaiˋ	[踓]~着骹胇50依靠而坐
ts'aiˉ	猜差~遣		
ts'aiˋ	裁2.~縫豺		**au**
ts'aiˋ	采彩採睬睞		
ts'ai˪	蔡菜	pauˉ	包1.~裹苞胞褒
ts'ai˪	在2.站立不動狀	pauˉ	包2.真~假~: 真假包公
saiˉ	西2師私□搧批獅鰓腮	pauˋ	飽~飲
saiˋ	使踈士切，~倿: 使喚他人 駛屎	pau˪	豹報
sai˪	婿2囝~使踈吏切，大~賽	pau˪	鮑姓鴇51用拳橫擊
sai˪	伺'侍似熟~: 熟悉姒同~: 妯娌	p'auˉ	拋
kaiˉ	該皆階	p'auˋ	袍
kaiˋ	骸~邊: 大腿和小腹之間交接處	p'auˋ	跑
kaiˋ	改解	p'au˪	泡炮
kai˪	蓋芥界屆介戒丐尬尷~篏48 ~水:	bau˪	卯2铆2

bau˧	貿 撤總~來: 全買下來
tau˧	兜 你~: 你家
tau˩	投 ~降投告發
tau˥	斗 量具 島 倒
tau˩	鬥 ~爭鬥相衝接 畫 中~: 中午時刻
tau˧	逗 句~ 渡 關~: 地名 豆痘□ 吊~: 上吊
t'au˧	偷
t'au˩	頭
t'au˥	敨52 解開
t'au˩	透套
t'au˧	毒, ~蟲: 把蟲毒死
lau˩	流留劉 姓 瘤牢 監~樓
lau˥	簍老 ~大儂: 老人家 [擾] 哄騙, 誘騙
lau˩	落, ~消息: 走漏風聲
lau˧	漏 ~水 茇 ~濃溪: 河名
tsau˩	遭槽蹧燶53 柴~: 燒過未滅之柴炭
tsau˩	巢
tsau˥	早走蚤
tsau˧	奏灶躁
ts'au˩	操 出~抄鈔
ts'au˩	愁 ~心: 操心
ts'au˥	草 青~ 吵炒
ts'au˧	湊臭 ~水
sau˩	□裂而未開丨~聲: 裂聲, 啞聲
sau˥	撒2 起~; 發神經病
sau˧	掃捎 ~大掃除 嗽
kau˩	交高郊勾鈎溝
kau˩	猴
kau˥	九玖口2 大舌~: 大舌頭 垢狗苟狡~怪: 狡猾
kau˧	够構購覺 古孝切, 睏~: 睡覺 校古孝切, ~對 窖較教 ~育 [到]至也
kau˧	厚 ~皮□韌餅: 包好的春捲□ ~ pi: 交易
k'au˩	敲 口交切, ~剝 薅~刀: 刨刀 薅~草 薅
k'au˥	口1 人~
k'au˧	哭 叩 丘喉切 扣銬

gau˩	豪54 能幹, 本領大
hau˩	薅 ~來: 用五指把零星雜物收攏在一起 [嗃] ~若: 説大話
hau˩	侯 姓
hau˥	吼 大聲叫喊
hau˧	孝 ~順
hau˧	後 ~生: 兒子候時~ 效校 胡教切, 學 ~鱟
au˩	歐甌鷗凹
au˩	敖 姓 喉嚨~: 喉嚨 嗷~ ~叫 熬
au˥	嘔拗 ~斷
au˧	漚 東西久浸水中 惡 烏各切, ~味: 惡臭味 惡烏路切, ~蠻: 小孩頑皮不聽話 [謳] 真~: 拖拉成性, 説了不算 懊
au˧	後 ~面傲 ~氣

iau

piau˩	標臕鏢
piau˥	表裱婊錶
p'iau˩	飄漂
p'iau˩	嫖
p'iau˥	票剽
p'iau˧	漂 ~亮
biau˩	描苗瞄錨
biau˥	秒渺藐
biau˧	妙
tiau˩	刁貂雕凋鵰
tiau˩	朝 ~代調徒聊切, ~整條
tiau˥	釣吊弔
tiau˧	召掉調徒吊切, ~動
t'iau˩	挑 ~戰超 ~工: 故意迌
t'iau˧	跳他吊切, 跳躍
liau˩	燎療寮遼嘹繚僚聊寥 ~~無幾牢2: 豬~; 豬圈
liau˥	了瞭潦
liau˧	料繞 ~練

tsiau˥　招昭焦

tsiau˨　'剿國~、剿~~:完全,全部

tsiauˇ　[鳥]

tsiau˩　照按~

ts'iau˥　超~過搜~家

ts'iau˩　[嬌]~正:使正

siau˥　肖消硝銷稍梢下~:猶言輕賤　宵通~

siau˨　[潲]精液

siauˇ　小少撒1起~:發神經病

siau˩　笑見~數~目

siau˥　紹

kiau˥　驕嬌

kiau˨　僑喬

kiauˇ　攪九跋~:賭博　繳餃

kiau˩　撬誽~~叫:罵人狀

k'iau˥　[翹]死去,一種譏笑或詼諧的說法　蹻~倣:舉足　蹻彎曲不直

k'iau˨　□說人刁鑽

k'iauˇ　巧

k'iau˩　翹倒下去

giau˨　堯饒

hiau˥　僥古堯切,~幸　曉~勇梟~雄邀邀請

hiau˨　嬈

hiauˇ　曉

hiau˩　□紙張、布料邊緣捲起

iau˥　腰要於霄切,~求　妖吆枵55腹饑邀~請

iau˨　摇徭猶~娚:未曾　謠瑶

iauˇ　夭於兆切,~壽

iau˩　要於笑切,重~

iau˩　耀

m

hm˥　□答應聲

hm˨　媒~儂:媒人茅~草

hm˩　□從上打下去

---

m˨　梅楊梅

m˥　姆阿~:伯母

m˩　[怀]56不、不肯、不願

im

tim˥　,沉2陰~

tim˨　沉1下~陳2.~酒

timˇ　[頓]~頭:點頭　揕擲擊

tim˩　朕鳩[燂]用溫火燉

lim˥　[啉]2.飲也

lim˨　林淋臨~陣琳霖[啉]1.飲也

limˇ　凜忍2.~耐

lim˩　賃

lim˩　妊任~務

tsim˥　針~指:頂針　揨[嗼]吻也今(漳)~仔:此時

tsim˨　蟳

tsimˇ　枕嬸

tsim˩　浸

ts'im˥　侵深參楚簪切,~差

ts'im˨　[鑱]銅鈸

ts'imˇ　寢

sim˥　森~林參所今切,人~　心蕊

sim˨　尋尋找

simˇ　嬸審沈姓瀋~陽

sim˩　滲□軟的物件上下顫動

sim˩　甚

kim˥　今金襟禁居吟切,禁不起

kimˇ　錦1.~洲

kim˩　禁居陰切,~止

kim˩　妗

k'im˥　欽

k'im˨　琴禽擒

gim˨　吟~詩

gimˇ　錦2.什~

him˥　欣歆鑫人名

him˨　熊

im ㄱ　音陰~凉湮淹也
im ㄥ　淫
im ㄚ　飲~食
im ㄥ　蔭樹~

am

tam ㄱ　擔都甘切，負~耽眈
tam ㄥ　潭談譚曇淡57濕也
tam ㄚ　膽
tam ㄥ　[頓]~頭: 低着頭
tam ㄣ　淡徒濫切，儳~淡~水: 地名 氮
t'am ㄱ　貪探58伸手向遠處取物
t'am ㄥ　痰檀
t'am ㄥ　探他紺切，~險｜試~
t'am ㄣ　□踏~: 衰老而行動不便
lam ㄱ　□鷄: 竹篾制成的鷄罩
lam ㄥ　藍 藍色淋~雨 男南楠婪擥59伸手向
　　內部探取
lam ㄚ　覽攬纜漤~菜□虛弱,不結實
lam ㄥ　□在爛泥中踩下去 㜸60爛泥
lam ㄣ　濫艦2軍~
tsam ㄥ　慚
tsam ㄚ　斬嶄足~: 真漂亮
tsam ㄥ　蘸
tsam ㄣ　站車~ 暫□~~仔: 用手按，脚踩使
　　實在
ts'am ㄱ　摻參倉含切,~加
ts'am ㄥ　蠶
ts'am ㄚ　慘
ts'am ㄥ　懺
sam ㄱ　三~版叁森杉
sam ㄚ　□撒粉狀物之動作 糝61小顆粒狀物
sam ㄥ　毿62~毛: 長而亂的頭髮
kam ㄱ　監古銜切，~視 甘柑疳泔
kam ㄥ　含銜
kam ㄚ　敢感橄顑63蓋也,罩也 □~盂: 竹制
　　簸籮

kam ㄥ　艦'1.軍~監格懺切,太~ 鑑 ~定□ 連
　　接詞"和"
k'am ㄱ　龕堪
k'am ㄥ　□~嗽: 咳嗽
k'am ㄚ　砍侃坎大台階歁空~: 不懂事,亂來一遍
k'am ㄥ　勘磡64山崖□嚴密罩上
gam ㄥ　岩癌
gam ㄥ　憨 儍獃
ham ㄱ　蚶酣邯~鄲
ham ㄥ　含銜涵函
ham ㄚ　□用棍子打下去 喊1.~喝: 大聲吆喝
ham ㄣ　泛2.~~: 隨便,不在乎 顢65臉黃浮腫
ham ㄥ　陷憾撼
am ㄱ　庵[蓭]~蒱蠐: 蟲名 醃~瓜: 瓜類
am ㄥ　涵~空: 涵洞 □嬸子,"阿姆"的合音
am ㄚ　㽎平寢飲米湯埯小土坑
am ㄥ　暗
am ㄥ　頷~頸: 脖子

iam

tiam ㄱ　掂拈案板□砭人皮肉
tiam ㄥ　甜沉水中小顆粒慢慢下沉
tiam ㄚ　點
tiam ㄥ　店
tiam ㄣ　憺66恬靜墊2.草~
t'iam ㄱ　添
t'iam ㄚ　悿67病真~: 病得嚴重
t'iam ㄣ　□~水: 投入水中
liam ㄱ　□~敽: 踮着脚尖走路 拈以指頭取物
liam ㄥ　臨~時廉簾黏
liam ㄚ　染斂
liam ㄥ　捻
liam ㄣ　念
tsiam ㄱ　針籤插~尖沾[占] (臺南)貨幣單位
　　"分",一~即一分
tsiam ㄥ　潛
tsiam ㄚ　枕~頭

tsiam˩	占人名佔	pin˧	臏
tsiam˧	暫漸	pʻin˥	苹
tsʻiam˥	殲纖釬簽	pʻin˥	品
tsʻiam˧	□刺殺,動詞	bin˧	閩眠瞑~民岷
tsʻiam˥	□刺也,動詞和名詞	bin˥	閔憫敏捪69刷也,動詞
tsʻiam˩	鋑	bin˧	面臉也 | 表面
siam˥	[瞻]透過細縫偷看	tin˥	珍人名津天~:地名
siam˧	尋量詞.遍~遍裨~宗	tin˧	塵藤陳1.~皮:中藥名
siam˥	閃陝	tin˥	頂~動:震動
siam˩	滲~尿~屎	tin˩	鎮
siam˧	甚~麼	tin˧	陣
kiam˥	兼	tʻin˥	□~茶:倒茶
kiam˧	鹹	tʻin˧	趁~去:一道去
kiam˥	減檢~查檢~菜:撥菜	lin˥	[奶]食~
kiam˩	劍	lin˧	鱗憐鄰燐璘遴人仁
kʻiam˥	謙	lin˥	忍1.輦圓~~:很圓 [恁]你們,人稱代詞
kʻiam˧	黔	lin˧	韌吝認
kʻiam˥	歉	tsin˥	珍升十~為一斗真瞋嗔
kʻiam˩	欠	tsin˧	秦□凝視
kʻiam˧	儉	tsin˥	振'~與工業震'2.地~拯賑疹診
giam˧	閻~王嚴嚴	tsin˩	進震1.身上發顫晉
giam˧	驗	tsin˧	盡'儘燼
hiam˥	薟68辣味	tsʻin˥	親
hiam˧	咸嫌	tsʻin˧	秤潒70涼,冷 稱~重
hiam˥	險	sin˥	伸身申辛新鋅鯓鯤~:地名
hiam˩	ʻ喊~雞:趕雞	sin˧	蠅胡~:蒼蠅 承從下接物繩臣辰晨神
iam˥	淹閹腌	sin˩	信汛訊
iam˧	鹽余廉切,食~	sin˧	慎腎
iam˥	掩	kin˥	斤(漳)跟(漳)根(漳)巾(漳)筋(漳)均(漳)鈞(漳)
iam˩	厭討~	kin˥	警~察緊
iam˧	.炎焰艷	kin˧	僅近(漳)
		kʻin˥	輕氫
	in	kʻin˧	芹(漳)勤(漳)
pin˥	賓檳儐繽彬斌	gin˧	凝 魚陵切,目珠~~:甚有睡意之狀 銀(漳)勻(漳)
pin˧	貧頻屏瀕	gin˥	囝1.~仔:小孩子
pin˥	扁~担扁~針:別針 秉稟		
pin˩	鬢殯		

gin˦ □討厭,憎恨

hin˧ 興人名

hin˨ 眩頭壳~~:腦袋發暈

hin˦ 恨'(漳),可~

hin˨ 恨(漳),怨~

in˧ 因姻[個]他們,人稱代詞 縈1,~線:繞線團恩(漳)殷(漳)

in˨ 蠅~頭小楷寅盈

in˦ 引允(漳)

in˩ 印

in˨ 孕韻(漳)

un

pun˩ 奔分分開|給予

pun˨ 嗌71吹氣

pun˦ 本

pun˩ 糞

pun˨ 笨

p'un˧ 潘2,淘米水|豬食

p'un˨ 盆

p'un˦ □牲畜在地上打滾的動作

p'un˩ 噴普悶切,~水|~出

bun˨ 門捫文紋雯聞呅微微一笑

bun˦ 吻刎

bun˩ □爬蟲蠕動狀

bun˨ 問學~悶

tun˧ 敦墩蹲~點噸量詞.屯草~:地名

tun˨ 唇啄~:嘴唇

tun˦ 盹囤'盾'

tun˩ 頓停~抰

tun˨ 沌遁鈍笨拙,不靈活

t'un˧ 吞

t'un˨ 豚猪~仔

t'un˦ 腯凸出去[疹]踐踏

t'un˨ 墊~海

lun˧ [蠕]小蟲蠕動狀

lun˨ 圇腀倫淪輪綸崙

lun˦ 忍吞~:忍耐[凜]加~:擻:冷得發抖碾石~仔

lun˩ □拖延時間

lun˨ 韌皮~嫩閏潤論盧困切,無~|~語

tsun˧ 尊遵樽諄

tsun˨ 唇~齒相依前~年船存

tsun˦ 撙~節准

tsun˩ 震1,突然顫抖俊刜72水渠

tsun˨ 陣時~:時候[捘]撙乾

ts'un˧ 村1,農~伸春

ts'un˨ 蠢

ts'un˩ 寸

ts'un˨ □~死:諂出命來

sun˧ 孫

sun˨ 旬循巡荀純詢醇

sun˦ 損筍榫~頭

sun˩ 舜遜迅

sun˨ 順馴殉

kun˧ 跟根斤巾筋均鈞君軍

kun˨ 拳裙羣焜73用大火蒸煮

kun˦ 滾頸頷~:脖子謹

kun˩ 棍

kun˨ 近郡

k'un˧ 坤昆崑琨鵾堃人名鯤~鯷:地名

k'un˨ 芹勤

k'un˦ 綑菌'

k'un˩ 困睏

gun˨ 銀

gun˦ 阮我们,人稱代詞

hun˧ 昏分婚芬紛勛熏薰葷

hun˨ 痕魂餛焚墳雲蕓

hun˦ 恨'可~粉

hun˩ 訓奮

hun˨ 暈份混恨怨~溷74水渾濁

un˧ 恩溫瘟塭魚塭殷

un˨ 勻耘

un˦ 隱穩允痕75~疴:曲脊蚓

un˩ 醞韞蘊揾

un┤	韻運	san┘	散蘇旰切,擴～ 散窮困
		kan┐	乾肝竿桿間古閑切,～仔孫:曾孫 關～渡:地名 艱[矸]瓶子奸1,忠～
an		kanˇ	揀趕柬簡幹'2,～部[嫺]婢女
pan┐	般搬瘢斑班扳頒	kan┘	幹1,骨～間古莧切,～諜,奸2,性行為
pan┤	便 房連切,～宜 瓶	k'an┐	刊牽
panˇ	坂板版版扮'2,有～:有本事	k'an┘	看
pan┘	半扮1,妝扮	gan┤	顏嚴(漳),姓
pan┤	範有～:有樣子 辦瓣	ganˇ	眼
p'an┐	潘1,攀	gan┤	雁諺凝牛餕切,冷也
p'an┘	襻鈕～盼□指人不動腦筋而容易上當	han┐	番～薯:甘薯
ban┤	瞞蠻閩	han┤	寒閑韓
banˇ	挽拉扯	hanˇ	罕喊2,流行的謠言
ban┤	漫萬曼慢慢	han┤	漢
tan┐	單丹鄲	han┤	汗限～制旱捍翰瀚焊悍
tan┤	彈 徒干切,1,響也,子～陳姓	an┐	安鞍～山:地名 桉氨
tanˇ	疸等少～	an┤	恒緊也,牢固也
tan┘	旦～角蛋皮～	an┘	按案
tan┤	但誕	an┤	岸限寬～
t'an┐	灘攤癱蟶		
t'an┤	彈2,南～:劇種名稱	**ian**	
t'anˇ	坦挺～橫:蠻不講理的樣子 毯	pian┐	邊鞭
t'an┘	炭碳趁～時:趁時機 嘆	pian┤	駢
lan┤	欄瀾 落干切,人名 鱗零蘭攔難 那干切,困～	pianˇ	扁貶,蝙區
lanˇ	懶[咱]咱們,人稱代詞	pian┘	變遍
lan┤	難奴案切,患～之交 卵男生殖器	pian┤	辯辨辮汴便婢面切,方～
tsan┐	曾姓	p'ian┐	偏篇編
tsan┤	層殘	p'ian┘	片騙
tsanˇ	盞	bian┤	棉綿眠
tsan┘	進～一步讚	bianˇ	免勉娩冕緬
tsan┤	贈,助:贈送,援助 棧～間	bian┤	面
ts'an┐	餐潺,嘈呻吟	tian┐	巔顛～倒顛走路不穩貌
ts'an┤	塍田地	tian┤	田1,神～:靈魂
ts'anˇ	鏟	tianˇ	展典碘
ts'an┘	燦	tian┤	墊1,～～:墊上一點兒 電佃殿奠
san┐	山星零～疝珊刪	t'ian┐	天
sanˇ	產瘠[76]瘦也散蘇旱切,胃～	t'ian┤	田2,～地填

t'ianˊ	腍~腹肚:腍着肚子	ianˊ	延以然切,拖~ 緣筵沿鉛芫~荽: 香菜
lianˊ	憐年然燃連璉蓮聯	ianˇ	演偃相~:踔交
lianˇ	碾輦	ianˉ	燕於甸切,人名宴
lianˉ	煉練鍊		
tsianˊ	煎子仙切		**uaŋ**
tsianˊ	錢前		
tsianˇ	剪繭	puanˉ	拌伴
tsianˎ	箭戰薦舉~顫餞'	p'uanˊ	盤~腿
tsianˉ	踐賤	buanˇ	滿挽~救晚
ts'ianˊ	千遷	buanˉ	萬
ts'ianˊ	延拖延時間	tuanˊ	端
ts'ianˇ	淺	tuanˇ	短
ts'ianˎ	茜	tuanˎ	斷丁貫切,決~
sianˊ	先鮮相然切,新~仙□人身上的污垢	tuanˉ	斷徒管切,~絕 段鍛緞篆傳直戀切,
sianˊ	涎嬋蟬	t'uanˊ	傳~達團糰
sianˇ	癬鮮息淺切,少也[仙](臺北) 貨幣單位 "分",一仙卽一分	luanˊ	戀欒鑾鸞灤
		luanˇ	軟卵暖阮姓
sianˎ	線腺搧用巴掌打人	luanˉ	亂戀
sianˉ	善繕膳單姓倦僐疲倦無神彩	tsuanˊ	磚專
kianˊ	肩堅	tsuanˊ	全1,全部,全體泉
kianˇ	搟77撥開	tsuanˇ	轉~送
kianˎ	見~識建	tsuanˎ	鑽
kianˉ	件鍵腱	tsuanˉ	撰鏇打開水龍頭的動作
k'ianˊ	謇圈(漳)□投擲□~ te?ˇ te?: 小孩 對大人表示親昵的一種嬌態慳吝惜	ts'uanˊ	川穿村2,農~
		ts'uanˊ	全2,把東西收攏在一起傳直攣切, 傳開
k'ianˊ	乾~坤虔~誠	ts'uanˇ	喘
k'ianˇ	犬遣譴	ts'uanˎ	串竄
k'ianˎ	□把作料放在油鍋裏炒□~顜: 粗心	suanˊ	酸宣喧□蛇行而進
k'ianˉ	健~康	suanˊ	旋~轉
gianˊ	言研~究	suanˇ	選
gianˎ	嘵儑而貪嬚身體修長消瘦□小孩頑皮	suanˎ	算蒜
gianˉ	硯□僅硬不化	suanˉ	羨璇~石:鑽石[訕]署罵也
hianˊ	軒店號名掀	kuanˊ	關官棺觀冠古丸切,衣~ 鰥娟捐鵑
hianˊ	眩胡涓切弦舷賢玄	kuanˊ	懸高也權顴~骨
hianˇ	顯	kuanˇ	管捲館舘
hianˎ	獻憲□昧也	kuanˎ	卷冠古玩切,~軍眷 絹券慣貫罐灌
hianˉ	現	kuanˉ	縣
ianˊ	軒人名煙胭淵	k'uanˊ	寬圈

kʻuanˊ	環門~
kʻuanˇ	款
kʻuanˎ	勸
guanˊ	圓~滿原源袁(漳)員(漳)元(漳)園(漳)
guanˇ	阮(漳),我們,人稱代詞
guanˋ	願玩(漳)
huanˉ	歡番三~五次翻幡藩吩~咐
huanˊ	還環~節煩繁礬凡帆樊桓寰
huanˇ	反返緩
huanˎ	換'販飯'喚煥泛1,~濫
huanˋ	範犯宦患幻
uanˉ	彎宛駕灣海~
uanˊ	圓~林員袁元完莞丸紈頑,灣臺~
uanˇ	腕遠宛豌婉苑院
uanˎ	怨
uanˋ	院援于願切,~助玩

ŋ

pŋˉ	方姓楓~仔樹:楓樹綳1,~瘡膏
pŋˋ	飯
pʻŋˉ	馮姓
pʻŋˎ	嗙~~吼:大聲喊叫
bŋˊ	門~口毛2,毛髮也
bŋˋ	問[物]物品,物件
tŋˉ	當~時
tŋˊ	堂過~塘池~長直良切,~短腸2,~肚
tŋˊ	轉~去:返回漲水~
tŋˋ	當典
tŋˋ	斷斷掉丈量詞盪1,洗~
tʻŋˉ	湯菜~
tʻŋˊ	糖
tʻŋˎ	燙裾~衫
tʻŋˋ	盪2,~纓:港口浮標
lŋˉ	□ la?1 ~:腦膜
lŋˊ	圇加~:全數,整數郎牛~星廊瓤榔檳~

ŋˉ	軟
ŋˎ	讓'~鑽:低頭鑽過去
ŋˋ	兩數詞卵雞~:雞蛋
tsŋˉ	裝妝莊磚~頭
tsŋˊ	□蒼蠅沾物
tsŋˋ	鑽葬
tsŋˋ	狀告~[吮]用舌頭吮吸
tsʻŋˉ	倉瘡滄海~:地名艙穿川村
tsʻŋˊ	牀1,眠~
tsʻŋˇ	省省鼻涕的動作
tsʻŋˋ	[穿]
sŋˉ	酸痠78骰~手軟霜栓桑
sŋˊ	牀2,籠:籠屜
sŋˇ	損□玩耍,嬉戲
sŋˋ	算~數□ba1 ~~:蓋得極嚴實
sŋˋ	相'死~:呆板相
kŋˉ	光扛缸羹挑~:湯匙
kŋˇ	廣~州管竹~捲
kŋˋ	鋼古浪切,~纖 槓卷
kʻŋˉ	康姓糠
kʻŋˋ	勘囥79藏也
hŋˉ	荒昏早~:昨晚方藥~
hŋˊ	園公~
hŋˇ	哼
hŋˋ	遠~近
ŋˉ	央秧秧苗
ŋˊ	黃姓磺硫~
ŋˇ	影影子裰80手~:衣袖
ŋˋ	向'~望:盼望

iŋ

piŋˉ	崩~潰兵冰
piŋˊ	坪平瓶朋爿片,邊
piŋˇ	丙反倒~:反過來炳
piŋˋ	柄併
piŋˋ	病並1,~且
pʻiŋˉ	乒拼~音

p'iŋ˥ 彭澎膨評硼鵬憑

p'iŋ˦ 聘,姘

p'iŋˋ 並₂,比~

biŋ˥ 明名萌盟鳴

biŋ˦ 猛蜢

biŋˋ 命~令孟~子

tiŋ˥ 登汀長~:地名 丁燈疔釘 當經切,鐵~
町,澄~清

tiŋ˦ 庭重~再:再來一次亭澄海~:地名

tiŋˊ 頂鼎等~級

tiŋˋ 中拍~:打中脹,叮訂釘丁定切,動詞
定錠鄧模81指木料堅硬墊户~:大門檻

t'iŋ˥ 聽

t'iŋ˦ 程路~停疼廷騰謄

t'iŋˊ 挺鋌艇

liŋ˥ 龍青~~:青翠一片[奶]豆~:豆漿

liŋ˦ 零龍海~王 能陵菱凌寧 奴丁切,列~
靈苓鈴玲羚翎齡年~稜伶嶙

liŋˊ 領嶺冷

liŋˋ 踜82踢也

liŋˋ 令命~另~外寧乃定切,~可侫

tsiŋ˥ 曾~經贈'~送爭精晶㧐拳打舂 ~米
鐘時~增僧憎徵 ~求 蒸掙狰筝貞
偵禎楨旌

tsiŋ˦ 情層榕~樹前~頭懲成~差:相差

tsiŋˊ 整井腫水~種種子[指]~甲:手指甲

tsiŋˋ 正之盛切,~確衆~人證政症種之用
切,種植

tsiŋˋ 撞~着靜淨

ts'iŋ˥ 清青千百~萬稱處陵切,~呼

ts'iŋ˦ 松~樹

ts'iŋˊ 蕭~安

ts'iŋˋ 稱昌孕切,相~銃槍醒蘇侯切,~飯:燜
飯

ts'iŋˋ 頌穿也:衫~|~褲

siŋ˥ 升生牲聲星腥先笙甥

siŋ˦ 承繼~成~功誠城乘丞

siŋˊ 省節~醒蘇挺切,覺~省~長

siŋˋ 聖性勝姓

siŋˋ 盛承政切,興~

kiŋ˥ 經更古恒切,~換肩~胛:肩膀弓 ~箭
間房~供口~宫耕

kiŋ˦ 窮

kiŋˊ 警~報哽揀~起來耿境景襇衣服上打
的褶子

kiŋˋ 更古孟切,~加敬竟徑勁

kiŋˋ 競

k'iŋ˥ 卿筐米~框框架

k'iŋ˦ ,傾 ~~:把零星雜物收攏在一起 瓊虹
彩~

k'iŋˊ 肯

k'iŋˋ 慶

giŋ˦ 迎□獨自生氣

giŋˊ [研](漳),研墨的動作

giŋˋ 硬

hiŋ˥ 興虚陵切,~旺胸~前

hiŋ˦ 恒永~行户庚切,~爲還~錢雄鴨~:小
雄鴨形刑邢衡

hiŋˋ 興許應切,高興

hiŋˋ 莧~菜行下更切,品~杏幸睍贈送

iŋ˥ 應於陵切,~當 嬰纓櫻鸚鶯鷹英瑛
營螢閑清閑榮

iŋˊ 影往~時湧水~永泳詠

iŋˋ 應於證切,答~映蕹~菜

iŋˋ 用使用傭~人

aŋ

paŋ˥ 崩山~地裂枋邦幫

paŋ˦ 房龐姓

paŋˊ 榜

paŋˋ 放放下謗

paŋˋ 棒泵蚌

p'aŋ˥ 芳香味蜂乓

p'aŋ˦ 航~空公司篷帆也

p'aŋˊ 紡捧~場

p'aŋ	縫扶用切,裂縫 傍
baŋ	亡茫芒忙虻岷
baŋ	蠓蚊子[萬]甲~:堅硬的箱櫃 艋~胛:地名
baŋ	忘夢望網
taŋ	冬東噹噹
taŋ	棠同筒銅桐髓83 骹~:大腿骨
taŋ	董
taŋ	凍棟
taŋ	動重輕~
t'aŋ	通可以,可行 窗
t'aŋ	蟲
t'aŋ	桶
t'aŋ	□穿透
laŋ	□稀鬆狀
laŋ	膿儂人也 籠盧紅切,雞~:基隆俗名 碧聾
laŋ	攏籠力董切,雞~ 玀84 蠅~:多也,其也
laŋ	□~t'aŋ:前后穿透
laŋ	弄嬉戲作弄
tsaŋ	綜椶鬃臟
tsaŋ	叢量詞藏隱藏
tsaŋ	稜85草束
tsaŋ	糉
ts'aŋ	蔥聰怱
ts'aŋ	漴水由高處下衝
ts'aŋ	惚86如~~:心境不佳,亂成一團
ts'aŋ	敞~毛管:汗孔張開
saŋ	鬆輕~
saŋ	爽搡87推推~~操指使他人
saŋ	送
kaŋ	工公蚣岡江
kaŋ	講港
kaŋ	降古巷切,下~供供奉
kaŋ	共相~:相同
k'aŋ	空康慷功
k'aŋ	孔往下倒的動作

k'aŋ	控~疕:揭去傷痂
gaŋ	□~~:發楞狀
haŋ	豐和~:地名 夯烘
haŋ	航~海行銀~杭降下江切,投~絎~線
haŋ	□恐嚇,威脅
haŋ	放發炎腫大
haŋ	項巷
aŋ	肮翁丈夫
aŋ	紅洪姓
aŋ	繩88~繏:多也
aŋ	甕盎癰耳~

iaŋ

piaŋ	□硬~~:硬梆梆
liaŋ	涼梁娘1
liaŋ	亮量數~
tsiaŋ	漳(漳),~州:地名
tsiaŋ	掌~握
tsiaŋ	將漢~:身材魁梧而有氣派的人
ts'iaŋ	□猛地把水潑出去 橙腸1,臁~
ts'iaŋ	□相遇
siaŋ	雙
siaŋ	相~共:相同
siaŋ	□躺下
k'iaŋ	腔2,口~科
k'iaŋ	[劈]能力强,精明能幹
giaŋ	□内心一種痛快的感覺
giaŋ	□頭髮豎立起來
giaŋ	□喝拳猜令
hiaŋ	香
hiaŋ	享響
iaŋ	揚自我表現 軮於兩切,~巾:背小孩用的長布巾

ɔŋ

pɔŋ	棚旁滂

音	字
paŋˉ	榜
paŋˊ	謗
paŋˋ	傍磅碰相碰
p'aŋˊ	篷膨
p'aŋˇ	捧
p'aŋˋ	胖
baŋˉ	摸莫胡切,~着
baŋˊ	冥亡芒茫盲文~蒙矇檬朦濛
baŋˇ	莽懵~懂罔
baŋˋ	忘夢望妄墓
taŋˉ	東冬當都郎切,事~時:發生事情的時刻 咚
taŋˊ	同桐銅筒棠堂腔彤唐童潼
taŋˇ	董黨懂
taŋˌ	當丁浪切,以一一十凍棟擋丁浪切,阻~
taŋˋ	動蕩撞~着洞
t'aŋˉ	通
t'aŋˇ	桶統
t'aŋˌ	痛
t'aŋˋ	幢量詞:一~冊｜一~碗
laŋˉ	瓏瓈~:貨郎鼓籠
laŋˊ	膿郎廊儂農朧隆狼朗螂
laŋˇ	攏
laŋˌ	□~開:撞開
laŋˋ	弄浪
tsaŋˉ	莊妝綜裝舂盅宗終
tsaŋˊ	□慌慌張張的樣子
tsaŋˇ	總
tsaŋˋ	衆葬壯
tsaŋˋ	狀2,~況撞~來~去奘藏西~臟
ts'aŋˉ	倉滄瘡艙蔥忽聰蒼
ts'aŋˌ	創~治:作弄人
saŋˉ	鬆放~喪
saŋˊ	[㑐]~~:優裏優氣
saŋˇ	爽
saŋˋ	送宋
saŋˋ	頌誦□~來~去:無目的地走來走去
kaŋˉ	光公功工蚣攻古紅切,進~岡剛綱

音	字
kuaŋˉ	狂
kuaŋˊ	廣李~:人名講~話管圓筒形器具
kuaŋˋ	貢汞攻古送切,打也
kuaŋˋ	□牽~:男女間不正當關係的牽線人
k'uaŋˉ	康慷腔1,口~科空苦紅切,虛也空~欺:幼稚無知
k'uaŋˇ	孔
k'uaŋˋ	控~告抗曠礦空苦貢切,~缺
guaŋˊ	□頭暈目眩
guaŋˋ	□愚笨
huaŋˉ	荒方芳蜂豐~收慌肪妨轟風諷封峯鋒烽
huaŋˊ	房虹紅洪蓬磺惶黃馮皇蝗徨煌隍防弘宏逢鴻縫符容切,裁~ 鳳癀 發~:發炎
huaŋˇ	晃'紡仿
huaŋˌ	放
huaŋˋ	鳳~凰奉俸
uaŋˉ	翁汪
uaŋˊ	王
uaŋˇ	往枉
uaŋˋ	鳳~梨旺

ioŋ

音	字
tioŋˉ	張中陟弓切,當~忠衷
tioŋˊ	重直容切,~複場
tioŋˇ	長知丈切,生~塚墳
tioŋˌ	脹中陟仲切,射~
tioŋˋ	重直隴切,~要丈~夫仗杖仲
t'ioŋˌ	蟲
t'ioŋˌ	暢
lioŋˊ	龍量呂張切,動詞糧良絨茸
lioŋˉ	兩數詞孃
lioŋˋ	讓亮量力讓切,力~諒
tsioŋˉ	章樟鍾漳將即良切,~來蹤彰
tsioŋˊ	從跟~｜容
tsioŋˉ	種之隴切,~類蔣掌手~獎

tsioŋ˥ 將子亮切,大~障(保)~

tsioŋ˧ 狀1,~元

tsʻioŋ˥ 充衝昌

tsʻioŋ˧ 唱倡

sioŋ˥ 箱傷相息良切,互~廂商嵩湘

sioŋ˧ 松~樹祥詳常償

sioŋ˥ 想賞1,

sioŋ˧ 相息亮切,~貌

sioŋ˧ 像上時亮切,~級尚

kioŋ˥ 供九容切,~應弓疆僵躬恭

kioŋ˧ 窮瓊強

kioŋ˧ 供居用切,上~

kioŋ˧ 共

kʻioŋ˧ 姜~子牙羌

kʻioŋ˧ 恐銎

gioŋ˧ 蓉芙~

gioŋ˧ 仰(漳)

hioŋ˥ 鄉胸香兇洶匈

hioŋ˧ 雄熊

hioŋ˧ 享響賞2,欣~餉

hioŋ˧ 向

ioŋ˥ 央秧決殃鞅商~鴦雍

ioŋ˧ 羊洋烊楊瘍陽融容庸

ioŋ˧ 養癢湧勇踴擁仰

ioŋ˧ 用傭樣~板

ĩ

pĩ˥ 邊臨~:立卽 繃2,~恒:繃緊 □kau˧~:交易

pĩ˧ 平坪棚

pĩ˧ 扁圓~

pĩ˧ 變柄

pĩ˧ 病辮~頭鬃:編辮子

pʻĩ˥ 篇偏(儂:占人便宜)

pʻĩ˧ 彭姓澎~湖島

pʻĩ˧ 片

pʻĩ˧ 鼻鼻子|聞

bĩ˥ □用五指抓物

bĩ˧ 綿棉明~年盲青~冥夜晚彌

bĩ˧ 麵

tĩ˥ 甜[骱]骹後~:脚後跟

tĩ˧ 纏

tĩ˧ 韆89~力:憋着勁□~撤:佯裝

tĩ˧ 滇水~:水滿鄭定阻礙使不通

tʻĩ˥ 天添

tʻĩ˧ 掌

tʻĩ˧ [組]縫補

lĩ˥ [奶]牛~拈用手指抓起來

lĩ˧ 年然尼妮呢泥簾~簾:房簾

lĩ˧ 耳順風~染

tsĩ˥ 精妖~晶爭搢

tsĩ˧ 錢晴簧簾~

tsĩ˧ 井[楮]幼小,嫩弱

tsĩ˧ 箭[靜]以言語相争論 煎子賤切,油炸,油煎

tsĩ˧ 嘈90以舌嘗物 舐以舌取物

tsʻĩ˥ 青清生~熟鮮星腥菁

tsʻĩ˧ 醒

sĩ˥ 生~嬰牲鉎生鐵 鐵銹

sĩ˧ 閃~爁:閃電省~力

sĩ˧ 姓扇

sĩ˧ 豉豆~鹽以瞻切,醃也

kĩ˥ 更三~經~布 驚1,~蟄 梗庚栀黃~花 栀鹼也

kĩ˧ 緣邊緣

kĩ˧ 哽

kĩ˧ 見

kʻĩ˥ 坑

kʻĩ˧ □~蠔蜻絲:蜘蛛結網

gĩ˧ 硬

hĩ˥ □熱~~:熱極了

hĩ˧ 獻扔掉

hĩ˧ 耳2,耳朵硯墨~

ĩ˥ 嬰縈2,~纏

ĩ˧ 圓楹員

ĩˋ	燕 ~仔: 小燕子		
ĩ˥	院	**iã**	

ã

p'ãˊ	怕[冇]内裏中空	piãˋ	[抨]~過: 扔過去
p'ã˥	□美滋滋的感覺	piãˊ	丙餅
bãˊ	麻~煩	piã˥	摒~命摒排除
bãˇ	媽祖母馬	p'iãˊ	屏山~: 峭壁
bãˋ	□烏~~: 極黑	p'iã˥	片藥~
bã˥	罵	biãˊ	名明
tã˥	擔動詞□現在，此刻	biã˥	命生~
tãˊ	□重~: 出差錯[彈]彈跳	tiãˊ	呈埕大稻~: 地名庭
tãˇ	胆疸黃~打~倒	tiãˇ	鼎
tãˋ	擔都濫切，名詞	tiã˥	定安定下來錠錠
tã˥	詍⁹¹~~叫: 說話不止狀	t'iãˋ	聽廳
t'ãˋ	他其~	t'iãˊ	程姓
t'ãˇ	坦平~坦~起: 托起來	t'iã˥	痛
lãˊ	籃球林樹~岩龍~: 地名	liãˊ	娘₂
lãˇ	覽娜	liãˇ	嶺領
lãˋ	爁⁹²閃~: 閃電	liã˥	[爾](漳)~~: 如此而已
lã˥	[若]~是: 如果是這樣	tsiãˋ	精精明正諸盈切，~月
sãˋ	三叁衫	tsiãˊ	成做~情親~: 親戚
kãˋ	監~牢	tsiãˇ	整修理餇⁹⁵淡而無味
kãˊ	含銜	tsiã˥	正~式
kãˇ	敢	ts'iãˋ	清福~: 地名
kãˋ	酵~母□烏~~: 黑極了	ts'iãˊ	成完成未了的工作
k'ãˋ	坩飯~: 飯缸龕佛~	ts'iãˇ	請~客且₂
gãˇ	雅文~	ts'iã˥	倩⁹⁶僱傭代作
gã˥	憨~~: 發呆狀	siãˋ	聲
hãˊ	粘⁹³燒~~: 熱氣上升	siãˊ	成幾~城誠涎引諕
hãˇ	喊~嚇□擁抱	siãˇ	[啥]~事: 什麼事
hãˋ	爤⁹⁴在火上烘烤	siã˥	聖
hã˥	□從裤下過去	kiãˋ	京驚₂
ãˇ	揞袒護	kiãˊ	行行走
ãˋ	□彎腰	kiãˇ	囝⁹⁷₂,子女
ã˥	餡	kiã˥	鏡
		kiã˥	件鍵健勇~
		giãˊ	迎~送
		hiãˋ	兄□臭~~: 味臭之樞

hiã˥	燃~火惶搭~: 淺眠
hiã˨	顯~目: 光亮耀眼
iã˥	□毽子
iã˥	營螢
iã˩	影瞥一眼
iã˧	延於線切,~~飛: 飛揚不止

uã

puã˥	搬般
puã˧	盤1,盤子磐
puã˩	坂~頭: 地名
puã˨	半
puã˧	扮'~戲拌捭也
p'uã˥	潘
p'uã˧	盤2,~山過嶺
p'uã˨	販判
p'uã˧	伴
buã˥	□~衫: 披上衣服
buã˧	麻~油瞞鰻~魚蠻
buã˩	滿
buã˧	漫
tuã˥	單清~|菜~
tuã˧	彈~琴壇佛~
tuã˩	旦旦角
tuã˧	段彈徒案切,心跳憚懶也
t'uã˥	攤貨~灘癱
t'uã˩	剷98~草: 鋤草
t'uã˧	炭碳潬99水迹散開|疾病傳染開
luã˧	欄
luã˩	攤100~麵: 揉麵
luã˨	□在地上打滾
luã˧	瀾郎旰切,吐液爛[嫩]雞~: 小母雞
tsuã˥	煎~藥
tsuã˧	泉~水
tsuã˩	盞
tsuã˨	□烏白~: 吹牛撒謊 [怎]阿~: 怎麼樣
tsuã˧	濺'~水: 噴水

ts'uã˥	籛小刺
ts'uã˨	串門栓
suã˥	山汕'~頭: 地名
suã˩	散四~: 零零星星
suã˨	散分~線腺傘
kuã˥	乾肝竿桿汗'流~官棺菅芒菅
kuã˧	寒
kuã˩	趕
kuã˧	[捾]取也,拿也[綰]量詞。一~:一串
k'uã˥	寬慢也
k'uã˨	看
huã˥	歡鞍馬~
huã˧	鼾'~眠
huã˧	捍扶持岸跨越溝坎的動作埠岸也
uã˥	安同~: 地名
uã˩	腕碗
uã˨	晏晚也
uã˧	換旱~天

ɔ̃

bɔ̃˧	模2,~仔: 模子魔摩毛1,姓
bɔ̃˨	□~鼻兮: 塌鼻子
bɔ̃˧	冒幕電視~
lɔ̃˧	怒1
kɔ̃˩	□臭~~: 形容臭極
gɔ̃˧	吳1吾1梧1衙~門蜈~蚣
gɔ̃˩	五1 伍1 午上~|下~偶~數|~然
gɔ̃˧	誤1,不得有~傲驕~悟
hɔ̃˩	好2,~奇|~色
ɔ̃˨	惡烏路切,2,可~

(ẽ)

pẽ˧	棚平坪
pẽ˨	柄
pẽ˧	病
p'ẽ˥	偏

p'ẽ˩	彭姓澎	liũ˩	量糧娘₁
bẽˋ	□用手指抓物	liũˋ	兩幾斤幾~
bẽ˩	盲青~明~年冥	liũ˧	讓
bẽ˧	罵	tsiũ	章樟漿豆~鶬¹⁰¹~蜍:蟾蜍
tẽ	[釘]	tsiũˊ	蔣姓槳
tẽ˩	鞓□~撒	tsiũ˩	醬
tẽ˧	鄭	tsiũ˧	癢爬~:抓癢 上₁.時掌切,爬上去
t'ẽ˩	掌	ts'iũ	槍
tsẽ	爭晶	ts'iũ˩	牆
tsẽ˩	晴	ts'iũˋ	搶廠
tsẽˋ	井	ts'iũ˩	唱
tsẽ˧	[靜]	ts'iũ˧	像上₂.~水:提水 匠
ts'ẽ	清青星腥鮮生~熟	siũ	箱傷
ts'ẽˋ	醒	siũ˩	瘍生~:食物變壞
sẽ	生~嬰牲鉎	siũˋ	賞
sẽˋ	省~力	siũ˧	想想念,思考
sẽ˧	姓	kiũ	薑
kẽ	更經庚粳驚₁梔黃~花梔鹼也	k'iũ	腔腔調
kẽ˩	縴邊縴	giũ	□扭住不放
kẽˋ	哽	hiũ	鄉
k'ẽ	坑	hiũ˧	向
k'ẽ˩	□~蟧蜞絲:蜘蛛結網	iũ˩	羊洋烊楊
gẽ˧	硬	iũˋ	養□~水:昌水
ẽ	嬰縈₂.~纏	iũ˧	樣樣子

(uẽ)

buẽ˩	梅媒煤		
buẽˋ	每		
buẽ˧	妹		

iũ (iõ)

tiũ	張姓		
tiũ˩	場		
tiũˋ	長家~		
tiũ˧	脹帳蟐~:蚊帳		
tiũ˧	丈~儂:丈人		

uĩ

buĩ˩	梅媒煤
buĩˋ	每
suĩ	[樣]~仔:芒果
kuĩ	關
kuĩˊ	懸
kuĩˋ	稈
kuĩ˧	縣
huĩ˧	橫挺~|~直

ãi

pãiˋ	擺₂ ~跤:跛足

p'ãiˇ	痞₂不好，壞
p'ãi˧	□背，負也(用一個肩膀)
bãi˩	□不要，"伓愛"的合音字
bãi˧	邁
tãiˉ	□打人的動作
lãiˊ	□司～：言語不清，作撒嬌狀
lãi˩	□凹下去
lãi˧	耐奈荔～枝
tsãiˉ	[指]搯着指頭數一、二、三……
tsãiˇ	[怎]～樣
ts'ãiˉ	懍₂抽泣不停狀
kãiˇ	□量詞，用來計量人則包含有侮辱的意思
k'ãiˉ	□鑼聲
k'ãiˇ	□(漳)，用棍棒望頭部打
gãiˇ	□研細粉末的動作
gãi˧	礙
hãiˉ	□～～叫：呻吟聲
hãi˩	[還]～錢
hãi˧	□～韆鞦：打鞦韆
ãi˧	□背，負也(用雙肩)

(uãi)

suãiˉ	[樣]～仔：芒果
kuãiˉ	關
kuãi˩	懸
kuãiˇ	稈
kuãi˧	縣
huãi˧	橫

ãu

bãuˉ	□用棍子打過去
bãu˩	卯₁鉚₁
bãu˧	貌
lãuˇ	惱
lãu˧	鬧
gãu˧	藕

iãu

liãuˉ	猫武儦切，家猫
liãuˇ	[鳥]用爪子挽人
liãu˩	□虎～着：被老虎爪子挽着
giãuˉ	□～～：身上發癢的感覺
giãuˇ	□抓癢的動作
giãu˧	□～～：小爬蟲蠕動狀

ã?

lã?˩	□癟下去
tsã?ˇ	閘鍘
sã?˩	□～着：激烈運動後突然發病

iã?

giã?ˇ	愵慈～：傻而蠻橫
hiã?˩	□～衫：拿衣服

õ?

bõ?˩	□摟抱小孩的動作　□皮球、輪胎泄氣
bõ?ˇ	膜

ẽ?

bẽ?ˇ	脈
gẽ?˩	挾吉協切，～菜

ĩ?

bĩ?ˇ	物～件
lĩ?˩	躡～骹尾：躡着脚尖

i?

pi?˩	鱉潺瀘水去滓避閃～

biʔ˪	宓藏匿
biʔ˥	篾竹~
tiʔ˪	滴
tiʔ˥	笛碟
t'iʔ˥	鐵
liʔ˥	裂~開
tsiʔ˪	接迎接摺
tsiʔ˥	舌
ts'iʔ˪	□~~:望下垂
ts'iʔ˥	□紅膏赤~:紅光滿面
siʔ˪	薛姓 錫金~~:亮晶晶
siʔ˥	折~本
kiʔ˪	□砌也
k'iʔ˪	缺缺口

uʔ

p'uʔ˥	浡沸起
tuʔ˪	咄~痀:瞌睡狀 篤滯~~:渾濁極了
tuʔ˥	揬用長而尖的東西刺人
t'uʔ˪	托
ts'uʔ˪	[趨]望下滑行
suʔ˪	[嗾]吮吸
kuʔ˥	□怀~:但是……
k'uʔ˪	□咳嗽聲

aʔ

paʔ˪	百
p'aʔ˪	拍
p'aʔ˥	白~荒:荒廢田地
baʔ˪	[肉]猪~|牛~
taʔ˪	答搭₁,~架
taʔ˥	踏
t'aʔ˪	塌榻塔搭₂,~酒:買酒,打酒
t'aʔ˥	疊重叠在一起
laʔ˥	獵臘蠟[扐]₁,輕輕攪拌
ts'aʔ˪	插

saʔ˥	煠把食物放入沸水中略煮取出 腘 門栓及插門栓之動作
kaʔ˪	合和、同、與合~意甲胛押₂,韭~ 裃~ 仔:棉坎肩之類 胛胵~:地名
kaʔ˥	□唱~歌:唱個歌□艱~:艱難
k'aʔ˪	恰更加喀喀痰聲
aʔ˪	壓押₁,抵押鴨[抑]我~是你:是我還是你
aʔ˥	匣盒

iaʔ

piaʔ˪	壁
p'iaʔ˪	避~開癖食~僻
p'iaʔ˥	□出~:小孩出疹
tiaʔ˪	摘~果子
tiaʔ˥	擇糴
t'iaʔ˪	拆
liaʔ˥	掠捉、抓也裂~破[摺]一~:大拇指與中指伸直的長度□筮:竹制大籤箕
tsiaʔ˪	跡脊隻睫目~毛 則安爾~好:這樣才好 借~物件
tsiaʔ˥	食籍户~□代詞,這麼
ts'iaʔ˪	赤雀~鳥仔:麻雀刺 七迹切,~羊毛衫:織毛衣
siaʔ˪	錫削~皮
siaʔ˥	席
kiaʔ˪	揭舁起
kiaʔ˥	屐
k'iaʔ˥	□門~:門框兩側
giaʔ˪	□從小洞眼裏把髒東西掏出來
giaʔ˥	額數~
hiaʔ˥	額頭~□代詞,那麼
iaʔ˪	□烏白~:亂翻一氣□~心:惡心欲吐
iaʔ˥	頁役疫亦易□~仔:蝴蝶

uaʔ

puaʔ˪	撥鉢

pua?↗	跋~倒:跌倒
p'ua?↘	潑
bua?↘	抹
bua?↗	末沬
t'ua?↘	獺水~□~枋:洗衣板 □~西:一種小白魚
lua?↗	熱~天辣搦~頭鬃:梳理髮辮
tsua?↗	□膠~仔:蟑螂
ts'ua?↘	□突然一抽拉□顫抖狀
ts'ua?↗	□₁,歪斜
sua?↘	撒~種煞結束刷
kua?↘	括葛割刮□鹹~~:鹹得發苦
kua?↗	□鹹~~:鹹極了□到
k'ua?↘	擴~充渴闊□重叠在一起
hua?↘	喝大聲吆喝霍~刀:把刀磨亮豁~開:(繩子)突然鬆開。
hua?↗	伐
ua?↗	活

o? (ɤʔ)

po?↘	駁相~
po?↗	薄₁,厚~ 魄落~
p'o?↘	粕渣滓
to?↘	卓桌倬
to?↗	着火燃
lo?↗	落落下
tso?↘	作~息:做工、幹活
ts'o?↘	瘮,[102]言詞粗魯的罵詈
so?↘	索
ko?↘	各~人閣擱
ko?↗	□怀~:但是……,不然……
k'o?↘	酷
ho?↗	鶴
o?↘	□~做:難於做到
o?↗	學

io? (iɤʔ)

tio?↗	着拍~,看~|對,是擢~直:拉直
lio?↗	略弱久病引起的倦態
tsio?↘	跖蹠~底:脚底
tsio?↗	石~頭
ts'io?↘	尺
ts'io?↗	蓆席子
sio?↘	惜
sio?↗	芍~藥
kio?↘	脚角色
k'io?↘	却阿~:人名[抾]拾起
hio?↘	歇
hio?↗	箬葉子鴞老鷹
io?↘	約猜測溢碗中水湯溢出
io?↗	藥₁

e?

pe?↘	伯柏八(漳)~十擘~開超[103]~山:爬山
pe?↗	白帛
be?↘	[卜]要,肯,答應之詞[嬒](漳),未曾
be?↗	麥襪
te?↘	摘~米:鷄啄米
te?↗	□正在……□慳~~:吝惜之極
t'e?↗	宅撜₁,拿,取
tse?↗	絕死~
ts'e?↘	廁册啜飲也,喝也撮一~米
se?↘	雪説説話
se?↗	□₁,旋轉,繞圈子
ke?↘	郭格廓隔膈
ke?↗	逆遘:遘背
k'e?↘	缺缺少客僆~:客人□(漳),合眼
k'e?↗	□藥~仔:藥箱
ge?↘	莢豆莢[鎝]小鑷子
ge?↗	月

e?丫　　腋

ue?

pue?⌐　八~十

bue?⌐　[贈]未曾

tsue?⌐　節做~:過節日

tsue?丫　截斬~:決斷

ts'ue?⌐　□恨極

kue?⌐　郭(漳)廓(漳)

k'ue?⌐　□合眼 [客]~查某囝仔: 認乾女兒 □擁 擠□啃吃

gue?⌐　莢(漳)[鑷](漳)

gue?丫　月(漳)

hue?⌐　血(漳)

ue?丫　腋(漳)劃₁,劃定界線□狹窄

ui?

ɦui?⌐　血

ui?⌐　□用短而尖的東西刺人

ip

lip⌐　入

lip丫　立~場

tsip⌐　執

tsip丫　集輯

ts'ip⌐　緝楫

sip⌐　濕澀

sip丫　習襲拾收~十

kip⌐　急級給供~

kip丫　及

k'ip⌐　吸呼~

k'ip丫　吸,吸住不放

hip⌐　翕¹⁰⁴火燜熁¹⁰⁵天氣悶熱

ip⌐　揖作~

ap

tap⌐　答

tap丫　㗉

t'ap⌐　塌塌齰¹⁰⁶填補使積厚

lap⌐　□踩,踏 塌塌下去□ 油~~:油膩得 很

lap丫　納衲

tsap丫　雜十₂

ts'ap⌐　插~~:摻和在一起

sap⌐　澀₂[扱]垃~

sap丫　[屑]~仔:一點兒

kap⌐　合古沓切,~册:給書本裝封面 鴿

kap丫　合合上

k'ap⌐　磕~頭

hap⌐　[哈]~仙:夸夸其谈之人

hap丫　合侯閤切,聯合

ap⌐　壓

ap丫　匣盒

iap

tiap丫　蝶諜牒□~儂:打人

t'iap⌐　帖貼

t'iap丫　叠~羅漢

liap⌐　攝懾~~: 收縮狀 聶姓捏

liap丫　粒立~捷:立刻

tsiap⌐　接汁

tsiap丫　捷十₁

siap⌐　澀₁

siap丫　涉

kiap⌐　夾袷狹峽俠刼

kiap丫　挾

k'iap⌐　怯胆~

giap⌐　□~着:掩蓋起來

giap丫　業

hiap丫　協脅挾胡頰切,~泰山填北斗

iapˋ	葉姓頁	sutˋ	述術算~
		kutˍ	骨
it		kutˋ	滑猾掘其物切，刨，挖
		k'utˍ	屈區勿切倔，窟
pitˍ	畢嗶筆必~要必107~開：破裂 緊可下 五洋捉~	k'utˋ	屈渠勿切，孤~ 屈真~：形容極端自私
p'itˍ	匹	gutˋ	拐110折疊
bitˋ	密蜜	hutˍ	拂敷勿切，輕輕拂動忽~然
titˍ	哲	hutˋ	佛~祖橛111果子~：果子的核
titˋ	值~日直侄姪秩	utˍ	鬱熨紆物切，~衫：熨衣服
litˋ	日		
tsitˍ	跡積卽疾，職織質鯽	**at**	
tsitˋ	二，數詞植殖[這]這麼		
ts'itˍ	漆七拭佚~迌：游玩	patˍ	八三~節八1，懂也、知也
sitˍ	薛失識認~	patˋ	別~儂：別人
sitˋ	實食翼翅膀	batˍ	□曾經八2，懂也、知也
kitˋ	汔，108水少	batˋ	密
k'itˍ	乞迄	tatˋ	值價~笛達
k'itˋ	楔木椿	t'atˍ	踢塞堵塞剔
hitˋ	[或]那麼	latˋ	栗力
itˍ	一乙	tsatˍ	節賊，2，墨~：烏賊魚札紮
itˋ	翼人名逸	tsatˋ	實與"空、虛"相對
		ts'atˍ	漆察擦
ut		ts'atˋ	賊1，盜賊
		satˍ	塞撒~手[雪]~文：肥皂 蝨殺薩
putˍ	撥1，把沙、米等裝進簸箕的動作弗不	katˍ	葛結虼
putˋ	佛拂符勿切，撣去	k'atˍ	尬~扣
p'utˍ	刜109用刀砍	hatˍ	喝~采嚇
butˋ	物~資物鞭打末 ~仔[魩]~仔魚：一種極小的魚	hatˋ	乏真~：極言東西之少核審~轄
tutˋ	突	atˍ	扼遏~制
t'utˍ	禿脫~韌：脫白		
lutˍ	□~毛：退毛	**iat**	
lutˋ	捋率效~律		
tsutˍ	卒兵~	piatˋ	別分~白~帶
tsutˋ	朮白~：藥名秫~米：糯米	p'iatˍ	撇1，~開瞥□小碟子
ts'utˍ	出	p'iatˋ	□鳥禽翅膀鼓動狀
sutˍ	戌恤蟀蟋~糣碎米[捽]用鞭抽打	biatˋ	滅蔑
		t'iatˍ	鐵撤徹
		liatˋ	裂熱烈列

音	字
tsiat˩	節癤折浙
tsiatˇ	截~肢
tsʻiat˩	切
siat˩	設(漳)薛(漳)泄
kiat˩	結圖~吉潔橘
kiatˇ	傑
kʻiatˇ	□坎~:坎坷不平狀 □劃火柴的動作
giatˇ	孽頑皮
hiat˩	血
iatˇ	□搧風的動作

uat

音	字
puat˩	鉢撥$_2$
puatˇ	跋拔
pʻuat˩	潑活~撇$_2$,滋字筆畫之一
buat˩	抹
buatˇ	末沫茉没氿~
tuatˇ	奪
tʻuat˩	脱
luat˩	捋伸拳~袖劣
tsuatˇ	絶
suat˩	雪戌刷説小~率~領
kuat˩	括包~決訣
kuatˇ	蹶,~倒:絆倒[抉]用巴掌搧人
kʻuat˩	缺闕姓厥突~
guatˇ	月
huat˩	發法
huatˇ	伐乏活滑猾爵
uat˩	曰斡~頭:回過頭來
uatˇ	越悦閲

ik

pik˩	百伯逼
pikˇ	帛白明~弼
pʻik˩	柏魄避癖關碧迫劈霹
tik˩	摘~要竹嫡德得的目~
tikˇ	笛擇軸澤蟄特狄敵的,(漳),目~
tʻik˩	踢剔畜~牲
likˇ	栗力綠歷壢中~:地名
tsik˩	則借貲昔切,~問君去何方 寂叔燭責績郎(漳)鯽(漳)積(漳)跡(漳)
tsʻik˩	赤厠雀粟稻實鵲測側策戚
tsʻikˇ	蹙,上下抖動使緊湊
sik˩	錫惜粟黍子室色識$_2$,知~式飾適释析蟋悉昔熄媳息
sikˇ	席熟蝕宿汐~止:地名
kik˩	格揭擊激革
kikˇ	劇~烈局極
kʻik˩	曲刻克吃~虧
gikˇ	玉人名
hik˩	嚇黑
hikˇ	或域惑
ik˩	溢益億憶
ikˇ	亦易役疫譯液浴

ak

pak˩	北~方腹~肚幅剥
pakˇ	縛捆住贌~膛:租佃土地方式
pʻak˩	伏,伏着
pʻakˇ	曝晒也
bak˩	沐水沾上
bakˇ	木~匠目~珠:眼墨
tak˩	觳^{112}牛相~:牛打架
takˇ	獨孤~逐~儂:每人礴
tʻak˩	揬~算盤:撥算盤珠子
tʻakˇ	讀
lak˩	落塌下□口袋,多指布制的
lakˇ	六若吗~:説大話攎 用五指抓住東西抖動磟~磴
tsak˩	齪龊~捉單手握緊
tsʻak˩	摵^{11}'刺也
tsʻakˇ	鑿
sak˩	[揀]推操

kak˪	谷覺角桷小橡木		ts'ɔk˥	齪簇一~花
kak˥	[摑]扔掉，擲棄		sɔk˪	索束肅速朔縮
k'ak˪	殼確麭		kɔk˪	各閣擱谷郭國
gak˥	岳獄嶽樂音~		kɔk˥	[摑]□~牛：河馬
hak˪	蓄~家私：購置家產用具		k'ɔk˪	酷哭殼確擴~頭：額頭突出 敲 敲打頭部
hak˥	學壆，114圊所		k'ɔk˥	嚄扣留人□水~仔：水杓
ak˪	沃115澆灌齷齪握把~		hɔk˪	幅霍福蝠

iak

piak˪	□~開：突然裂開
tiak˥	□用手指彈小玻璃珠之動作
liak˪	鑠
ts'iak˥	□~着：吃了一驚
siak˪	[摔]~價：大跌價 □白鑠~：白光閃閃
k'iak˥	□用五指關節扣打

右欄續：
- hɔk˥ 伏房六切 嚄腹，~部複，重~覆，反~復~原茯服
- ɔk˪ 惡烏各切沃肥~齷屋

ɔk

pok˪	駁反~北~國風光卜占~
pok˥	薄縛束~泊梁山~
p'ɔk˪	博搏樸僕，璞
bok˥	木沐目莫穆牧睦
tɔk˪	椓卓啄督篤□阿~仔：指鼻子又高又尖的人
tɔk˥	毒獨讀鐸
t'ɔk˪	托託戳
lɔk˪	□口袋：多指紙口袋
lɔk˥	落~後擁鹿樂快~駱洛絡祿錄
tsɔk˪	作則落切，~業
tsɔk˥	族濁臭~：極臭之味

iɔk

tiɔk˪	竹築
tiɔk˥	逐軸
t'iɔk˪	畜丑六切，~牲
liɔk˥	略掠若弱綠六~一節肉辱陸~地
tsiɔk˪	燭足祝酌爵
ts'iɔk˪	雀捉可下五洋~黐促1，~逼觸
ts'iɔk˥	促2，~麵：使麵粉和水混和
siɔk˪	叔寂削剝~淑
siɔk˥	熟蜀屬贖俗續似足切，繼~
kiɔk˪	菊
kiɔk˥	局劇京~侷擁擠
k'iɔk˪	却曲麯麴
giɔk˥	玉~石
hiɔk˪	畜許竹切，~牧 蓄積~
iɔk˪	約大~
iɔk˥	欲慾育躍飛~

同音字表注

1 疕　p'i˥　　傷痂。《廣韻》上聲四紙韻匹婢切："瘡上甲"。

2 瞴　bi˧　　偷看一眼。《廣韻》上平聲六脂韻武悲切："伺視"。

3 溦　bi˥　　毛毛雨。《廣韻》上平聲八微韻無非切："浽溦，小雨"。

4 采　bi˥　　深入水中。《廣韻》上平聲五支韻武移切："深入也"。

5	批	ts'iˇ	用拳按人。《廣韻》上聲四紙韻側氏切："拳加人也"。有人讀入聲[ts'iʔ˪]。
6	敧	k'i˧	傾斜。《廣韻》上平聲五支韻去奇切："不正也"。
7	觭	k'i˧	歪斜。《廣韻》上平聲五支韻去奇切："角一俯一仰也"。
8	伏	puˑ	孵卵。《廣韻》去聲四十九宥韻扶富切："鳥菢子"。有人直接寫作"孵"。
9	普	p'uˇ	日光不明。《集韻》上聲十姥韻頗五切："《説文》:日無色也"。
10	瞴	buˑ	視野不清。《廣韻》上聲九麌韻文甫切："微視之貌"。
11	藷	tsuˑ	薯類總稱。《廣韻》上平聲九魚韻署魚切："似薯而大"。通常迻寫作"薯"。
12	厝	ts'uˑ	房子。《集韻》作"庲",《集韻》去聲五寘韻七賜切："《博雅》:舍也"。
13	痀	kuˑ	痀~,駝背。《集韻》卷二平聲十虞韻恭于切："曲脊"。
14	踞	k'uˑ	蹲。本字可能是"跔",《集韻》卷二平聲虞韻權俱切："拘跔不伸"。
15	煦	uˑ	溫熱。《集韻》去聲十遇韻吁句切："溫潤"。
16	焦	taˑ	乾也。民間有人寫"凋",《廣韻》下平聲三蕭韻都聊切："凋落"。
17	踔	taˑ	跳躍狀。《廣韻》去聲三十六效韻丑教切："猨跳"。《集韻》作"陟教切"。
18	掉	t'aˑ	以尖東西挑物。《集韻》去聲三十六效韻敕此切(按,當是敕教切)："以角挑物"。
19	疛	kaˇ	腹中急痛。《廣韻》上聲三十一巧韻古巧切："腹中急痛"。
20	齩	kaˑ	咬也。《廣韻》上聲三十一巧韻五巧切："齧也"。《集韻》又作"咬",下巧切。
21	骹	k'aˑ	腳也。《集韻》卷三平聲五爻韻丘交切："《説文》:脛也",又寫作"跤"。
22	尻	k'aˑ	~川,屁股。《廣韻》下平聲六豪韻苦刀切："《説文》:脽也"。
23	笡	ts'iaˑ	斜也。《廣韻》去聲四十禡韻遷謝切："斜逆也"。
24	徛	k'iaˑ	站立。《廣韻》上聲四紙韻渠綺切："立也"。有人寫作"跂"。
25	瘖	iaˑ	一種倦態。《集韻》去聲五寘韻於賜切："病也"。
26	敡	iaˑ	播,撒。《廣韻》去聲五寘韻以豉切："輕簡為敡"。
27	瀨	luaˑ	淺灘。《集韻》去聲十四泰韻落蓋切："《説文》:水流沙上也"。
28	晡	poˑ	~時,黃昏。《集韻》卷二平聲十一模韻奔模切："日加申時"。
29	塗	t'oˑ	泥土。《集韻》卷二平聲十一模韻同都切："泥也"。
30	迌	t'oˑ	佚~,遊玩。《廣韻》下平聲七歌韻徒何切："迯迌,行貌"。
31	挼	loˑ	按摩。《廣韻》下平聲七戈韻奴禾切："兩手相切摩也"。
32	醪	loˑ	粘稠。《廣韻》下平聲六豪韻魯刀切："濁酒"。
33	朓	loˑ	個頭高。《廣韻》去聲三十七號韻那到切："長貌"。
34	懆	tsoˑ	~心,煩燥。《集韻》卷三平聲六豪韻臧曹切："慮也"。今讀如從母字。
35	蹉	ts'oˑ	踩也。《集韻》卷三平聲八戈韻才何切："踏也"。《廣韻》歌韻酢何切。
36	趖	soˑ	漫遊。《集韻》卷三平聲八戈韻蘇何切："《説文》:走意"。《廣韻》歌韻"伮",素何切,"行也"。方言二字均可。
37	趒	tioˑ	雀行貌。《集韻》卷三平聲三蕭韻田聊切："《説文》:雀行也"。
38	爬	peˑ	抓癢。《廣韻》下平聲九麻韻蒲巴切："搔也"。
39	撦	t'eˑ	取。《廣韻》去聲十二霽韻特計切："取也"。有人讀作入聲 [t'eʔ˪]
40	枷	keˑ	枷具。《集韻》卷三平聲九麻韻何加切："囚械也"。通常寫作"枷"。

41	瘕	he˧	～疴,咳嗽。《集韻》卷三平聲九麻韻虛加切:"喉病"。
42	梄	tiu˧	稻谷。《集韻》去聲四十九宥韻直祐切:"稻實"。
43	宿	siu˧	巢穴。《廣韻》去聲四十九宥韻息救切:"宿留"。
44	勼	kiu˧	捲縮。《廣韻》下平聲十八尤韻居求切:"《說文》:聚也"。通常寫作"糾"。
45	趚	k'ui˧	～筋,抽筋。《集韻》卷四平聲十八尤韻渠尤切:"足不伸也"。
46	喙	ts'ui˧	嘴。《廣韻》去聲二十廢韻許穢切:"口喙,又昌芮切"。此據昌芮切。
47	嘊	t'ai˧	詈罵。《集韻》上聲十五海韻坦亥切:"言奆也"。
48	篕	kai˧	除去。《集韻》去聲十四泰韻居太切:"蓬除也"。
49	槩	kai˧	斗～,量具用具。《集韻》去聲十九代韻居代切:"《說文》:枤斗斛"。
50	庂	uai˧	依靠而坐。《廣韻》上聲十二蟹韻烏蟹切:"坐倚貌,又作矮"。
51	髝	pau˧	手擊。《廣韻》去聲三十六效韻防教切:"手擊"。
52	敆	t'au˧	解開。《集韻》上聲四十五厚韻他口切:"展也"。
53	熸	tsau˧	未滅柴炭。《廣韻》下平聲六豪韻作曹切:"火餘木也"。
54	豪	gau˧	能幹。俗有"爻勢獒"等寫法。
55	枵	iau˧	腹饑。《集韻》卷三平聲四宵韻虛嬌切:"玄枵,虛也"。
56	怀	m˧	不願、不肯。經常有"唔嘸毋"等寫法。
57	淡	tam˧	濕也。《集韻》卷四平聲二十三談韻徒甘切:"水貌,或作澹"。
58	探	t'am˧	伸手遠取。《廣韻》下平聲二十二覃韻他含切:"取也。《說文》作撢,遠取之也"。
59	擝	lam˧	深取。《集韻》卷四平聲二十三談韻盧甘切:"取也"。
60	霮	lam˧	爛泥。《集韻》去聲五十八陷韻尼賺切:"雨淖也"。
61	糝	sam˧	飯～,飯粒。《集韻》上聲四十八感韻桑感切:"粒也"。
62	毿	sam˧	亂髮。《集韻》去聲五十四闞韻蘇暫切:"長毛貌"。
63	顲	kam˧	蓋上。《集韻》上聲四十八感韻古禫切:"蓋也"。
64	磡	k'am˧	山崖。《廣韻》去聲五十三勘韻苦紺切:"巖崖之下"。
65	顣	ham˧	臉黃腫。《廣韻》去聲五十三勘韻呼紺切:"面虛黃色"。
66	憸	tiam˧	恬靜貌。《廣韻》去聲五十四闞韻徒濫切:"恬靜"。
67	悇	t'iam˧	弱貌。《廣韻》上聲五十一忝韻他玷切:"悇弱"。
68	薟	hiam˧	辣味。《廣韻》下平聲二十八嚴韻虛嚴切:"草之辛味曰薟"。
69	捪	bin˧	刷也。《集韻》上聲十七準韻美隕切:"撫也,摹也"。又寫作"抿"。
70	瀙	ts'in˧	冷也。《廣韻》去聲四十三映韻楚敬切:"冷也"。
71	嗌	pun˧	吹氣。《集韻》卷二平聲二十三魂韻步奔切:"吐也"。
72	甽	tsun˧	小水渠。《集韻》去聲二十二稕韻朱閏切:"溝也"。通常寫作"圳"。
73	焜	kun˧	大火煮食。《集韻》卷二平聲二十三魂韻胡昆切:"煌也"。
74	溷	hun˧	渾濁。《廣韻》去聲二十六慁韻胡困切:"濁也"。
75	瘒	un˧	～疴,曲脊。《集韻》上聲十九隱韻羽粉切:"病也"。
76	瘖	san˧	瘦。《廣韻》上聲三十八梗韻所景切:"瘦瘖"。
77	攓	kian˧	撥開。《集韻》上聲二十八獮韻九件切:"《說文》:拔取也"。

78	痠	sŋ˧	痠痛。《廣韻》上平聲二十六桓韻素官切:"痠疼"。通常寫作"酸"。
79	囥	k'ŋ˧	藏也。《集韻》去聲四十二宕韻口浪切:"藏也"。
80	裷	ŋ˨	衣袖。《集韻》上聲二十阮韻委遠切:"袖耑屈"。
81	模	tiŋ˧	堅硬。《集韻》去聲三十二霰韻堂練切:"木理緊密"。
82	踜	liŋ˧	蹬腿。《集韻》去聲四十八嶝韻郎鄧切:"踜蹬"。
83	瞳	taŋ˧	大腿骨。《廣韻》上平聲四江韻宅江切:"瞳䏶,尻骨"。
84	纕	laŋ˧	綢~,多。《集韻》上聲二腫韻乃種切:"《博雅》:綢纕,多也"。
85	稯	tsaŋ˧	草束。《集韻》上聲一董韻祖動切:"禾聚束也"。通常寫作"總"。
86	惚	ts'aŋ˧	心亂。《集韻》上聲一董韻祖動切:"悾惚,倯不得志"。
87	搝	saŋ˧	推也。《集韻》上聲一董韻損動切:"推也"。通常也寫作"搡"。
88	綢	aŋ˧	~纕,多。《集韻》上聲三講韻鄔項切:"綢纕,多也"。
89	瞪	tĩ˧	撐緊皮膚。《集韻》去聲四十三映韻猪孟切:"張皮也"。
90	嚌	tsĩ˧	舌嚌物。《廣韻》去聲十二霽韻在詣切:"嚌至齒也"。
91	詾	tã˧	說話不止狀。《集韻》去聲五十四闞韻徒濫切:"《字林》:競言也"。
92	爁	lã˧	閃~,閃電。《集韻》去聲五十四闞韻盧瞰切:"火行也"。
93	蚶	hã˧	熱氣上升。《廣韻》下平聲二十三談韻胡甘切:"火上行貌"。
94	顑	hã˧	在火上烘烤。《集韻》去聲五十三勘韻呼紺切:"臨火氣也"。
95	觰	tsiã˧	味淡。《廣韻》上聲三十五馬韻兹野切:"無食味也"。
96	倩	ts'iã˧	催傭。《廣韻》去聲四十五勁韻七政切:"假倩也"。
97	囝	kiã˧	子女。《集韻》上聲二十八獮韻九件切:"閩人呼兒曰囝"。
98	剷	t'uã˧	鋤草。《集韻》上聲二十四緩韻黨旱切:"剗也"。今讀送氣。
99	澶	t'uã˧	散開。《集韻》去聲二十九換韻他案切:"漫也"。
100	攤	luã˧	揉也。《集韻》上聲二十四緩韻乃坦切:"按也"。
101	鶬	tsiũ˧	~蜍,蟾蜍。《廣韻》下平聲十陽韻諸良切:"吳人呼水鷄爲鶬渠"。
102	謷	ts'oʔ˩	詈罵。《集韻》入聲十九鐸韻疾各切:"詈也"。
103	趉	peʔ˩	上爬。《集韻》入聲二十陌韻莫白切:"越也"。有人又寫作"迫"。
104	翕	hip˩	火爛。《廣韻》入聲二十六緝韻許及切:"火炙"。
105	熻	hip˩	悶熱。《廣韻》入聲二十六緝韻許及切:"熻熱"。
106	醓	t'ap˩	積厚。《廣韻》入聲二十七合韻他合切:"積厚"。
107	必	pit˩	裂開。《廣韻》入聲五質韻卑吉切:"《説文》曰:分極也"。
108	汔	kit˩	乾涸。《廣韻》入聲九迄韻許訖切:"水涸盡"。今讀如匣母字。
109	刜	p'ut˩	橫砍。《廣韻》入聲八物韻敷勿切:"砍也"。
110	掘	gut˩	折起。《廣韻》入聲十月韻魚厥切:"折也"。
111	榾	hut˩	果核。《廣韻》入聲十一沒韻戶骨切:"果子榾也"。通常寫作"核"。
112	觸	tak˩	牛打架。《廣韻》入聲四覺韻竹角切:"打也"。
113	擉	ts'ak˩	刺進。《集韻》入聲三燭韻樞玉切:"刺也"。
114	壑	hak˩	厠所。《廣韻》入聲十九鐸韻呵各切:"坑也"。通常寫作"岩"。
115	沃	ak˩	澆灌。《廣韻》入聲二沃韻烏酷切:"灌也"。

第叁章　分類詞表

説　明

　　（一）　這個詞表所收的詞（也包括少數詞組）約四千條上下，按意義分爲二十五類。密切相關的詞雖然在意義上不同類，有時也連帶附在一起。把詞按意義分類只能要求大致差不多，嚴格的意義分類事實上有種種困難，有些詞分到哪一類都不太合適，就只好臨時附在某類詞的後面。

　　（二）　詞表所收的詞以臺北地區的説法爲主，兼收少量臺南地區的説法，凡是兩處説法有顯著差別的地方，就在詞條後面的括弧裏注明"臺北"或"臺南"。但這並不是説，臺灣閩南方言詞匯在臺灣其他各地就沒有差別了，這僅僅是因爲我們的兩個主要發音合作人，正好一個是臺北人，一個是臺南人。

　　（三）　詞的標音以泉州腔讀音爲基礎。漳州腔讀音用括弧附在相應的泉州腔後面，例如：
　　　　　　報頭　po (pɤ) ˩ t'auˊ
表示在"報頭"一詞裏的"報"字，泉州腔讀 [poˊ]，漳州腔讀 [pɤˊ]。關於標音還有兩點要説明：第一，一般不特別注明文白讀，但遇到個別詞文白兩讀均可，並且又無區別意義的作用，就先寫文讀音，後寫白讀音，例如：
　　　　　　縣　kuan˧、kuĩ(kuãi)˧
表示"縣"的文讀 [kuan˧]，白讀泉州腔 [kuĩ˧]，漳州腔 [kuãi˧]；第二，有的字在具體的詞裏，常常有兩種讀法，我們就把相對説來少見的讀法放在括弧裏，例如：
　　　　　　飛行機　he˩ liŋ˩(hiŋ˩) ki˩
表示 [hiŋ˩] 的讀法比較少見（其實"行"的單字音是 [ˌhiŋ]，但這裏却常讀作 [ˌliŋ]）。

　　（四）　每條詞先寫漢字，後標讀音，估計一般讀者較難理解的詞條，或本身有歧義的詞條，就在標音後加注普通話對譯或注釋説明，例如：
　　　　　　腰子病　io(ɤi)˩ tsiˊ pĩ(pẽ)˧　腎臟炎
表示"腰子病"就是普通話所説的"腎臟炎"。

　　同義詞排在一起，第一條頂格排列，其他各條縮一格另行排列，例如：
　　　　　　破病　p'uaˊ pĩ(pẽ)˧
　　　　　　　着病　tioʔ(tiɤʔ)˩ pĩ(pẽ)˧
表示"着病"是"破病"的同義詞。

　　（五）　詞條用字，包括本方言區通行俗字，均依第貳章常用同音字表，這裏不再用符號表示。其他各種符號，已見前此各章，在此不另。

　　下面是分類詞表。

1. 日常用品

(1) 一般名稱

物　bĩˋ　事物總稱
物件　bŋ˧ kiã˦　用品總稱
雜物仔　tsap˥ bŋ˧ gã˥(<aˋ)　雜物
家私　ke˦ si˧　工具、用具
家私頭仔　ke˦ si˧ t'au˧ a˥　零星工具或用具
家具　ka˦ ku˧
家伙　ke˦ he(hue)ˋ　私有的家產或財産

(2) 家庭用品

□枋　t'uaˋ paŋ˧　洗衣板
雪文　sapˋ(<sat˧) bun˦　肥皂
雪文粉　sapˋ(<sat˧) bun˧ hunˋ　洗衣粉
茶箍　te˧ k'ɔ˦　土製洗衣碱，呈褐色
齒膏　k'i˦ ko(kɔ)ˋ　牙膏
齒搊　k'i˦ bin˦　牙刷
齒杯　k'i˦ pue˧　牙杯
面盆　bin˧ p'un˦　瓷臉盆
面桶　bin˧ t'aŋ˧　木臉盆
骹桶　k'a˦ t'aŋ˧　脚盆
面巾　bin˧ kun(kin)˧　毛巾
□　lɔk˥(lak˧)　(紙布)口袋：布〜｜紙〜
雨傘　hɔ˧ suã˧
扇　sĩ˧　扇子
時鐘　si˧ tsiŋ˧　鐘
錶仔　pio(piɤ)˥ a˧　手錶
滾水罐　kun˧ tsui˧ kuan˧　熱水瓶
桌布　toʔ(tɤʔ)˥ pɔ˧　抹布
掃帚　sau˥ ts'iu˧
糞斗　pun˥ tau˥　裝垃圾用的簸箕
痰盂　t'am˧ ɔ˧
痰爐　t'am˧ lɔ˧
算盤　sŋ˥ puã˧

稱仔　ts'in˦ lã˥(<aˋ)　秤
磅仔　pɔŋ˧ gã˥(<aˋ)　磅秤
磅子　pɔŋ˧ tsi˥　稱砣
熏吹　hun˦ ts'au˧　旱煙槍
熏袋仔　hun˦ te˥ a˥　煙盒包
鎖　so(sɤ)ˋ
鎖匙　so(sɤ)˧ si˧
番仔火　huan˦ lã˥(<aˋ) he(hue)ˋ　火柴
臭油爐　ts'au˥ iu˧ lɔ˧　煤油爐
臭油寄仔　ts'au˥ iu˧ kia˦ a˥　煤油燈
臭油　ts'au˥ iu˧　煤油
　塗油　iu˧　
温度計　un˧ tɔ˥ ki˧
翁仔物　aŋ˦ gã˥(<aˋ) bŋ˧　玩具總稱
風吹　hɔŋ˦ ts'au˧　風箏
金斗　kim˦ tau˥　貯藏骨殖的罐子
花矸　hue˦ kan˧　花瓶
矸　kan˧　瓶子
熁風　hip˥ hɔŋ˧　拔火罐
花盆　hue˦ p'un˧
鶏籠　kue(ke)˦ laŋˋ
鶏□　kue(ke)˦ lam˧　竹製鶏罩
篩仔　t'ai˧ a˥　小篩子
籃仔　lã˦ a˥　小籃子
藤籃仔　tin˧ lã˦ a˥
竹籃仔　tikˋ lã˦ a˥
柴刀　ts'a˧ to(tɤ)ˋ
扁担　pin˦ tã˧
　糞担　punˋ tã˧
甲萬　kaˋ baŋ˧　存放珍貴物品的箱櫃
紙　tsuaˋ
粗紙　ts'ɔ˦ ts'ˋ tsuaˋ　糙紙，如馬糞紙之類
幼紙　iu˥ tsuaˋ　精紙，如油光紙之類
條梯　liau˧(<tiau˧) t'ui˧　一般用的梯子，又樓梯
桌　toʔ(tɤʔ)˥　桌子
桌仔　toʔ(tɤʔ)˥ a˥　小桌子
椅　iˋ　椅子

膨椅　p'ɔŋˋ iˋ　沙發椅	飯坩　pŋ˪ k'ãˋ　瓷飯缸、飯鉢
椅仔　iaˋ iˋ　小椅子	飯斗　pŋ˪ tauˋ　木製飯缸
交椅　kau˩ iˋ　太師椅	飯殼仔　pŋ˪ k'akˋ gaˋ(<aˋ)　飯盒
鼓椅　kɔˋ iˋ　太師椅的一種,靠背呈鼓形	挑羹　t'io(t'iɤ)˩ kŋ˪　湯匙
骹踏椅　k'a˪ ta˪ iˋ　㼊前踏椅	茶鼓　te˩ kɔˋ　茶壺
椅條仔　iˋ liau˪(<tiau˪) iˋ　條凳	茶甌　te˩ rua˪　小茶杯
椅頭仔　iˋ t'au˪ aˋ　小凳子	盤　puãˋ　盤子
搖籠仔　io(˪) laŋ˪ gãˋ(<aˋ)　小孩搖籃	□仔　p'iaiˋ　小盤子
風□　hɔ˩ buã˪　披風斗篷	碟仔　ti?˪ aˋ　碟子
針　tsiam˩	箸　tu(ti)˪　筷子
線　suã˪	碗　uãˋ
鑽仔　tsɔˋ aˋ　錐子	碗公　uãˋ kɔŋ˩　大海碗
鉸刀　ka˪ to(ɤ)˩　剪子	粗碗　ts'ɔ˪ uãˋ　粗大的陶碗
針指　tsim˪ tsãiˋ　頂針	幼碗　iu˪ uãˋ　精細的瓷碗
手指　ts'iuˋ tsãiˋ	齒托　k'iˋ t'ok(t'u?)˪　牙簽
手指　ts'iuˋ tsiˋ　戒指	籠床　laŋ˪ sŋ˪　籠屜
布尺　pɔ˪ ts'io?(ts'iɤ)˪　尺子	菜瓜脆　ts'ai˪ kue˪ ts'e˪　絲瓜襄
熨斗　ut˪ tauˋ	
鏡　kiã˪　鏡子	**（4）衣裝被服用品**
目鏡　bak˪ kiãˋ　眼鏡	
柴梳　ts'a˪ sue˩　木梳子	衫仔褲　sã˩ aˋ k'ɔ˪　衣服
鞋□仔　ue(e)˩ puiaˋ　（臺北）鞋拔子	衫仔襤　sã˩ a˩ lam˪　一種罩衣
鞋□　ue(e)˪ pue˪　（臺南）	衫　sã˩　上衣
	外衫　gua˪ sã˩　外衣
（3）廚房用品	裏衫　lai˪ sã˩　內衣
	膨紗　p'ɔŋˋ se˪　毛綫
灶骹　tsauˋ k'a˪　廚房	膨紗衫　p'ɔŋˋ se˪ sã˩　毛衣
煙筒　ian˪ taŋˋ　煙囱	棉裘　bĩ˪ hiuˋ　棉衣
火爐　he(hue)˩ lɔˋ	頷領　am˪ liãˋ　衣領
爐仔　lɔˋ aˋ　小爐子	手椀　ts'iuˋ ŋ˪　衣袖
火箸　he(hue)˩ tu(ti)˪　火鉗子	手椀頭　ts'iuˋ ŋ˪ t'auˋ　袖口
炭丸　t'uãˋ uanˋ　煤球	裏裼仔　lai˪ ka?˪ aˋ　毛背心,棉坎肩
水□仔　tsui˥ k'ɔkˋ gaˋ(<aˋ)　水杓	裙　kunˋ　裙子
水淹缸　tsui˥ iam˪ kŋ˪　水缸	圍司裙　ui˪ su˪ kunˋ　圍裙
煎匙　tsian˪ siˋ　鍋鏟	百襉裙　pa?ˋ kiŋ˩ kunˋ　百褶裙
鼎　tiãˋ　大鐵鍋	裙仔　kunˋ aˋ　胸前小圍裙
鈷槺　sĩ(sē)˩ lɤ˩　用陶瓷燒製的鍋,樣式高而深,色如生鐵,故名	拈裯　k'io?(k'iɤ)ˋ kiŋ˩　在衣裝上做褶
飯槺　pŋ˪ lɤ˪　只用於做飯的鍋	褲　k'ɔ˪　褲子
	外褲　gua˪ k'ɔ˪

裏褲　lai˨ k'ɔ˨　褲衩

　水褲　tsui˨ k'ɔ˨

　□褲　te˨ k'ɔ˨　也指西裝短外褲

鞋　ue(e)ˊ

弓鞋　kiŋˊ ue(e)ˊ　裹脚鞋

骹帛(布)　k'aˊ pe?ˊ(pɔ˨)　裹脚布

柴屐　ts'a˨ kiaˊ

　木屐　bak˨ kiaˊ

淺拖　ts'ianˊ t'ua˨　拖鞋

鞋捆　ue(e)˨ binˊ　鞋刷

褲帶　k'ɔ˨ tua˨

手巾　ts'iu˨ kun(kin)ˊ　手絹兒

手□仔　ts'iu˨ bɔ?ˊ ga?ˊ(<aˊ)　手套

襁巾　iaŋ˨ kun(kin)ˊ　背小孩用的長布巾

領垂　am˨ seˊ　小孩圍嘴布巾

眠牀　bin˨ ts'ŋˊ　牀舖

曠牀　k'ɔŋˊ ts'ŋˊ　大統舖

　總舖　tsɔŋˊ p'ɔ˨

膨牀　p'ɔŋˊ ts'ŋˊ　彈簧牀

被　p'eˊ(p'ue)˧

　被空　p'eˊ(p'ue)˧ k'aŋˊ

被面　p'eˊ(p'ue)˧ bin˧

被裏　p'eˊ(p'ue)˧ liˊ

底被　tue˨ p'eˊ(p'ue)˧　褥子

　舒被　ts'uˊ p'eˊ(p'ue)˧

牀巾　ts'ŋˊ kun(kin)ˊ　牀單

毯仔　t'anˊ lãˊ(<aˊ)　毯子

枕頭　tsiamˊ t'auˊ

枕頭布　tsiamˊ t'auˊ pɔ˨　枕巾

蓆仔　ts'io?(ts'i?)˨ aˊ　席子

蠓罩　baŋˊ ta˨　蚊帳

門籬仔　bŋˊ liˊ aˊ　門簾

(5) 農工用品

農具　lɔŋ˨ ku˧

犁　lue(le)ˊ

鈀　peˊ

鋤頭　tu(ti)˨ t'auˊ

掘頭　kut˨ t'auˊ

塗□仔　tɔ˨ ts'iam˨ts'ˊ bãˊ(<aˊ)　鏟子

鎌刀　liam˨ to(tɤ)ˊ

風鼓　hoŋˊ kɔˊ　鼓風車,去谷皮用

戽斗　hɔˊ tauˊ　戽水用具

草笠仔　ts'auˊ lue(le)ˊ aˊ　斗笠

椶簑　tsaŋ˨ suiˊ　簑衣

石碾仔　tsio?(tsi?)˨ lunˊ lãˊ(<aˊ)　石滾子

牛架　gu˨ ke˨　牛脖上的套具

斧頭　pɔˊ t'auˊ

鋸仔　ku(ki)ˊ aˊ　鋸子

鉋刀　k'auˊ to(tɤ)ˊ　鉋刀

鑿仔　ts'ak˨ ga?ˊ(<aˊ)　鑿子

鎚仔　t'uiˊ aˊ　鎚子

　攻鎚仔　koŋˊ t'uiˊ aˊ

角尺　kakˊ ts'io?(ts'i?)˩　垂直尺

落鑽　lak˨ tsŋ˩　木工專用的一種鑽子

鋸螺　ku(ki)ˊ lue˧　銼刀

螺絲絞　lo(lɤ)˨ si˧ kaˊ　螺絲刀

磨石　bua˨ tsio?(tsi?)ˊ　磨刀石

刀石　to(tɤ)˧ tsio?(tsi?)ˊ

墨斗　bak˨ tauˊ

(6) 文化用品

原子筆　guan˨ tsuˊ pit˨　圓珠筆

鉛筆　iam˨(<ianˊ) pit˨

萬年筆　ban˨ lian˨ pit˨　自來水筆

毛筆　bɔˊ pit˨

　水筆　tsuiˊ pit˨

鐵筆　t'i?ˊ pit˨　刻鋼版的筆

墨　bakˊ

烏墨　ɔˊ bakˊ　黑墨

墨盤　bak˨ puãˊ　硯臺

　墨硯　bak˨ hĩˊ

墨水矸仔　bak˨ tsuiˊ kanˊ aˊ　墨水瓶

畫圖紙　ue˨ tɔˊ tsuaˊ

複寫紙　hɔk˨ siaˊ tsuaˊ

蠟紙　la˩ ɣuaˇ

批　p'ue(p'e)˥ 信

批紙　p'ue(p'e)⊣ tsua˩ 信紙

批□仔　p'ue(p'e)⊣ lɔk˥ gaˇ(<ɣaˇ) 信封

原稿紙　uan˥ ko(kɣ)˥ tsuaˇ 稿紙

水漆　tsui˥ ts'at˩ 水彩

日子圖　lit˥ tsu˥ tɔˇ 日歷

手電　ts'iu˥ tian⊣

扁針　pin˥ tsiam˥ 別針

烏枋　ɔ˥ paŋ˥ 黑板

(7) 其他事物名稱

粕　p'o?(p'ɣ?)˩ 渣滓

簌　ts'u˥ɑ̌ 小刺

喊　han˥ 流行的謠言

豚仔　t'un˥ lãˇ(<ɣaˇ)　正在成長的人或畜

猪□　tu(ti)⊣ kɔ˩　裝猪用的長形竹器

柴燼　ts'a˩ tsua˩　燒過未滅的木柴

私寄　sai˥ k'ia˥ 私房錢財

疕　p'i˥ 傷痂

糊　kɔ˥ 漿糊

塑膠　sɔk˥ ka˥ 塑料

頭麩　t'au˩ p'ɣ˩ 頭皮屑

2. 人體、生理

頭　t'au˩

頭殼　t'ak˥(<t'au˩) k'ak˩ 腦袋

頭殼髓　t'ak˥(<t'au˩) k'aɣ ts'e(ts'ue)ˇ
　腦髓

頭額　t'au˩ hia?ˇ 額頭

目珠　bat˥(<bakˇ) tsui˥ 眼睛

目珠皮　bat˥(<bakˇ) tsui⊣ p'e(p'ue)˩ 眼
　皮

重巡　tiŋ˩ sun˩ 雙眼皮

目眶　bak˩ k'ɔ˥ 眼眶

目眉　bak˩ bai˩ 眼眉

白仁　pe?˩ lin˩ 眼白

目珠仁　bat˥(<bakˇ) tsiu⊣ lin˩ **眼珠**

耳　hĩ˥ 耳朵

耳輪　hĩ˥ lun˩ 耳

耳空　hĩ˥ k'aŋ˥ 耳孔

面　bin⊣ 臉部

喙䫌　ts'ui˥ p'ueˇ 臉頰

鼻　p'ĩ˩ 鼻子

鼻腔　p'ĩ˩ k'aŋ˥ 鼻孔

下頦　e˩ huai˩ 下巴

頷頸　am˩ kunˇ 脖子

喙　ts'ui˥ 嘴

喙空　ts'ui˥ k'aŋ˥ 口腔

唇　tun˩

牙　ge˩

　喙齒　ts'ui˥ k'i˥

門牙　bŋ˩ ge˩

舌　tsi?˩

　喙舌　ts'ui˥ tsi?˩

嚨喉　lã˩ au˩ 喉嚨

嚨喉空　lã˩ au˩ k'aŋ˥ 喉頭

頷歸　am˩ kui˥ 喉突

下斗垂　e˩ tau˩ se˩ 下巴頂端突出的部分

肩胛頭　kin˥ ka?˥ t'au˩ 肩膀

尻脊　k'a˥ tsia?˩ 脊背

胸坎　hiŋ˥ k'am˥ 胸部

奶　lĩ˥ 乳房

腰　io(iɣ)˥ 腰部

腹肚　pat˥(<pak˩) tɔ˥ 腹部

肚臍　tɔ˩ tsai˩ 肚臍

手　ts'iu˥

正手　tsiã˥ ts'iuˇ 右手

倒手　to(tɣ)˥ ts'iu˥ 左手

拳頭母　kun˩ t'au˩ buˇ **拳頭**

手指　ts'iu˥ tsaiˇ(tsãiˇ)

大頭母　tua˩ t'au˩ buˇ **大母指**

二指　li˩ tsaiˇ

　指指　ki˥ tsaiˇ

中指　tiŋ˥ tsaiˇ

四指　siʏ tsaiʏ

尾指　be(bue)˥ tsaiʏ　小指頭

指甲　tsiŋˊ kaʔ˪

尻川　kʼaˉ tsʼŋˊ　屁股

尻川空　kʼaˉ tsʼŋˉ kʼŋˊ　肛門

骹縫　kʼaˉ pʼaŋˎ　胯下

腿　tʼuiʏ

大腿　tuaˎ tʼuiʏ

骹邊　kaiˎ pĩˉ　大腿和小腹的交接處

骹後肚　kʼaˉ ʏˋ luaˎ toˋ　小腿

骹　kʼaˉ　脚

正骹　tsiãʏ kʼaʏ　右脚

倒骹　to(tʏ)ˉ kʼaʏ　左脚

骹目　kʼaˉ bakʏ　脚踝

後骹跟　auˎ kʼaˉ kunˉ　脚後跟

　骹後睭　kʼaˉ auˎ tĩ(tẽ)ˉ

骹面　kʼaˉ binˉ　脚面

　骹盤　kʼaˉ puãˉ

骹底　kʼaˉ tue(te)ʏ　脚底

骹頭　kʼaˉ tʼauˎ　膝上

骹頭碗　kʼaˉ tʼauˎ uãˊ　膝蓋

腹裏　pakʏ laiˉ　內臟（通常更多地是指禽
　獸類內臟）

心　simˉ

肺　hiˎ

肺管　hiˎ kŋʏ　氣管

胃　uiˉ

肝　kuãˉ

腰子　io(iʏ)ˉ tsiʏ　腎臟

腸　tŋˎ

骨頭　kutʏ tʼauˎ

尻脊骨　kʼaˉ tsiaʏ kutˎ　脊椎骨

飯匙骨　pŋˎ siˎ kutˎ　肩胛骨

腰脊骨　io(iʏ)ˉ tsiaʏ kutˎ　腰骨

骹骨　kʼaˉ kutˎ　腿骨

手骨　tsʼuiʏ kutˎ　臂骨

邊仔骨　pĩˉ aʏ kutˎ　肋骨

身軀　siŋˉ kʼuˉ　身體

皮　pʼe(pʼue)ˎ

神經　sinˎ kiŋˉ

血根　huiʔ(hueʔ)ʏ kunˉ　血管

瀾　luãˉ　唾液

　喀瀾　tsʼuiʏ luãˉ

痰　tʼamˎ

汗　kuãˉ

尿　lio(liʏ)ˉ

屎　saiʏ

精　siauˎ　精液

□　sianˉ　人身上的污垢

頭毛　tʼauˎ bŋˎ　頭髮

苦毛　kʼoʏ bŋˎ　汗毛

鬏毛　samʏ bŋˉ　長而亂的頭髮

鬢鬚　luiˎ tsʼoˋ　絡腮鬍

喀鬚　tsʼuiʏ tsʼuiˉ　鬍鬚

鼻糊　pʼ di̇ˋ koˋ　鼻涕

目屎　bakˎ saiʏ　（臺北）眼淚

　目汁　batˎ(<bakʏ) tsiapˎ　（臺南）

目屎膏　bakˎ saiˉ ko(kʏ)ˉ　眼屎

裼腹體　tʼŋʏ pakʏ tʼeʏ　赤身裸體

3. 稱謂
（附：人稱代詞）

厝邊　tsʼuʏ pĩˉ　鄰居

　厝邊頭尾　tsʼuʏ pĩˉ tʼauˎ be(bue)ʏ

同事　toŋˎ suˉ

同志　toŋˎ tsiˉ

同學　toŋˎ hakʏ

老大儂　lauˎ tuaˎ laŋˉ　老人家

囝仔兄　ginʏ lãʏ(<aʏ) hiãˉ　小朋友，表
　示一種親昵、敬重的稱呼

親堂　tsʼinˉ toŋˎ　同宗族或同姓者

　叔孫仔　tsikʏ sunˎ aʏ

鄉親　hioŋˉ tsʼinˉ　閩南人同鄉

祖公　tsoʏ koŋˉ　祖先

阿公　aˉ koŋˉ　祖父

阿祖　a⌐ tsɔ↓	阿叔　a⊣ tsik↓　叔父
阿媽　am⌐(<a⌐) bã↓　祖母	阿嬸　a⊣ tsim↗　嬸子
祖媽　tsɔ⌐ bã↓	阿舅　a⊣ ku⊣　舅父
序大　si↓ tua⊣　父母親，又泛指長輩	阿妗　a⊣ kim↗　舅母
伯公　peʔ↓ kɔŋ⌐　祖父之兄	姨丈　i↓ tiũ(tiɔ̃)⊣　姨父
叔公　tsik↓ kɔŋ⌐　祖父之弟	阿姨　a⊣ i↗　姨媽
舅公　ku↓ kɔŋ⌐　祖母之兄弟	姑丈　kɔ⊣ tiũ(tiɔ̃)⊣　姑父
姑婆　kɔ⊣ po(ɣ)↗　祖父之姐妹	阿姑　a⊣ kɔ⊣　姑母
老爸　lau↓ pe⊣　父親	叔伯兄弟　tsik↓ peʔ↓ hiã⊣ ti⊣　堂兄弟
阿爸　ap↓(<a⌐) pa⊣	叔伯大兄　tsik↓ peʔ↓ tua↓ hiã⌐　堂兄
老母　lau↓ ɣu↓　母親	叔伯小弟　tsik↓ peʔ↓ sio(siɣ)⊣ ti↓　堂弟
阿母　a⊣ bu↓(bio)	叔伯大姊　tsik↓ peʔ↓ tua↓ tsi↓　堂姐
丈儂　tiũ(tiɔ̃)↓ laŋ↗　岳父	叔伯小妹　tsik↓ peʔ↓ sio(siɣ)⌐ be(buẽ)⊣　堂妹
丈姆　tiũ(tiɔ̃)↓ ɣm↓　岳母	姊夫　tsi↓ hu⊣
序細　si↓ sue(se)↓　子女，也泛指晚輩	妹婿　be(buẽ)↓ sai↓　妹夫
囝兒　kiã↓ li↓　子女	外甥仔　ue↓ siŋ↓ gã↗(<a⌐)　外甥
前儂囝　tsiŋ↓ laŋ↓ kiã↓　前妻之子女	孫　sun⌐　孫子
後生　hau↓ sĩ(sẽ)⌐　兒子	孫仔　sun↓ lã↗(<a⌐)
猴囝　kau↓ kiã↓　在他人面前謙稱自己的兒子	孫仔　sun↓ lã↗(<a⌐)　侄子
查母囝　tsa⊣ bɔ↓ kiã↓　女兒	查母孫仔　tsa⊣ bɔ↓ sun↓ lã↗(<a⌐)　外甥女，有時也指侄女
在室女　tsai↓ sik↓ li(lu)↓　處女	侄仔　tit↓ la↓(<a⌐)　侄子,侄女
囝仔　gin⌐ lã↓(<a⌐)　小孩子	師父　sai⊣ hu⊣
嬰仔　ĩ(ẽ)⌐ a↓　嬰兒	師哥　sai⊣ ko(kɣ)↗
兄嫂　hiã⊣ so(ɣ)↓	師兄　sai⊣ hiã⌐
兄弟　hiã⊣ ti↓	師仔　sai↓ a⌐　徒弟
姊妹　tsi↓ be(buẽ)⊣	師仔工　sai⊣ a⌐ kaŋ⌐　臨時小工
同姒　taŋ↓ sai⊣　妯娌	小批工　sio(siɣ)⊣ pʼue(pʼe)⊣ kaŋ⌐　雜工
兄哥　hiã⊣ ko(kɣ)⌐　哥哥	
小弟　sio(siɣ)⌐ ti⊣　弟弟	
親家　tsʼin⌐ ke⌐	附：人稱代詞
親姆　tsʼin⊣ ɣm⊣　親家母	我　gua↓
外家　gua↓ ke⌐　娘家	你　li↓
大家　ta↓ ke⌐　婆家	伊　i⌐　他、它、她
親情　tsʼin⊣ tsiã↗　親戚	阮　gun(guan)↓　我們
同門　taŋ↓ bŋ↗　連襟	咱　lan↓　咱們
阿伯　a⊣ peʔ↓　伯父	恁　lin↓　你們
阿姆　am⊣ ɣm↗　伯母	個　in　他們

家己　kak˩(<ka˧) ki˧　自己
大家　tak˩(<ta˧) ke˧
別儂　pat˩ lang˧　別人

4. 天文、地理

(1) 天文氣象

天　t'ĩ˧
天氣　t'ĩ˧ k'i˩
日頭　lit˩ t'au˧　太陽
月娘　ge?(gue?)˩ liũ(liõ)˧　月亮
星　ts'ĩ(ts'ẽ)˧
北斗星　pak˥ tau˧ ts'ĩ(ts'ẽ)˧
太白金星　t'ai˧ pik˩ kim˧ ts'ĩ(ts'ẽ)˧　啟明星
牛郎星　gu˧ lng˧ ts'ĩ(ts'ẽ)˧
織女星　tsit˥ lu˧ ts'ĩ(ts'ẽ)˧
掃帚星　sau˥ ts'iu˧ ts'ĩ(ts'ẽ)˧　彗星
天河　t'ian˧ ho(ɤ)˧　銀河
雲　hun˧
虹　k'ing˧
霧　bu˧
霜　sng˧　冰
露水　lo˧ tsui˧
霜凍　sng˧ tang˧
風　hong˧
鬼仔風　kui˥ a˧ hong˧　發出呼嘯聲的旋風
□螺仔風　se˧ le˧ a˧ hong˧　旋風
　捲螺仔風　kng˥ le˧ a˧ hong˧
報頭　po(ɤ)˥ t'au˧　風信
　風頭　hong˧ t'au˧
　迴南　he˧ lam˧
風颱　hong˧ t'ai˧　颱風
風尾　hong˧ be(bue)˧　颱風末段
九降　kau˥ kang˧　九月之風
海吼　hai˥ hau˧　海上呼嘯聲，預示風雨將臨

破篷　p'au˧ p'ang˧　颶風來臨前夕，天空出現一片斷虹，猶如斷了的船帆，故名
雨　ho˧
澂澂仔雨　bi˧ bi˧ a˧ ho˧　連綿小雨
西北雨　sai˧ pak˥ ho˧　盛夏季節的驟雨
滲雨　siam˧ ho˧　連綿的春雨，又指斷斷續續的小雨
綺秋　k'ia˧ ts'iu˧　連綿的秋雨
查母雨　tsa˧ bo˧ ho˧　一邊出太陽一邊下的雨
風颱雨　hong˧ t'ai˧ ho˧　隨着颱風而來的雨
閃爁　sĩ˧ lã˧　閃電
陳雷　tan˧ lui˧　打雷
雷公　lui˧ kong˧　傳說中的雷神，雷公吼，即響雷
地動　tue(te)˧ tang˧　地震
炎天　iam˧ t'ĩ˧　熱天
日頭天　lit˩ t'au˧ t'ĩ˧　晴天
陰天　im˧ t'ĩ˧
熱　lua?˧
涼　liang˧
冷　ling˧
秋凊　ts'iu˧ ts'in˧　涼快
正涼　tsiã˧ liang˧　陰涼
寒　kuã˧
加冷(凜)摜　ka˧ ling(lun)˧ sun˧　因冷極而引起身上發顫

(2) 自然地理

市街　ts'i˧ kue(ke)˧　市鎮
鄉下　hiũ(hiõ)˧ e˧
鄉里　hiũ(hiõ)˧ li˧　家鄉、鄉村
草地　ts'au˧ tue(te)˧　十分僻遠的山村
裏山　lai˧ suã˧　山區
莊骹　tsng˧ k'a˧　山村
在地　tsai˧ tue(te)˧　本埠
菜園　ts'ai˧ hng˧

塍園　ts'an˦ hng˥
塍　ts'an˦　田地
塍埒　ts'an˦ huã˦　田埂
塍頭塍尾　ts'an˦ t'au˦ ts'an˦ be(bue)˥　田邊地角
塗　t'ɔ˥　泥土
塍塗　ts'an˦ t'ɔ˥　田泥
烏塗　ɔ˦ t'ɔ˥　黑土
紅仁塗　aŋ˦ lin˦ t'ɔ˥　紅土
　紅赤仁土　aŋ˦ ts'ia˥ lin˦ t'ɔ˥
塗板　t'ɔ˥ pan˥　土塊
塗肉　t'ɔ˥ ba˨　農田裏可用於耕種的泥土層
塗油　t'ɔ˥ iu˦　表層的爛泥
塗砂　t'ɔ˥ sua˦　泥砂
塗骹　t'ɔ˥ k'a˦　泥土地板
塗粉　t'ɔ˥ hun˥　灰塵
塗糜　t'ɔ˥ be˦　爛泥
塗糞　t'ɔ˥ pun˦　土肥
海　hai˥
海緣　hai˦ kĩ(kē)˦　海邊
海沙蒲　hai˦ sua˦ pɔ˦　海灘
澳　o(ɣ)˥　海邊漁村
潭　t'am˦　湖
坪　pi˦　水堰
大埤　tua˦ pi˦　天然水庫
池　ti˦　小池塘
塭　un˦　魚池、魚塘
河　ho(ɣ)˦　大河
溪　k'ue(k'e)˦　小河
溪蒲　k'ue(k'e)˦ pɔ˦　河灘
　沙蒲　sua˦ pɔ˦
溪埒　k'ue(k'e)˦ huã˦　河岸
瀨　lua˦　水中淺灘
水　tsui˥
海水　hai˦ tsui˥
大水　tua˦ tsui˥
水溝　tsui˥ kau˦

溝仔　kau˦ a˥　小水溝
甽　tsun˦　水渠
甽溝　tsun˥ kau˦　小水溝
山　suã˦
山嶺　suã˦ liã˥
山坪　suã˦ pĩ(pē)˦　山中平地
山屏　suã˦ p'iã˦　峭壁
山崙　suã˦ lun˦　丘陵
山坑仔　suã˦ k'ĩ(k'ē)˦ a˥　小山溝
礐　k'am˦　山崖
草蒲　ts'au˦ pɔ˦　草地
石鼓　tsio(tsiɣ)˨ kɔ˥　大石頭
石頭仔　tsio(tsiɣ)˨ t'au˦ a˥　小石頭
石枋　tsio(tsiɣ)˨ paŋ˦　石板
礁　ta˦　礁石

(3) 礦物

礦石　k'ɔŋ˥ tsio(tsiɣ)˨
金　kim˦
銀　gun(gin)˦
銅　taŋ˦
鐵　t'i˨
鉎　sĩ(sē)˦　生鐵
錫　sia˨
鉛　ian˦
璇石　suan˦ tsio(tsiɣ)˨　鑽石
石棉　tsio(tsiɣ)˨ bĩ˦
石膏　tsio(tsiɣ)˨ ko(kɣ)˦
輕銀　k'in˦ gun(gin)˦　水銀
石油　tsio(tsiɣ)˨ iu˦
塗炭　t'ɔ˥ t'uã˦　煤炭
　石炭　tsio(tsiɣ)˨ t'uã˦
磺　hɔŋ˦　硫磺
石灰　tsio(tsiɣ)˨ he(hue)˦
柴炭　ts'a˦ t'uã˦　木炭
　火炭　he(hue)˥ t'uã˦

5. 時間、方位
（附：指示代詞）

時陣　sii tsun˧　時間、時候

一世儂　tsit˩ sii laŋ˧　一輩子

古早　ko˩ tsa˩　古代、古時候

事當時　su˩ toŋ˧ sii　當時，指很久以前的
　某一時候

舊底　ku˩ tue(te)˩　以前、原來

往擺　iŋ˩ pai˩　前次

前擺　tsiŋ˧ pai˩　上次

今仔　tsim˧ bã˩(<a˩)　（臺南）此時

目前　bɔk˩ tsiŋ˧

現在　hian˩ tsai˧

將來　tsioŋ˧ lai˧

後擺　au˩ pai˩　下次

未來　bi˩ lai˧

了後　liau˩ au˩　事後，以後

真久　tsin˧ ku˩　很久

　正久　tsiã˧ ku˩

半晡　puã˩ pɔ˧　半天

　半工　puã˩ kaŋ˧

　半日　puã˩ lit˩

幾仔日　kui˩ a˧ lit˩　好幾天

起先　k'i˩ siŋ˧　開始，指過去時某件事的
　開始

煞尾　suaʔ be(bue)˩　最後，結束

收冬　siu˧ taŋ˧　收割稻子的時候，通常指
　秋天

雙冬　siaŋ˧ taŋ˧　指一年兩熟

年　lĩ˧

前年仔　tsun˧ lĩ˧ a˩　前年

舊年仔　ku˩ lĩ˧ a˩　去年

今年　kĩ˧(<kin˧) lĩ˧

　今年(<今仔年)　kiã˧(<kim˧ a˧) lĩ˧

明年　bĩ(be˧) lĩ˧

　明年(<明仔年)　biã˧(<bĩ˧ a˧) lĩ˧

後年　au˩ lĩ˧

周年　tsiu˧ lĩ˧　（臺北）

　對年　tui˩ lĩ˧　（臺南）

年頭　lĩ˧ t'au˧

年底　lĩ˧ tue(te)˩

年兜　lĩ˧ tau˧　除夕

長年　tŋ˧ lĩ˧　常年

月頭　geʔ˩(gueʔ˩) t'au˧　月初

月尾　geʔ˩(gueʔ˩) be(bue)˩　月底

一月　itʔ geʔ˩(gueʔ)˩

　正月　tsiã˧ geʔ˩(gueʔ)˩

　正月時仔　tsiã˧ geʔ˩(gueʔ)˩ sii a˩　特指
　　正月初一至十五期間

二月　li˩ geʔ˩(gueʔ)˩

三月　sã˧ geʔ˩(gueʔ)˩

四月　si˩ geʔ˩(gueʔ)˩

五月　gɔ˩ geʔ˩(gueʔ)˩

六月　lak˩ geʔ˩(gueʔ)˩

七月　ts'it˩ geʔ˩(gueʔ)˩

八月　peʔ˩ geʔ˩(gueʔ)˩

九月　kau˩ geʔ˩(gueʔ)˩

十月　tsap˩ geʔ˩(gueʔ)˩

十一月　tsap˩ itʔ geʔ˩(gueʔ)˩

十二月　tsap˩ li˩ geʔ˩(gueʔ)˩

上旬　sioŋ˩ sun˧

中旬　tioŋ˧ sun˧

下旬　ha˩ sun˧

早日　tso(tsa˩) lit˩　昨天

早昏　tsã˧(<tsa˧) hŋ˧　昨晚

今日　kim˧ lit˩

　今日(<今仔日)　kiã˧(<kim˧ a˧) lit˩

明早(<明仔早)　biã˧(<bĩ˧ a˧) tsai˩　明
　天一早

明載(<明仔早起)　biã˧(<bĩ˧ a˧) tsai˩
　(<tsa˩ k'i˩)　明天

　明日(<明仔日)　biã˧(<bĩ˧ a˧) lit˩

明暗(<明仔暗)　biã˧(<bĩ˧ a˧) am˩　明
　晚

禮拜　leˈ paiˋ　星期,有時也可以指星期天
拜一　paiˋ itˊ
拜二　paiˋ liˇ
拜三　paiˋ sãˊ
拜四　paiˋ siˇ
拜五　paiˋ goˊ
拜六　paiˋ lakˊ
禮拜日　leˈ paiˋ litˊ
春天　ts'unˊ t'ĩˊ
夏天　heˇ t'ĩˊ
　熱(儂)天　lua?ˊ(laŋˇ) t'ĩˊ
秋天　ts'iuˊ t'ĩˊ
冬天　taŋˊ t'ĩˊ
寒(儂)天　kuãˊ(laŋˇ) t'ĩˊ
立春　lipˇ ts'unˊ
雨水　uˊ suiˇ
驚蟄　kĩ(kẽ)ˊ tikˇ
春分　ts'unˊ hunˊ
清明　ts'ĩ(ts'ẽ)ˊ biãˇ
谷雨　kokˊ uˇ
立夏　lipˇ heˇ
小滿　sio(siɤ)ˊ buanˇ
芒種　boŋˇ tsiŋˇ
夏至　heˇ tsiˇ
　夏節　heˇ tsue?ˇ
小暑　sioˊ suˇ
大暑　taiˇ suˇ
立秋　lipˇ ts'iuˊ
處暑　ts'uˊ suˇ
白露　pe?ˇ loˇ
秋分　ts'iuˊ hunˊ
寒露　hanˇ loˇ
霜降　sŋˊ kaŋˇ
立冬　lipˇ taŋˊ
小雪　sio(siɤ)ˊ suatˊ
大雪　taiˇ suatˇ
冬至　taŋˊ tsiˇ
　冬節　taŋˊ tsue?ˇ

小寒　sio(siɤ)ˊ hanˇ
大寒　taiˇ hanˇ
天光　t'ĩˊ kŋˊ　天亮
透早　t'auˊ tsaˊ　凌晨
早起　tsaˊ k'iˊ　早晨,上午
中(當)晝　tioŋˊ(tŋˊ) tauˇ　中午
下晡　eˇ poˊ　下午
　下晝　eˇ tauˇ
　下晡時　eˇ poˊ siˇ
日時　litˇ siˇ(siˇ)　白天
日晡時　litˇ poˇ siˇ　黃昏時候
暗時　amˊ siˇ(siˇ)　晚上
　冥時　bĩ(bẽ)ˇ siˇ
冥　bĩ(bẽ)ˇ　夜里
半冥　puãˊ bĩ(bẽ)ˇ　半夜
透暗　t'auˊ amˇ　通宵
　透冥　t'auˊ bĩ(bẽ)ˇ
天下　t'ianˇ haˇ
　天骹下　t'ĩˊ k'aˊ eˇ
場所　tiũ(tiõ)ˇ soˊ
位置　uiˇ tiˇ
　所在　soˊ tsaiˇ
東　toŋˊ(taŋˊ)
西　seˊ(saiˊ)
南　lamˇ
北　pakˇ
中(當)央　tioŋˊ(tŋˊ) ŋ(<ŋ)ˊ
　半中央　puãˊ tioŋˊ ŋ(<ŋ)ˊ
　正中央　tsiãˊ tioŋˊ ŋ(<ŋ)ˊ
頭前　t'auˇ tsiŋˇ　前頭
後倒　auˇ taˊ　後向
　後壁　apˇ(<auˇ) pia?ˇ
　後尾　auˇ be(bue)ˊ
頂面　tiŋˊ binˇ　上面
邊仔面　pĩˊ aˊ binˇ　側面
下骹　eˇ k'aˊ　下面
對面　tuiˊ binˇ
外口　guaˇ k'auˊ　外邊

裏底　lai˩ tue(te)˥　裏邊
正面　tsiã˥ bin˩
正邊　tsiã˥ piŋ˥　右邊
倒邊　to(tɤ)˥ piŋ˥　左邊
四界　si˥ kue(ke)˩　到處
四籬圍仔　si˥ k'ɔ˥ ui˩ a˥　四周圍
身邊　sim˩(<sin˩) pĩ˥
隔壁　ke?˥ pia˩

附：指示代詞

這今　tsit˥ e˩　這,這個
　這今　tse˥(tse˩)(<tsit˥ e˩)
或今　hit˥ e˩　那,那個
　或今　he˥(he˩)(<hit˥ e˩)
這仔　tsit˥ a˥　這里,這些
　這仔　tsia˥(tsia˩)(<tsit˥ a˥)
或仔　hit˥ a˥　那裏,那些
　或仔　hia˥(hia˩)(<hit˥ a˥)
這所在　tsit˥ sɔ˥ tsai˩　這裏
　這帶　tsit˥ tue(te)˩
或所在　hit˥ sɔ˥ tsai˩　那裏
　或帶　hit˥ tue(te)˩
這款　tsit˥ k'uan˥　這樣
或款　hit˥ k'uan˥　那樣
這陣　tsit˥ tsun˩　這時
或陣　hit˥ tsun˩　那時
這搭　tsit˥ ta?˩　這個地方
或搭　hit˥ ta?˥　那個地方
這幫　tsit˥ paŋ˥　這次
　這滿　tsit˥ buã˥
　這番　tsit˥ huan˥
　這過　tsit˥ ke(kue)˩
　這擺　tsit˥ pai˥
或幫　hit˥ paŋ˥
　或滿　hit˥ buã˥
　或番　hit˥ huan˥
　或過　hit˥ ke(kue)˩
　或擺　hit˥ pai˥

這號　tsit˥ ho(hɤ)˥　這種
或號　hit˥ ho(hɤ)˥　那種
這位　tsit˥ ui˩
或位　hit˥ ui˩
安尼　an˩ lĩ˩　這樣
安尼生　an˩ lĩ˥ sĩ˩　這個樣

6. 飲食果品
（附：色味）

食飯　tsia˩ pŋ˩
早飯　tsa˥ pŋ˩
　早頓　tsa˥ tŋ˩
中晝飯　tioŋ˩ tau˥ pŋ˩　午飯
　中晝頓　tioŋ˩ tau˥ tŋ˩
　下晝飯　e˩ tau˥ pŋ˩
暗飯　am˥ pŋ˩　晚飯
　暗頓　am˥ tŋ˩
飲　am˥　米湯
飲糜仔　am˥ be˩ a˥　稀飯
飯　pŋ˩　乾飯
油飯　iu˩ pŋ˩　糯米飯
飯丸　pŋ˩ uan˩　飯團
飯疕　pŋ˩ p'i?˥　飯巴
潘　p'un˩　淅米水
肉　ba?˩
肉脯　ba?˥ hu˥　肉松
　肉酥　ba?˥ sɔ˩
臘腸　la?˩ ts'iaŋ˩　（臺北）
　臘煎　la?˩ tsian˩　（臺南）
卵　lŋ˩　蛋類
卵清　lŋ˩ ts'iŋ˩　蛋白
卵仁　lŋ˩ lin˩　蛋黃
糖　t'ŋ˩
白糖　pe?˩ t'ŋ˩
紅糖　aŋ˩ t'ŋ˩
烏糖　ɔ˩ t'ŋ˩
機器糖　ki˩ k'i˥ t'ŋ˩　紅砂糖

糖霜　t‘ŋ˩ sŋ˥　冰糖

麥芽膏　beʔ˩ ge˩ ko(kɤ)˥　麥芽糖

糖仔　t‘ŋ˧˥ gã˥˧(＜a˥˧)　糖果

糖含　t‘ŋ˩　kam˧˥　凡是可以含在嘴裏又帶甜味的食品

油　iu˧˥

肉油　baʔ˥˧ iu˧˥　葷油

塗豆油　t‘ɔ˩ tau˩ iu˧˥　花生油

塗豆　t‘ɔ˩ tau˧　花生

鹽　iam˧˥

豆油　tau˩ iu˧˥　醬油

豆滷　tau˩ lu˥˧　醬豆腐

醋　ts‘ɔ˩

味素　bi˩ sɔ˩　味精

芳料　p‘aŋ˧ liau˧　香料

芥辣　kai˥˧ luaʔ˥˧　芥茉

豆豉　tau˩ sĩ˧

豆枝　tau˩ ki˥　腐竹

點心　tiam˥ sim˥

淡糝　tam˩ sam˥˧　小點心，又指亂吃東西的壞習慣

餅　piã˥˧　糕餅總稱

豆奶　tau˩ liŋ˥(lĩ˥)　豆漿

豆花　tau˩ hue˥　豆腐腦

油條　iu˩ tiau˧˥

油食粿　iu˩ tsiaʔ˩ ke(kue)˥˧　油炸檜

包仔　pau˧˥ a˥˧　包子

麵頭　bĩ˩ t‘au˧˥　饅頭

麵　bĩ˧　麵粉、麵條

麵綫　bĩ˩ suã˩　綫麵

麵龜　bĩ˩ ku˥　一種龜形麵包

米龜　bi˥ ku˥

紅龜　aŋ˩ ku˥　用糯米做的糕點，一般染成紅色

扁食　pian˥ sit˥˧　餛飩

米糕　bi˥ ko(kɤ)˥　通常用米粉蒸之，上加肉末

卵糕　lŋ˩ ko(kɤ)˥　蛋糕

粿　ke(kue)˥˧　各種米製糕點的總稱

碗粿　uã˥ ke(kue)˥˧　在碗裏蒸出的粿

碗糕　uã˥ ko(kɤ)˥

麻粩　bã˩ lo(lɤ)˥˧　米粉油炸後，外面裹以糖、芝麻，吃時酥脆味香

韌餅　lun˩ piã˥˧　春捲皮

韌餅□　lun˩ piã˥ kau˧　包好的春捲

太白粉　t‘ai˥˧ peʔ˩ hun˥˧　藕粉

生瘍　sĩ(sẽ)˧ siũ(siõ)˧˥　食物變質發粘

生殕　sĩ(sẽ)˧ p‘u˥˧　食上長白毛

果子　ke(kue)˥ tsi˥˧　水果

荔枝　laĩ˩ tsi˥

龍眼　giŋ˩(＜liŋ˧˥) giŋ˥˧

鳳梨　ɔŋ˩ lai˧˥

樣仔　suĩ(suãi)˧ a˥˧　芒果

枇杷　gi˧(＜pi˥) pe˧˥

芎蕉　kiŋ˧ tsio(tsiɤ)˥　香蕉

粉蕉　hun˥ tsio(tsiɤ)˥　香蕉品種之一

巴蕉　pa˧ tsio(tsiɤ)˥　同上

文旦　bun˩ tan˩　一種柚子，全稱文旦柚，文旦是地名

桃　t‘o(t‘ɤ)˧˥　桃子

洋桃　iũ(iõ)˩ to(tɤ)˧˥　水果品種之一，味酸

紅肉李　aŋ˩ baʔ˥˧ li˥˧　李子

柳丁　liu˥ tiŋ˥　橙子

雪仔柑　seʔ˥˧ a˥ kam˥

橙　ts‘iaŋ˧˥

石榴　siaʔ˩ liu˧˥

柑仔　kam˧ bã˥˧(＜a˥˧)　柑子

膨柑　p‘ɔŋ˥˧ kam˥　福州橘子

橘仔　kiat˥˧ la˥˧(＜a˥˧)　橘子

紅柿　aŋ˩ k‘i˧　柿子

橄仔　kam˥(kan˥) bã˥˧(＜a˥˧)　橄欖

草橄仔　ts‘o(ts‘ɤ)˥　kam˥(kan˥)　bã˥˧(＜a˥˧)　用甘草和鹽醃過的橄欖

釋伽　sik˥˧ kia˥　一種熱帶水果，狀似松子，吃籽上的一層肉

鹽酸　iam˩ sŋ˥　一種果子，成串，粒小味鹹

霜　sŋ˥(臺北)　冰棍
　冰枝　piŋ˧ ki˥　（臺南）
　枝仔冰　ki˥ ɾa˥ piŋ˧　（臺南）
仙草　sian˧ tsʼɤu˥　草名。用此草在水裏擦洗，使成膠凍狀，是夏季一種飲料
□□　o(ɤ)˥ gio(giɤ)˥　一種果子。用它晒乾後在水裏擦洗，使成膠凍狀，是夏季一種飲料
熏　hun˧　煙，捲煙，香煙
熏枝　hun˧ ki˥　專指捲煙
熏吹絲　hun˧ tsʼue˧ si˥　煙絲
熏草　hun˧ tsʼɤu˥　煙草
水熏　tsui˥ hun˧　黃煙
熟熏　sik˩ hun˧　加工過的煙草，即烤煙
粗熏　tsʼɔ˧ hun˧　未加工過的煙草，又指與細煙絲相對的粗煙絲
吕宋熏　lu(li)˩ sɔŋ˩ hun˧　雪茄
大熏　tua˩ hun˧　鴉片
　烏熏　ɔ˧ hun˧
食熏　tsiaʔ˩ hun˧　抽煙
熏屎　hun˧ sai˥　煙灰
酒　tsui˥
米酒　bi˥ tsui˥
太白酒　tʼai˥ peʔ˩ tsui˥　甘薯製成的白酒
麥仔酒　beʔ˩ ɾa˥ tsui˥　啤酒
茶　te˧　茶水
茶米　te˧ bi˥　茶葉
　茶心　te˧ sim˥
水　tsui˥
滾水　kun˥ tsui˥　開水
燒水　sio(siɤ)˧ tsui˥　熱水
　水泉水　tsui˥ tsuã˧ tsui˥　泉水
冷水　liŋ˥ tsui˥
　澂水　tsʼŋ˥ tsui˥
水道水　tsui˥ tɔ˩ tsui˥　自來水

附: 色味
色　sik˩　顏色

色緻　sik˩ ti˩　色彩
花　hue˧　花色
光　kŋ˧　亮
暗　am˩
白　peʔ˩
烏　ɔ˧　黑
紅　aŋ˧
粉紅　hun˥ aŋ˧
　水紅　tsui˥ aŋ˧
烏透紅　ɔ˧ tʼau˥ aŋ˧　咖啡色
烏青　ɔ˧ tsʼĩ(tsʼẽ)˥　紫黑
紫色　tsi˥ sik˩
　茄色　kio(kiɤ)˩ sik˩
猪肝色　tu(ti)˧ kuã˧ sik˩
赤　tsʼia˥
塗水色　tʼɔ˧ tsui˥ sik˩　褚色
藍　lam˧
青藍　tsʼĩ(tsʼẽ)˧ lã˧　淺藍色
綠　lik˥
豆仁綠　tau˩ lin˧ lik˥　淡綠色
黃　ŋ˧
姜黃色　kiũ(kiõ)˧ ŋ˧ sik˩　淡黃
黃赤　ŋ˧ tsʼia˥　黃黑透赤
青　tsʼĩ(tsʼẽ)˧
暗青　am˩ tsʼĩ(tsʼẽ)˧　深青
味　bi˩
　□　hian˧
鹹　kiam˧
餲　tsiã˥　淡
餲皮□　tsiã˥ pʼi˩ pʼɤ˧　淡而無味
芳　pʼaŋ˧　香
鹹芳　kiam˧ pʼaŋ˧　鹹而有香味
臭　tsʼau˥
油　iu˧　油膩味
甜　tĩ˧
辣　luaʔ˥
薟　hiam˧　又指一種有刺激性的味道
澀　siap˥(sap˩)

麻　ba˩　又指一種異常的味道
酸　sŋ˥
鹹酸甜　kiam˩ sŋ˩ tĩ˥
惡　au˩　腐爛發臭
臭酸　ts'au˥ sŋ˥　酸臭
臭腥　ts'au˥ ts'ĩ(ẽ)˥　腥味
臭臊　ts'au˥ ts'o(ts'ɤ,ts')˥　腥臭味
臭汗酸　ts'au˥ han˩ sŋ˥　汗臭味
惡臭　au˩ ts'au˥　腐臭
臭濁　ts'au˥ tsɔ˩　極臭之味，又指一種使
　　人反感的過分裝飾

7. 動物

(1) 家畜

家畜　ka˧ t'ik˩
鷄　kue(ke)˥
　鷄翁　kue(ke)˧ aŋ˥　公鷄
　鷄母　kue(ke)˧ bu˩　母鷄
　鷄角仔　kue(ke)˧ kak˥ ga˥(<a˥)　小公
　　鷄
　鷄嫩仔　kue(ke)˧ luã˩ a˩　小母鷄
　猜鷄　ts'io(ts'iɤ)˧ kue(ke)˥　未閹的發情
　　公鷄
鷄歸　kue(ke)˧ kui˥　鷄嗉子
鷄腱　kue(ke)˧ kian˩　鷄内金
鷄過　kue(ke)˧ ke(kue)˩　鷄冠
鵝　gia˩
鴨　a˥
番鴨仔　huan˧ a˥(<a˩ a˥)　鴨子的一個
　　品種
兔　t'o˥
貓　liãu˩　家貓
狗　kau˥
羊　iũ(iɔ̃)˩
豬　tu(ti)˥
豬哥　tu(ti)˧ ko(kɤ)˥　公豬、種豬

豬母　tu(ti)˧ bo˥(bio˥)　母豬
牛　gu˩
奶牛　lĩ˥ gu˩　奶牛
水牛　sui˩ gu˩
赤牛　ts'ia˥ gu˩　黃牛
馬　be˥

(2) 獸類

狐狸　hɔ˩ li˩
狼　lɔŋ˩
猴　kau˩
鹿　lɔk˥
象　ts'iũ(ts'iɔ̃)˩
獅　sai˥
虎　hɔ˥
豹　pa˥
貓仔　ba˩ a˥　野貓
烏骹香　ɔ˥ k'a˧ hiũ(hiɔ̃)˥　一種比家貓稍
　　大的獸類，肉供食用
山豬　suã˧ tu(ti)˥　野豬
刺豬　ts'i˥ tu(ti)˥　刺蝟
鳥鼠　liãu˥ ts'u˥　老鼠
膨鼠　p'ɔŋ˥ ts'u˥　松鼠
□□　la˩ li˥　穿山甲
禽獸　k'im˩ siu˩
禽胸　k'im˩ hiŋ˥　鳥禽類的胸部肌肉

(3) 魚蝦海獸

魚　hu(hi)˩
魚鰾　hu(hi)˩ pio(piɤ)˩
魚翅　hu(hi)˩ ts'i˥
甘肚　kam˧ tɔ˥　（臺北）　魚腹
　魚肚　hi˧ tɔ˥　（臺南）
墨賊　bat˩(<bak˥) tsat˩　烏賊魚
烏魚　ɔ˧ hu(hi)˩
白帶魚　pe˥ tua˥ hu(hi)˩
黃瓜魚　ŋ˩ kue˧ hu(hi)˩　黃花魚
　黃順　ŋ˧ sun˩　（臺南）

巴郎魚　paˋ aŋˋ(< laŋˋ) hu(hi)ˋ
流魚　liuˊ hu(hi)ˋ　尤魚
鰻魚　buãˊ hu(hi)ˋ
花枝　hueˋ kiˊ　大墨斗魚
花跳魚　hueˋ t'iauˋ t'ˋ hu(hi)ˋ　彈塗魚
□鯊　t'uaˋ seˊ　比目魚
鯽仔魚　tsit(tsik)ˋ laˋ(<ɣaˊ) hu(hi)ˋ
草鰱　ts'uˊ taiˊ　草魚
鱔魚　sianˊ hu(hi)ˋ
塗蝨　t'ˋ satˊ　小鯰魚
魚溜　huˊ liuˊ　泥鰍
　塗溜　t'ˋ liuˊ
蝦仔　heˊ ɣaˊ　蝦
蝦米　heˊ biˊ　蝦小(通常指晒乾後的小蝦)
□米仔　sɔŋˊ biˊ ɣaˊ　小蝦皮
龍蝦　liŋˊ heˊ　大蝦
塍螺　ts'anˊ leˊ　田螺
鮑魚　pauˊ hu(hi)ˋ
刺參　ts'iˋ ts'amˊ ɣiˋ ts'ˋ　常見的一種海參
蚵仔　oˊ ɣaˊ
蛇　t'eˋ　水母
　海蛇　haiˊ t'eˋ
蟳　tsimˊ　大螃蟹
海蟳　haiˊ tsimˊ　海里的螃蟹
毛蟹　bɔˊ hue(he)ˊ　小螃蟹
蟶　t'anˊ
蚶仔　hamˊ bãˋ(<ɣaˋ)　蚶子
　血蚶　hui?(hue?)ˋ hamˊ
龜　kuˊ
鱉　pi?ˊ
海翁　haiˊ aŋˊ　鯨魚
□牛　kɔkˋ guˊ　河馬,有時也指犀牛
海狗　haiˊ kauˋ　海豹
海豬　haiˊ tu(ti)ˊ　海豚

(4) 鳥蛇

鳥　tsiauˋ
鴟　hio?(hi?)ˋ　老鷹

猫鴟　baˋ hio?(hi?)ˋ　猫頭鷹
　鷹仔虎　k'ch iŋˊ gãˊ(<ɣaˊ)
　暗光鳥　amˋ kɔŋˊ tsiauˋ
屑角鳥仔　ts'uˋ kakˋ tsiauˋ ɣaˊ　麻雀
　雀鳥仔　ts'ia?ˋ tsiauˋ ɣaˊ
鸚歌鳥　iŋˊ ko(kɣ)ˊ tsiauˋ　鸚鵡
雁　ganˊ
斑甲　panˊ ka?ˋ　斑鳩
粉鳥　hunˋ tsiauˋ　鴿子
白翎鷥　pe?ˋ liŋˊ siˊ　鷺鷥
烏啾　ɔˊ tsiuˊ　一種小鳥,經常停歇在牛背上
豆仔鳥　tauˊ ɣaˊ tsiauˋ　杜鵑
竹雞仔　tikˋ kue(ke)ˊ ɣaˊ　一種野生小雞
海鳥　haiˋ tsiauˋ　海鷗
翼股　sitˊ kɔˋ　鳥禽類翅膀
骰鳥　k'aˊ liãuˋ　瓜子
蛇　tsuaˊ
飯匙銃　pŋˊ siˊ ts'iŋˊ　一種頭部扁平的毒蛇
龜殼花　kuˊ k'akˋ hueˊ　一種背上有花紋的毒蛇
雨傘節　hɔˊ suãˋ tsatˊ　一種類似銀環蛇的毒蛇

(5) 其他

四骰蛇　siˋ k'aˊ tsuaˊ　蜥蜴
□仔　iaˊ ɣaˋ　蝴蝶
蟬　siamˊ
閹嬰　iamˊ bīˊ(<ĩˊ) (臺北)　蜻蜓
　水塍嬰　tsuiˋ ts'anˊ iˊ(<ĩˊ)
　塍嬰　ts'anˊ bẽˊ(<ẽˊ) (臺南)
密婆　bitˋ po(pɣ)ˊ　蝙蝠
蠓仔　baŋˊ gãˊ(<ɣaˋ)　蚊子
烏骰蠓　ɔˊ k'aˊ baŋˋ　一種黑腳的毒蚊
虼蚤　ka?ˋ(<kat?ˋ) tsauˋ　跳蚤
蝨母　sapˋ(< satˊ) buˋ　蝨子
木蝨　batˋ(< bak?ˋ) satˊ　臭蟲

胡蠅　hɔ˧ sin˥　蒼蠅
膠□仔　ka˧ tsua˩ ˥a˥　蟑螂
善翁仔　sian˥a˧ aŋ˧ gã˥(<˥a˥)　壁虎
蜘蛛　ti˧ tu˧　可拉絲結網
蟧蜞　la˩ gia˩　長脚蜘蛛,不拉絲結網
狗蟻　kau˥ hia˧　螞蟻
鵁蛉　tsiũ(tsiɔ̃)˧ tsu˩　蟾蜍
蜈蚣　gia˩ kaŋ˧
蟋蟀　sik˥ sut˩
塗猴　t'ɔ˩ kau˩　狀如蟋蟀赤色,可入藥
塗蚓　t'ɔ˩ un˩　蚯蚓
紋蟲　bun˩ t'aŋ˩　蛔蟲
屎礐仔蟲　sai˥ hak˩ ga˥(<˥a˥) t'aŋ˥　糞蛆
蜂　p'aŋ˧
蜈蜈　gɔ̃˩ k'i˥　螞蟥
塍蛤仔　ts'an˩ kap˥ ba˥(<˥a˥)　青蛙
水鶏　tsui˥ kue(ke)˧　大青蛙,可食
大頭釘　tua˩ t'au˩ tiŋ˧　蝌蚪
大頭魚　tua˩ t'au˩ hu(hi)˩
露螺　lɔ˩ le˩　蝸牛

8. 糧食蔬菜

釉　tiu˧　稻子
粟　ts'ik˩　稻谷
米　bi˥
仰光米　giɔŋ˥ kɔŋ˧ bi˥　泛指從泰国等地進口的大米
模米　tiŋ˩ bi˥　粳米
紅米　aŋ˩ bi˥　紅皮米
白米　pe˩ bi˥　白皮米,又指去糠後的米
秫米　tsut˩ bi˥　江米
糠　k'ŋ˧　米糠
粗糠　ts'ɔ˧ k'ŋ˧
幼糠　iu˥ k'ŋ˧　細糠
麥仔　be˩ ˥a˥　麥子
鶏骹黍　kue(ke)˧ k'a˧ suei˥　常見的一種

黍子品種
番麥　huan˧ be˥　高粱
番黍　huan˧ suei˥　玉米
番葛　huan˧ kua˥　涼薯
　葛藷　kua˥ tsu(tsi)˩
木藷　bɔk˩ tsu(tsi)˩
　樹藷　ts'ui˩ tsu(tsi)˩
番藷　han˧ tsu(tsi)˩　甘薯
番藷乾　han˧ tsu(tsi)˩ kuã˧　甘薯乾
番藷簽　han˧ tsu(tsi)˩ ts'iam˧　甘薯絲
芋仔　˥a˥　芋頭
竹節芋　tik˥ tsat˥ ɔ˧　常見的芋頭品種之一
狗蹄芋　kau˥ tue˩ ɔ˧　常見的芋頭品種之一
檳榔心　pin˧ lŋ˩ sim˧　檳榔芋
菜蔬　ts'ai˥ suei˧　蔬菜
豆　tau˧
烏豆　ɔ˧ tau˧　黑豆
白豆　pe˩ tau˧　黃豆
赤燒豆　ts'ia˥(<iɤ)˧ sio(siɤ)˧ tau˧　紅豆
綠豆　lik˩ tau˧
馬齒豆　be˥ k'i˧ tau˧　蠶豆
　落屎豆　lau˧ sai˧ tau˧
敏豆　bin˧ tau˧　菜豆
四季豆　si˥ kui˥ tau˧
米豆　bi˩ tau˧　豆類之一,狀如綠豆
菜豆　ts'ai˥ tau˧　豇豆
扁豆　pĩ˥ tau˧
荷蘭豆　ho(hɤ)˩ lin˧(<lan˩) tau˧　豌豆
皇帝豆　hɔŋ˩ tei˥ tau˧　豆類之一,豆粒很大,故名
臭柿仔　ts'au˥ k'i˧ ˥a˥　(臺北)西紅柿
　甘仔蜜　kam˧ bã˥(<a˥) bit˥　(臺南)
葱頭　ts'aŋ˧ t'au˩　洋葱頭
葱仔　ts'aŋ˧ gã˥(<˥a˥)　小葱
大頭葱　tua˩ t'au˩ ts'aŋ˧　葱名,頭尤大,故名

蒜仔　suan˥ lã˥(<ㄚ˥)　蒜
姜　kiũ(kiõ)
㧟姜　tsí˥ kiũ(kiõ)˥　嫩姜
姜母　kiũ(kiõ)˧ bu˥　老姜
番仔姜　huan˧ lã˥(<ㄚ˥) kiũ(kiõ)˥　辣椒
薟椒　hiam˧ tsio(tsiɤ)˥
白菜　peʔ˥ tsʰai˧
土白菜　tʰɔ˥ peʔ˥ tsʰai˧　小白菜
菠稜(仔)菜　pe˧ liŋ˥(á˥) tsʰai˧　菠菜
窩仔菜　e˥ á˥ tsʰai˧　窩苣葉
窩仔菜心　e˥ á˥ tsʰai˥ sim˥　窩苣
高麗菜　ko(kɤ)˧ le˥ tsʰai˧　捲心菜
芹菜　kʰun(kʰin)˧ tsʰai˧
蕹菜　iŋ˧ tsʰai˧　空心菜
芫荽　ian˥ sui˥　香菜
菜花　tsʰai˥ hue˥　花菜
莧菜　hiŋ˥ tsʰai˧
韭菜　ku˥ tsʰai˧
芥菜　kua˥ tsʰai˧
菜頭　tsʰai˥ tʰau˥　蘿蔔
紅菜頭　aŋ˥ tsʰai˥ tʰau˥　胡蘿蔔
　　紅蘿蔔　aŋ˥ lɔ˥ tak˥
刺瓜　tsʰi˥ kue˥　黃瓜
冬瓜　taŋ˧ kue˥
金瓜　kim˧ kue˥　南瓜
菜瓜　tsʰai˥ kue˥　絲瓜
苦瓜　kʰɔ˥ kue˥
醃瓜　am˧ kue˥　狀如黃瓜,但無刺
茄　kio˥　(臺北)茄子
　　紅皮菜　aŋ˥ pʰue˥ tsʰai˧　(臺南)
骹白筍　kʰa˧ peʔ˥ sun˥　茭白
豆菜　tau˥ tsʰai˧　豆芽(菜)
筍　sun˥
烏筍　ɔ˧ sun˥　用煙熏黑的筍
棉花　bĩ˥ hue˥
蓮藕　lian˥ gãu˥　(臺北)藕
　　藕節　gãu˥ tsat˥　(臺南)
向日葵　hiɔŋ˥ lit˥ kui˥

杜箆　tɔ˥ pi˥　箆麻

9. 林木花草

樹　tsʰiu˧
樹林　tsʰiu˧ lã˥
藤　tin˥
柴火　tsʰa˥ he(hue)˥
柴草　tsʰa˥ tsʰau˥
雜柴　tsap˥ tsʰa˥　雜木
楻柴　tiŋ˥ tsʰa˥　硬木
冇柴　pʰã˥ tsʰa˥　不硬的木柴
橡膠樹　tsʰiu˧(tsʰiõ)˥ ka˧ tsʰiu˧
咖啡樹　ka˧ pi˥ tsʰiu˧
榕樹　tsiŋ˥ tsʰiu˧
松　tsʰiŋ˥　松柴
馬尾松　be˥ be(bue)˥ tsʰiŋ˥
杉　sam˥　杉樹
楓仔樹　pŋ˧ gã˥(<ㄚ˥) tsʰiu˧　楓樹
樟樹　tsiũ(tsiõ)˧ tsʰiu˧
油桐　iu˥ taŋ˥　桐樹
油加厘　iu˥ ka˧ li˥　桉樹
桑栽仔樹　sŋ˧ tsai˥ á˥ tsʰiu˧　桑樹
大丁黃　tai˥ tiŋ˥ hŋ˥　一種硬木,常用其
　　枝杈做拐杖
破□籽樹　pʰua˥ pɔ˥ tsi˥ tsʰiu˧　其樹子呈
　　圓形,可食
烏心石　ɔ˧ sim˧ tsioʔ(tsiɤʔ)˥　一種硬木,
　　常用以製造家具
柳樹　liu˥ tsʰiu˧
楊柳　iũ(iõ)˥ liu˥(liu˥)
水柳　tsui˥ liu˥(liu˥)
竹　tik˧
桂竹　kui˥ tik˧
孟宗竹　biŋ˥ tsɔŋ˧ tik˧
麻竹　bua˥ tik˧
綠竹　lik˥ tik˧
觀音竹　kuan˧ im˧ tik˧

長枝仔竹　tŋˊ kiˊ aˋ tik˩

花　hueˉ

黃梔　ŋˊ kĩˉ　黃梔花

含笑花　hamˊ ˋts'io(tsˋ)ˋ hueˉ

牡丹花　boˊ tanˉ hueˉ

水仙花　tsuiˋ sianˉ hueˉ

桂花　kuiˋ hueˉ

梅花　buĩ(buē)˩ hueˉ

蘭花　lan˩ hueˉ

菊花　kiokˋ hueˉ

櫻花　iŋˉ hueˉ

鼓吹花　koˋ tsˋue˩ hueˉ　牽牛花

仙人球　sianˉ lin˩ kiu˩

指甲花　tsiŋˋ kaʔˋ hueˉ　用來涂擦指甲，
　　使紅

草　ˋts'uˋ

林投　lã˩ tau˩　龍舌蘭

香茅　hiaŋˉ hm˩　草名,可用來提煉香油料

芙蓉　p'˩ gioŋˉ　草名,可用來製造香料

水燭　tsuiˋ tsik˩　長在水里,狀似燭,故名

草疏　tsˋuˋ sue˩　一種雜草常放在魚缸裏

臭腥草　ts'auˋ ˋts'o(tsˋ)ˋ ˋuˋ　這種草有
　　腥臭味,用來做掃帚,還可入藥

蠓仔草　baŋˉ gãˉ(<ˉaˉ) ˋts'uˋ　這種草可
　　用來燒煙熏蚊子

菁仔　tsˋĩˉ aˋ　這種草可用來做染料

菅仔　kuãˉ aˋ　這種草可用來蓋房頂

刺莧　tsˋiˋ hiŋˉ　一種雜草

牛□鬃　guˋ tunˋ tsaŋˉ　同上

猪母奶　tu(ti)ˉ buˉ(bˋ) lĩˋ　馬齒莧

刺瓊　tsˋiˋ k'iŋˉ　一種糖草,其花果狀如西
　　紅柿

姑婆芋　koˉ poˊ(pˋ) oˉ　一種雜草,狀如
　　芋葉

木筆　bokˋ pit˩　雜草,葉似韭菜

<hr />

10. 房屋

樓　lau˩　大樓房

樓仔　lauˊ aˋ　小樓房

樓仔厝　lauˊ aˋ ts'uˋ　平房加樓房的建築

樓頂　lauˊ tiŋˋ　樓上

樓骹　iauˊ k'aˉ　樓下

亭仔骹　tiŋˊ gãˉ(<ˉaˉ) k'aˉ　南方市鎮街
　　道兩旁的人行道

樓梯　lauˊ t'uiˉ

蹓籠　liu˩ loŋˉ　空中纜車

升降機　siŋˉ kaŋˋ kiˉ　電梯

厝宅　ts'uˋ t'eʔˋ　住宅

厝　ts'uˋ　房子(指平房)

草寮仔　ts'auˋ liauˊ aˋ　草房

　草厝　ts'auˋ ts'uˋ

膽寮　ts'anˋ liau˩　田間草房

厝頂　ts'uˋ tiŋˋ　房頂

　厝尾頂　ts'uˋ be(bue)ˉ tiŋˋ

塗骹　t'oˋ k'aˉ　地板,地面

門戶　bŋˊ hˋ　泛指房子裏外

房間　paŋˊ kiŋˉ

徛頭　kiaˊ t'au˩　廂房附屬的建築物

門　bŋˊ

窗　t'aŋˉ

屎壑仔　saiˉ hakˋ aˋ　厠所

古井　koˋ tsĩˋ(tsēˋ)　水井

深井　ts'imˉ tsĩˋ(tsēˋ)　城鎮住房後面之庭
　　院

庭　tiãˊ　庭院

戶墊　hoˋ tiŋˋ　門檻

門□　bŋˊ k'iaʔˋ　門框左右兩側

簾簷　lĩˊ tsĩˊ　房簷

厝瓦　ts'uˋ hiaˉ　房瓦

枋　paŋˉ　單塊的木板

板　paŋˋ　拼合起來的木板

杉板　samˉ paŋˋ

竹板　tikˇ panˋ

柴板　ts'aˇ panˋ　用雜木板拼合成的板

枋堵　paŋ˧ tɔˋ　木板牆

梌仔　kakˇ gaˇ(<ˇaˇ)　橡木

門扇板　bŋ˧ sĩ˧ panˋ　門板

天棚　t'ian˧ pɔŋ˧　天花板

　天牢板　t'ian˧ lo(lˇ)˧nai˧ panˋ

11. 醫療衛生

(1) 醫療

健康　k'ian˩ k'ɔŋ˥

破病　p'uaˋ pĩ(pẽ)˧　生病

　着病　tioʔ(tiˇʔ)˩ pĩ(pẽ)˧

病院　pĩ(pẽ)˩ ĩ˧　大醫院

醫生館　i˧ siŋ˧ kuanˋ　小醫院診療所，門
　　診部

病房　pĩ(pẽ)˩ paŋ˧

駐院　tua˥ ĩ˧　住院

先生　sin˧ sĩ(sẽ)˥　醫生

西醫　se˧ i˧

漢醫　han˥ i˧　中醫

先生娘　sin˧ sĩ(sẽ)˧ liũ(liɔ̃)˧　女醫生，有時
　　也指男醫生的愛人

掛號　kuaˋ ho(hˇ)˥

摸脈　bɔʔ˧ bẽ˥

注射　tsuˋ sia˧

照電光　tsio(tsiˇ)ˋ tian˩ kɔŋ˧　照 x 光

掠龍　liaʔ˩ liŋ˧　按摩

開刀　k'ui˧ to(tˇ)˥

手術　ts'uiˋ sutˋ

驗血　giam˩ huiʔ(hueʔ)˩

種珠　tsiŋˋ tsu˧　種痘

面色　bin˩ sik˩　臉色

消化　siau˧ hua˩

睏眠　k'unˋ bin˧　睡眠

(2) 藥品

藥片　ioʔ(iˇʔ)˩ p'ĩˋ

藥丸　ioʔ(iˇʔ)˩ uan˧

藥水　ioʔ(iˇʔ)˩ tsuiˋ

藥膏　ioʔ(iˇʔ)˩ ko(kˇ)˥

藥方　ioʔ(iˇʔ)˩ hŋ˧

漢藥　han˩ ioʔ(iˇʔ)ˇ　中草藥

西藥　se˧ ioʔ(iˇʔ)ˇ

甘草　kam˧ ts'o(tsˇ)ˇ

當歸　tɔŋ˧ kui˧

川芎　ts'uan˧ kiɔŋ˧

白術　peˇ˩ tsutˋ

紅花　aŋ˧ hue˧

黃連　ŋ˧ lian˧

人參　lin˧ sim˧(sam˧)

天麻　t'ian˧ buã˧

麻黃　buã˧ ŋ˧

生地　siŋ˧ tue(te)˧

熟地　sik˩ tue(te)˧

沉香　tim˧ hiũ(hiɔ̃)˥

麝香　sia˩ hiũ(hiɔ̃)˥

鹿茸　lɔk˩ liɔŋ˧

蓮子　lian˧ tsiˋ

砒霜　p'i˧ sŋ˥

黨參　tɔŋˋ sim˧

川貝　ts'uan˧ pue˧

靈芝　liŋ˧ tsi˧

川七　ts'uan˧ ts'itˋ

藥包　ioʔ(iˇʔ)˩ pau˧

藥□仔　ioʔ(iˇʔ)˩ k'ˇaˇ˥　藥箱

藥鼓　ioʔ(iˇʔ)˩ kɔˋ　藥壺

藥□仔　ioʔ(iˇʔ)˩ lɔkˋ ˇaˇ　藥袋子

藥矸仔　ioʔ(iˇʔ)˩ kan˧ ˇaˇ　藥瓶子

絁瘡膏　pŋ˧ ts'ŋ˧ ko (kˇ)˥　橡皮膏

(3) 疾病

裏科　laiˋ kʻeˊ　内科

外科　guaˋ kʻeˊ

熱着　luaʔˋ tioʔ(tiˇʔ)ㄐ　熱傷風

寒着　kuãˇ tioʔ(tiˇʔ)ㄐ　感冒,受寒,着涼

□心　iaʔˋ simˇ　惡心欲吐

□嗽　kʻamˋ sauˋ　一般性的咳嗽

□□嗽　kʻuʔˋ kʻuʔˋ sauˋ　有病時的咳嗽

連珠嗽　lianˋ tsuㄥ sauˋ　百日咳

頭殼眩眩　tʻakㄑ(<tʻauˋ) kʻakㄥ hinㄥ hinㄐ
　　頭暈

頭殼重重　tʻakㄑ(<tʻauˋ) kʻakㄥ taŋㄥ taŋㄐ
　　頭沉

火大　he(hue)ˋ tuaㄐ　上火

爆　so(xˋ)ㄥ

發炎　huatˋ iamㄐ

發癀　huatˋ hŋㄐ　外傷發炎

腦膜炎　lõˋ bõˋ iamㄐ

關節炎　kuanㄥ tsatˋ iamㄐ

盲腸炎　bõㄥ tŋㄥ iamㄐ

腸仔炎　tŋㄥ gãㄱ(<aˋ) iamㄐ　腸炎

肺炎　hiˋ iamㄐ

肺癆　hiˋ lo(lxˋ)ㄥ　癆病

肝炎　kuãㄐ iamㄐ

着寒熱　tioʔ(tiˇʔ)ㄥ kuãㄥ liatˋㄥ　瘧疾

寒熱仔　kuãㄥ liatㄥ aˋ

擺仔症　paiㄥ rãㄐ tsiŋㄐ

心臟病　simㄐ tsŋㄥ pĩ(pẽ)ㄐ

腰子病　io(iˋ)ㄐ tsiㄥ pĩ(pẽ)ㄐ　腎臟炎

勾筋　kiuㄐ kun(kin)ㄱ　抽筋

腹肚痛　patˋ(< pakㄥ) rㄑ tʻiãㄥ　肚子疼

疜　kaˋ　腹中急痛

心氣痛　simㄐ kʻiuˋ tʻiãˋ　胃病

痕病　heㄐ kuㄱ　氣喘咳嗽

貧血　pinㄐ hiatㄥ

中毒　tioㄱㄥ tɔkˋ

落吐症　lauㄥ tʻɔˋ tsiŋㄐ　霍亂

落吐瀉　lauㄐ tʻɔˋ siaㄐ

癲癇症　tʻaiㄐ ko(kx)ㄐ tsiŋㄐ　麻瘋

鳥鼠仔症　liãㄐ rãㄥ tsuㄐ tsiŋㄐ　鼠疫

夢遊症　bɔŋㄐ iuㄥ tsiŋㄐ　夜遊症

癌　gamㄐ

起瘤仔　kʻiˋㄱ tsʻinㄥ lãˋ(<aㄥ)　蕁麻症

　起瘤冒　kʻiˋㄱ tsʻinㄥ bõㄐ

放　haŋㄐ　發炎腫大

顢　hamㄐ　浮腫

下消　haㄐ siauㄐ　一種膀胱無力,多尿的病

近視　kun(kin)ㄥ siㄐ

老儂目　lauㄥ laŋㄥ bakˋ　老花眼

矇霧　buㄥ buㄐ　花眼

臭耳空　tsʻauㄥ hiㄥ kʻaŋㄐ　中耳炎

喙齒痛　tsʻuiˋ kʻiˋ tʻiãˋ　牙痛

鳥骹病　tsiɔㄐ kʻaㄐ pĩ(pẽ)ㄐ　流行在臺灣的一
　　種脚病

猪頭ㄐ　tu(ti)ㄐ tʻauㄥ piŋㄥ　腮腺炎

　水骨病　tsuiㄱ kutˋ pĩ(pẽ)ㄐ

鷄母皮　kue(ke)ㄐ buㄥ pʻe(pʻue)ㄐ　鷄皮疙
　　瘩

敞毛管　tsʻaŋㄥ bŋㄥ kŋㄥ　毛細管敞開

痔瘡　tiㄐ tsʻŋㄥ

痱仔　puiㄐ aˋ　痱子

胡繩屎　hɔㄥ sinㄥ saiˋ　雀斑

酥腰　sɔㄐ io(iˋ)ㄐ　脊背彎曲直不起來的意
　　思

破相　pʻuaˋ siũ(siõ)ㄥ　殘廢

變遂　pianㄥ suiㄐ　癱瘓

臭頭　tsʻauㄥ tʻauˋ　癩痢頭

擴頭　kʻɔkˋ tʻauㄥ　腦門異常突出

擺骹　pãiㄐ kʻaㄐ　跛脚

□鼻今　bõˋ pʻĩㄥ eㄥ　塌鼻子

瘸手　kʻue(kʻe)ㄥ tsʻuiㄥ　壞胳膊

臭耳聾　tsʻauㄥ hiㄥ laŋㄐ　耳聾

□窗　tʻuaʔˋ tʻaŋㄥ　斜眼病

青盲　tsʻĩㄐ(tsʻẽ)ㄐ bĩㄥ　眼瞎

□目　tʻɔˋ bakˋ　眼球突出

啞口　eˉ kauˋ　啞巴
猫面　liãuˊ binˉ　麻臉
空兮　k'ɔŋˋ eˉ　白痴
羊眩　iũ(iõ)ˋ hinˊ　羊癲瘋
瘋痀　unˉ kuˊ　駝背
　摳痀　k'iauˉ kuˊ
缺嘴　k'iʔˋ ts'uiˊ　嘴唇缺口
大舌口　tuaˋ tsiʔˋ kauˋ　口吃
　大舌　tuaˋ tsiʔˋ
庀斗　hɔˋ tauˋ　下巴前翹
着青驚　tioʔˊ ts'ĩ(ts'ẽ)ˉ kiãˉ　受驚
出□　ts'utˋ p'iaʔˋ　小孩出的疹子
伏膿　puˉ laŋˊ　化膿
愞　t'iamˉ　指病情很重

(4) 衛生

衛生　ueˉ siŋˊ
愛有衛生　aiˋ uˉ ueˉ siŋˊ　講衛生
大摒掃　tuaˋ piãˋ sauˉ　大掃除
清氣　ts'iŋˉ k'iˋ　乾淨
濫懶　lamˊ luãˉ　肮髒,不講衛生
　兒　hiɔŋˊ　（臺北）
　驚儂　kiãˉ laŋˊ　（臺南）
糞掃　punˋ so(sɤ)ˋ　垃圾

12. 交際、應酬
(附：疑問代詞)

名誌　biãˉ tsiˉ　名片
熟似儂　sikˉ saiˋ laŋˊ　熟人
生份儂　sĩ(sẽ)ˉ hunˉ laŋˊ　生人
相借問　sio(siɤ)ˉ tsioʔ(tsiɤʔ)ˋ bŋˉ
豪早　gauˉ tsaˋ　您早
食飽獪　tsiaˊ paˋ bueʔ(beʔ)ˋ　吃過飯嗎
行踏　kiãˉ taʔˋ　常到某個地方走動
往來　iɔŋˋ laiˉ
看儂　k'uãˉ laŋˊ　訪問，在回答別人問話時使用

交陪　kauˉ pueˊ　交際,交朋友
應酬　iŋˋ siuˉ
　陪對　pueˉ tuiˋ
厚禮數　kauˋ leˋ sɔˋ　多禮
禮貌　leˋ bãuˉ
失禮　sitˋ leˋ
費心　huiˋ simˉ
　費氣　huiˋ k'iˋ
感謝　kamˋ siaˉ
　勞力　lo(lɤ)ˋ latˉ
　多謝　to(tɤ)ˉ siaˉ
麻煩　bãˉ huanˊ
打攪　tãˉ kiauˋ
　攪吵　kaˋ ts'aˋ
擱再來　koʔ(kɤʔ)ˋ tsatˋ(<tsaiˋ) laiˉ　請再來
擱來坐　koʔ(kɤʔ)ˋ laiˉ tseˉ
慢行　banˉ kiãˉ　請慢走
　寬行　k'uãˉ kiãˉ
免送　bianˋ saŋˉ　請止步別再送，客人對主人說的話
無送　bo(bɤ)ˉ saŋˉ　不送了,主人對客人說的
鬧熱　lãuˉ liatˊ　熱鬧
□燒　k'ueʔˋ sio(siɤ)ˉ　湊熱鬧
做伙　tso(tsɤ)ˋ he(hue)ˋ　做伴
　做陣　tsueˋ tinˉ
叁合　sãˉ kapˉ　合伙
開講　k'aiˉ kaŋˋ　聊天
話仙　ueˉ sianˉ　喜歡聊天的人
款待　k'uanˋ t'aiˉ
慢待　banˉ t'aiˉ　怠慢
無帶請　bo(bɤ)ˉ tɤˋ ts'iãˋ　比喻難得的客人
　大儂客　tuaˋ laŋˋ k'eʔˋ
　疕請　p'iˋ ts'iãˋ
　稀客　hiˉ k'eʔˋ
請桌　ts'iãˋ toʔ(tɤʔ)ˋ　請酒宴

豁拳　huaʔˋ kunˊ	去□　kʻiˋ to(tㄜ)ˊ
鬧桌　lãu˪ toʔ(tㄜʔ)ㄴ	有無　uˊ bo(ㄅㄜ)˪　有没有
用菜　iŋˋ tsʻai˪	若　luaʔˋ　多少
用酒　iŋˋ tsiuˋ	

左欄續:

啉與焦　lim˪ ㄥ˪ ta˥　乾杯

怀通見怪　mˊ tʻaŋˊ kianˋ kuai˪　別見怪

無甚貨　bo(ㄅㄜ)˪ siamˇ he(hue)˪　没什麼
東西

無好菜　bo(ㄅㄜ)˪ ho(ㄏㄜ)˪ tsʻai˪

亂使食　luan˪ su(tsuˋ) tsiaʔˋ　隨便吃點

小可意思　sio(siㄛ)˥ kʻaiˋ iˊ suˋ　小意思

怀免客氣　mˊ bianˇ kʻeʔˋ kʻi˪　別客氣

　免細膩　bianˇ sue(se)ˋ li˪

無細膩　bo(ㄅㄜ)˪ sue(se)ˋ li˪　不客氣

清清彩彩　tsʻiŋˇ tsʻiŋˇ tsʻaiˋ tsʻaiˋ　隨隨
便便

附: 疑問代詞

敢會　kamˇ ue˪　會嗎?能嗎?

敢怀　kamˇ mˊ　敢不敢

怎樣　tsãiˇ iũ(iㄛ)˪

阿怎樣　anˊ(<aˊ) tsãˇ(tsuãˇ) iũ(iㄛ)˪　怎
麼樣

阿怎　anˊ(<aˊ) tsuãˋ　怎樣

　阿那　anˊ(<aˊ) lãˋ

是誰　tsi˪ tsui˪

□　to(tㄜ)˪　什麼(地方)

□位　to(tㄜ)ˋ uiˊ　什麼地方

□落　to(tㄜ)ˋ loʔ(ㄌㄜʔ)ˋ

甚麼　siamˇ beˋ

　啥物　siãˇ bĩˋ

甚麼款　siamˇ beˊ kʻuanˋ　什麼樣

　啥款　siãˇ kʻuanˋ

甚麼事　siamˇ beˊ tai˪　什麼事情

　啥事　siãˇ tai˪

□一　to(tㄜ)ˊ tsitˋ　哪個

啥儂　siãˇ laŋˊ　什麼人

□去　to(tㄜ)ˊ kʻi˪　哪兒去

13.　婚喪

婚姻　hun˪ inˊ

婚事　hun˪ su˪

娶母　tsʻuaˋ ㄅㄜˋ　娶妻

嫁翁　keˋ ㄤˊ　嫁出

看親情　kʻuãˋ tsʻin˪ tsiã˪　相親

講情　kㄛŋˋ tsiã˪　說親

做親情　tsueˋ tsʻin˪ tsiã˪　做親家;説媒

訂婚　tiŋ˪ hunˊ

　插簪　tsʻaʔˋ tsamˇ

　定情　tiŋˋ tsiã˪

　做情　tsueˋ tsiã˪

送定　saŋˋ tiã˪　送聘禮

願聘　uanˋ pʻiŋˋ　男方應女方要求送聘禮

喜餅　hiˋ piãˋ　男方送女方的定婚禮餅

送餅　saŋˋ piãˋ　女方送男方的定婚禮餅

彩禮　tsʻaiˋ leˋ

嫁妝　keˋ tsㄥˊ

娶嫁　tsʻuaˋ ke˪　娶親

結婚　kiatˋ hunˊ

好日子　ho(ㄏㄜ)˪ litˋ tsiˋ　結婚日

新郎　sin˪ lㄛŋˊ

团婿　kiãˇ saiˋ　女婿

新娘　sin˪ liũ(liㄛ)˪

新婦　sim˪(<sinˊ) pu˪　媳

寡婦　kuaˋ hu˪

守寡　tsiu˪ kuaˋ

介紹人　kaiˋ siauˋ linˊ

媒儂　hm˪ laŋˊ　媒人

媒儂婆　hm˪ laŋˊ po(pㄜ)ˋ　媒婆

翁母　aŋ˪ ㄅㄜˋ　夫妻

牽手　kʻan˪ tsʻiuˋ　夫婦互稱對方

頭對　tauˊ tui˪　配偶

揀做堆　sak˥ tsue˥ tui˦　使童養媳和男孩結婚

翁　aŋ˦　妻子對丈夫的稱呼

招翁　tsio(tsiɤ)˦ aŋ˦　女方稱入贅的男人

大夫儂　ta˩(tsa˩) pɔ˦ laŋ˦　男人，有時也指丈夫

　厝外儂　ts'u˥ gua˩ laŋ˦

　先生　sian˦ sĩ(sē)˦

母　bɔ˦　丈夫對妻子的稱呼

查母儂　tsa˩(ta˩) bɔ˦ laŋ˦　女人，有時也指妻子

　厝裏儂　ts'u˥ lai˩ laŋ˦

　家後　ke˦ au˩

　柴钯　ts'a˩ pe˩　賤稱

後宿　au˩ siu˦　後妻

細姨　sue(se)˥ i˦　小老婆

病囝　pī(pē)˩ kiã˦　懷孕

　病囝仔　pī(pē)˩ giŋ˩ ɤ˦

落胎　lau˩ t'e˦　流産

拍胎　p'a?˥ t'e˦　打胎

轉臍　tŋ˩ tsai˦　剪斷臍帶

做月裏　tso(tsɤ)˥ ge?(gue?)˩ lai˩　坐月子

白事　pe?˩ su˩

死　si˦

　過世　ke(kue)˥ si˩　含敬意

　過身　ke(kue)˥ sin˦　同上

　行去　kiã˦ k'i˩　諱稱

　翹倒　k'iau˩ to(tɤ)˥　含貶意

　翹去　k'iau˩ k'i˩　同上

放白帖　paŋ˥ pe?˩ t'iap˥　報喪

火葬　he(hue)˦ tsoŋ˥

骨頭灰　kut˥ t'au˩ hui˦

出殯　ts'ut˥ pin˥

　出山　ts'ut˥ suã˦

墓　boŋ˩

　墓孔　boŋ˩ k'aŋ˥

陰地　im˦ tue(te)˩　墳地

墓仔埔　boŋ˩ a˦ pɔ˦　泛指埋葬死人的地

方
塚仔埔　tioŋ˦ a˦ pɔ˦

壽枋　siu˩ paŋ˦　棺木

　壽木　siu˩ bɔk˩

壽材　siu˩ tsai˦

　壽板　siu˩ pan˦

棺柴　kuã˦ ts'a˦

帶孝　tua˥ ha˩

　穿孝　ts'iŋ˥ ha˩

麻衫　buã˩ sã˦　子女送殯時所穿麻布孝衣

割鬮　kua?˥ k'au˦　人死後，子女撕斷白布條，各執一份，以為風俗

做旬　tsue(tsɤ)˥ sun˦　人死後，子女每七天對神位供拜一次為一旬，共做七旬

做三年　tsue˥ sã˦ lĩ˦　人死後，子女每三年對神位供奉一次，以示紀念

14. 職業

頭路　t'au˩ lɔ˩　職業

經紀　kiŋ˦ ki˦　行業、職業

手路　ts'iu˦ lɔ˩　手藝

倩个　ts'iã˥ e˩　受顧的手藝人

工員　kaŋ˦ uan˦　工人

拍鐵个　p'a?˥ t'i?˥ e˩　鐵匠

拍石个　p'a?˥ tsio?(tsiɤ?)˥ e˩　石匠

做木个　tso(tsɤ)˥ bak˩ e˩　木匠

　木師　bak˩ sai˦

塗水師　t'ɔ˩ tsui˦ sai˦　泥瓦匠

　做塗个　tso(tsɤ)˥ t'ɔ˩ e˩

做塍个　tso(tsɤ)˥ ts'an˩ e˩　種田人

討海个　t'o(t'ɤ)˦ hai˦ e˩　漁民

拍獵个　p'a?˥ la?˩ e˩　獵人

裁縫　ts'ai˦ hoŋ˩　縫紉工人

煮食師　tsu˦ tsia?˩ sai˦　厨師

　總舖　tsoŋ˦ p'ɔ˩

推渡伯仔　t'ue(t'e)˦ tɔ˩ pe?˥ a˦　船夫

店員　tiam˥ uan˦

走桌兮　tsauㄱ toʔ(tɤʔ) ㄐeㄑ　飯館服務員

先生　sinㄐ sĩ(sē)ㄏ

工程師　kaŋㄐ tiŋㄌ suㄧ

律師　lutㄥ suㄧ

技術員　kiㄐ sutㄥ uanㄑ

演員　ianㄥ uanㄑ

公教人員　kɔŋㄏ kauㄧ linㄥ uanㄑ　職員

公務人員　kɔŋㄏ buㄥ linㄥ uanㄑ

王禄仔　ɔŋㄌ lɔkㄑ kɤʔ(< ㄚㄱ)　走江湖打拳
　　賣膏藥的人

十一哥　tsapㄥ itㄑ ko(kɤ)ㄏ　單身漢
　　羅漢骹　lo(lɤ)ㄌ hanㄑ k'aㄏ

趁食查母　t'anㄥ tsiaʔㄥ tsapㄥ (<tsaㄧ) ㄇɔㄑ
　　妓女

算命兮　sŋㄧ biãㄐ eㄑ

和尚　he(hue)ㄌ siũ(siõ)ㄐ

道士　to(tɤ)ㄌ suㄐ

師公　saiㄐ kɔŋㄏ　做道場的道士

尼姑　liㄥ kɔㄏ

紅姨　aŋㄥ iㄑ　女巫

15. 商業

商業　siɔŋㄏ giapㄍ

營業　iŋㄌ giapㄍ

做生理　tso(tsɤ)ㄧ siŋㄏ liㄧ　泛指商業活動

趁食生理　t'anㄧ tsiaʔㄥ siŋㄏ liㄧ　小本生意

拚生理　piãㄧ siŋㄏ liㄧ　商業上的競爭

生理儂　siŋㄏ liㄐ laŋㄑ　泛指進行商業活動
　　的人

趁食儂　t'anㄧ tsiaʔㄥ laŋㄑ　泛指經營小本
　　生意的人

薪伙　sinㄏ he(hue)ㄍ　營業員

儂客　laŋㄑ k'eʔㄥ　顧客,也泛指一般的客人

百貨公司　paʔㄍ he(hue)ㄍ kɔŋㄏ siㄏ

商場　siɔŋㄏ tiũ(tiõ)ㄐ

店牌　tiamㄧ paiㄧ　店號

商店　siɔŋㄏ tiamㄌ

店裏　tiamㄧ laiㄐ

店头　tiamㄧ t'auㄧ　商店的營業部分

店面　tiamㄧ binㄐ　商店的外貌

賊仔市　ts'atㄥ laㄱ(<aㄱ) ts'iㄐ　舊貨市場

菜市仔　ts'aiㄧ ts'iㄧ aㄑ　菜市場

銀行　gun(gin)ㄌ haŋㄑ

錢庄　tsĩㄌ tsŋㄏ

錢票　tsĩㄌ p'io(p'iɤ)ㄧ　支票

紙票　tsuaㄧ p'io(p'iɤ)ㄧ　紙幣
　　銀票　gun(gin)ㄌ p'io(p'iɤ)ㄧ

日子利　litㄥ tsuㄧ laiㄐ　高利貸

旅館　lu(li)ㄧ kuanㄑ

機車行　kiㄐ ts'iaㄐ haŋㄑ　摩托車商店

電器行　tianㄌ k'iㄧ haŋㄑ

曲盤店　k'ikㄍ puãㄑ tiamㄌ　專營唱片的商
　　店

曲盤　k'ikㄍ puãㄑ　留聲機唱片

繡補店　siuㄧ pɔㄑ tiamㄌ

膨紗店　p'ɔŋㄧ seㄧ tiamㄌ　專營毛線的商店

裏衫店　laiㄐ sãㄏ tiamㄌ

百貨店　paʔㄍ he(hue)ㄍ tiamㄌ

服裝店　hɔkㄥ tsɔŋㄏ tiamㄌ　指大的成衣商
　　店

裁縫店　ts'aiㄌ hɔŋㄌ tiamㄌ　縫紉商店,也
　　出售服裝

　做衫仔店　tso(tsɤ)ㄧ sãㄏ aㄑ tiamㄌ

洗衫仔店　sue(se)ㄧ sãㄏ aㄑ tiamㄌ

布莊　pɔㄧ tsŋㄏ
　　布行　pɔㄧ haŋㄑ

布尾　pɔㄧ be(bue)ㄧ　零頭布

綢仔店　tiuㄌ aㄑ tiamㄌ　綢緞商店

玻璃店　po(pɤ)ㄏ leㄌ tiamㄌ

瓷仔店　huiㄐ aㄑ tiamㄌ　瓷器店

委託行　uiㄧ t'ɔkㄍ haŋㄑ

計程車行　keㄧ tiŋㄌ ts'iaㄏ haŋㄑ　出租汽車
　　站

書局　tsuㄏ kiɔkㄍ　書店
　　册局　ts'eʔㄥ kiɔkㄍ

册店　ts'eʔ˥ tiam˩

藥店　ioʔ(iɤʔ)˩ tiam˩

家俱店　ka˥ ku˩ tiam˩

家私店　ke˥ si˥ tiam˩

竹仔店　tik˥ ga˥(<aˠ) tiam˩　專營竹器的商店

□仔店　kam˥ bãʔ˥(<aˠ) tiam˩　專營厨房用具和副食品的商店

餜仔店　ke(kue)˥ aˠ tiam˩　以賣臺式年糕爲主的食品店

龜餜店　ku˥ ke(kue)˥ tiam˩

麵店　bĩ˩ tiam˩　麵食館

果子店　ke(kue)˥ tsi˥ tiam˩　水果店

點心店　tiam˥ sim˥ tiam˩　糕點鋪

麵包店　bĩ˩ pau˥ tiam˩

冰果店　piŋ˥ ko(kɤ)˥ tiam˩　冷飲店

剃頭店　t'i˥ t'au˩ tiam˩　理髮店

翕相館　hip˥ sioŋ˩ kuan˩　照像館

浴間　ik˩ kiŋ˥　澡堂

香店　hiũ(hiõ)˥ tiam˩　專營香、燭商店

土産店　t'o˥ san˥ tiam˩

迭迌物仔店　ts'it˥ t'o(t'ɤ)˩ bĩʔ˥ aˠ tiam˩　玩具商店

栈間　tsan˩ kiŋ˥　倉庫

栈房　tsan˩ paŋ˥

貨　he(hue)˩

高級貨　ko(kɤ)˥ kip˥ he(hue)˩　精貴商品

幼貨　iu˩ he(hue)˩　精細或高檔商品

粗俗貨　ts'o˥ siok˩ he(hue)˩

銷路　siau˥ lɔ˥

有銷　u˩ siau˥　銷路好

無銷　bo(bɤ)˩ siau˥　銷路不好

小季　sio(siɤ)˥ kui˩

大季　tua˩ kui˩

大月　tua˩ geʔ(gueʔ)˥

大賣　tua˩ bue(be)˩　批發

零銷　liŋ˩ siau˥

零星　lan˩ san˥

後手　au˩ ts'iu˥　賣出、送出以後還剩餘的東西

所費　sɔ˥ hui˩　費用

本錢　pun˥ tsĩ˩

母錢　bu˩ tsĩ˩

薄本　poʔ(pɤʔ)˩ pun˥　小本錢

粗本　ts'o˥ pun˥　大本錢

趁錢　t'an˩ tsĩ˩　挣錢

利純　li˩ sun˩　利潤

好趁　ho(hɤ)˥ t'an˩　挣得多

痞趁　p'ai˥ t'an˩　挣得少

儉錢　k'iam˩ tsĩ˩　存錢，攢錢

寄錢　kia˩ tsĩ˩　存款，儲蓄

了錢　liau˩ tsĩ˩　賠本

折本　siʔ˩ pun˥

了去　liau˩ i(<k'i˩)˥　破産

倒店　to(tɤ)˥ tiam˩　倒閉

頭寸　t'au˩ ts'un˩　可供周轉的資金

數　siau˩　賬

記數　ki˩ siau˩　記賬

算數　sŋ˥ siau˩　算賬

價數　ke˥ siau˩　價錢

數目　siau˩ bak˥　賬目

數簿　siau˩ p'o˩　賬本

拄數　tu˩ siau˩　折賬、抵賬

價　ke˩　價格

開價　k'ui˥ ke˩

討價　t'o(t'ɤ)˥ ke˩

喝價　huaʔ˥ ke˩　討價還價

起價　k'i˥ ke˩　漲價

落價　lak˥ ke˩　減價

削價　siaʔ˥ ke˩

摔價　siak˥ ke˩　大減價

免仙　bian˩ sian˥　免費

貴　kui˩

俗　siok˥(sik˥)　便宜

秤頭　ts'in˥ t'au˩　份量

有額　u˩ giaʔ˥　够份量，顯得量多

無額　bcɔ˩ giaʔˇ˦　不夠份量,顯得量少

標頭　pio˦(p'iau˦) t'au˩　商標

　目頭　bak˩ t'au˩

招牌　tsiau˦ pai˩

正牌　tsiã˥ pai˩　真貨

　真包　tsin˦ pau˩

假牌　ke˥ pai˩　冒牌

　假包　ke˥ pau˩

合同　hap˩ taŋ˩

牽猴　k'an˦ kau˩　媒介、中介

中間儂　tioŋ˦ kan˦ laŋ˩　中間人

　黃牛　ŋ˩ gu˩　貶稱

拍折扣　p'aʔˇ˦ tsiat˥ k'au˩　打折扣

對折　tui˥ tsiat˩　五折

股東　kɔ˥ tɔŋ˦

抾股　k'io ʔ(k'iɤʔ)˥ kɔ˥　招股

入股　lip˩ kɔ˥

脫股　t'uat˥ kɔ˥　退股

16. 文化、藝術、宗教

(1) 文化教育

學堂　oʔ(ɤʔ)˩ tŋ˩　學校

功課　koŋ˦ k'o(k'ɤ)˦　學校課程

功課　k'aŋ˦ k'e˩　活計、生活

課堂　k'o(k'ɤ)˦ tŋ˩

上課　sioŋ˩ k'o(k'ɤ)˦

下課　ha˩ k'o(k'ɤ)˦

　落課　loʔ(lɤʔ)˩ k'o(k'ɤ)˦

曠課　k'oŋˇ˥ k'o(k'ɤ)˦

　缺課　k'uat˥ k'o(k'ɤ)˦

上學　sioŋ˩ oʔ(ɤʔ)˦

放學　paŋ˦ oʔ(ɤʔ)˦

　放暇　paŋˇ˥ he˩

歇寒　hio ʔ(hiɤʔ)˥ kuã˩　放寒假

歇熱　hio ʔ(hiɤʔ)˥ luaʔ˩　放暑假

讀書　t'ak˩ tsu˩

　讀冊　t'ak˩ ts'eʔ˥

先生　siŋ˦ sĩ(sẽ)˦

學生　hak˩ siŋ˦

翁仔頭　aŋ˦ gãʔ˩(<ɤ˥) t'au˩　郵票

明信片　biŋ˩ siŋ˥ p'ĩ˥

圖畫　tɔ˩ ue˥　泛指一般圖畫

儂仔　laŋ˩ gãʔ˩(<ɤ˥)　指圖畫中的具體人

　物,也指圖畫

翁仔書　aŋ˦ gãʔ˩(<ɤ˥) tsu˦　小人書

連炮　lian˩ p'au˩　焰火

報紙　po(pɤ)˥ tsua˥

　新聞紙　sin˦ bun˩ tsua˥

消息　siau˦ sik˩

(2) 戲劇、藝術

電影　tian˩ iã˥

　影戲　iã˥ hi˥

　影繪　iã˥ ui˥

電影院　tian˩ iã˥ ĩ˥

電視　tian˩ si˥

電視幕　tian˩ si˥ bɔ˩　熒光屏

戲院　hi˥ ĩ˥　有現代化設備的劇院、劇場

戲館　hi˥ kuan˥　比較陳舊的舊式劇場

　戲園　hi˥ hŋ˩

戲棚　hi˥ pĩ(pẽ)˩　臨時搭成的舞臺

話劇　ua˩ kiok˥

　改良戲　kai˥ lioŋ˩ hi˥

正音(戲)　tsiã˥ im˦ (hi˥)　京戲

大戲　tua˩ hi˥　臺灣地方劇種之一

　四評　su˥ piŋ˩　大戲之一種

南彈　lan˩(<lam˩) t'an˩　漢劇

采茶戲　ts'ai˥ te˩ hi˥　一種說唱結合的民

　間歌舞

高甲戲　kau˦ kaʔ˥ hi˥　閩南地方戲之一種

七脚仔　ts'it˥ kio ʔ(kiɤʔ)˥ a˥　流傳在臺灣

　的潮州地方戲。七脚,七個角色,這種戲

　固定只有七個演員

傀儡戲　ka˦ leˇ hiˋ　木偶戲
皮猴戲　pʻe(pʻue)ˇ kauˋ hiˋ　皮影戲
翁仔戲　aŋ˦ gãˊ(<aˇ) (e) hiˋ　布袋戲
福州戲　hɔkˋ tsiuˋ hiˋ　閩劇
把戲　paˇ hiˋ　指走江湖的雜劇
笑劇　tsʻio(tsʻiɤ)ˋ kioˋ　丑劇,滑稽戲
子弟戲　tsuˋ teˋ hiˋ　業餘劇團演出的戲
团仔班　ginˊ lãˊ(<aˇ) panˊ　青少年劇團,
　　又指由學員、學徒組成的劇團
鼓吹喇叭　kɔˋ tsʻueˋ laʔˋ paʔˋ　民間樂隊
起鼓　kʻiˊ kɔˋ　開場鑼鼓
講古　kaŋˋ kɔˋ　説書
講古仙　kaŋˋ kɔˋ sianˊ　説書人
講古場　kaŋˋ kɔˋ tiũ(tiɔ̃)ˇ　説書場
　講古宮　kaŋˋ kɔˋ kiŋˊ
歌曲　kua˦ kʻikˋ
山歌　san˦ ko(kɤ)ˊ
褒歌　po(pɤ)˦ kua˦　互相對唱的山歌,多
　　用來表達男女愛情

（3）宗教迷信

教會　kauˋ hue˦
天主教　tʻian˦ tsuˊ kauˋ
基督教　ki˦ tɔkˋ kauˋ
佛教　putˋ kauˋ
回教　hueˇ kauˋ
鴨卵教　aʔˋ lŋˇ kauˋ　一貫道教
國姓公　kokˋ siŋˋ kɔŋˊ　指鄭成功
　國姓爺　kokˋ siŋˋ giaˇ
三三國王　sam˦ sam˦ kɔkˋ ɔŋˇ　一般客
　家人同胞所供奉的神像
信王公　sinˋ ɔŋˇ kɔŋˊ　泉州藉同胞所供奉
　的神像
藥王　ioʔ(iɤʔ)ˇ ɔŋˇ　一般民間藥店所供奉
　的一種神像
魯班公　lɔˋ pan˦ kɔŋˊ　一般木匠所供奉的
　神像
五谷先帝　gɔˋ kɔkˋ sian˦ teˋ　一般農家、

糧店所供奉的神像
觀音　kuan˦ imˊ　一般居民所供奉的神像
神主　sinˇ tsuˋ　祭祀牌位
佛堂　putˇ tŋˇ
佛橱　putˇ tuˇ　佛龕
問佛　bŋˇ putˇ　請神
牽魂　kʻan˦ hunˇ　請死去的親人（指父母
　長輩）顯魂
　牽亡　kʻan˦ bɔŋˇ　（通常指夫妻）
保庇　po(pɤ)ˋ piˋ　保佑
拜拜　paiˋ paiˋ　供神、祭祀
跋杯　puaʔˇ pueˇ　杯是一種竹木製的牌
　子,一陰一陽,擲之以卜吉兇
做忌　tso(tsɤ)ˋ kiˋ
叩謝　kʻauˋ sia˦　（臺北）謝神佛保佑
　　　kʻiɤˋ sia˦　（臺南）
□□　taŋˋ kiˊ　稱呼裝神作鬼的人

（4）體育游戲

趖山　peʔˋ suã˦　爬山
□索　giuˇ soʔ(sɤʔ)ˋ　拔河
體操　tʻeˋ tsʻau˦
拆腿　tʻiaʔˋ tʻuiˋ　劈腿
車糞斗　tsʻia˦ punˋ tauˋ　翻筋斗
正反　tsiã˦ piŋˋ　前滾翻
倒反　to(tɤ)ˋ piŋˋ　後滾翻
倒斗徛　to(tɤ)ˋ tʻauˋ kʻiaˋ　倒立
跳遠　tʻiauˋ uanˋ
三級跳　sã˦ kipˋ tʻiauˋ
跳高　tʻiauˋ ko(kɤ)ˊ
竹篙跳　tikˋ ko(kɤ)˦ tʻiauˋ　撑竿跳
接力　tsiapˋ latˋ
長跑　tŋˇ pʻauˋ
籃球　lãˇ kiu˦
排球　paiˇ kiu˦
草橄仔球　tsʻo(tsʻɤ)ˋ kanˊ lãˊ(<aˇ) kiuˇ　
　橄欖球
羽毛球　uˋ bɔˇ kiuˇ

桌球　to?(tɤʔ)˥ kiu˩　乒乓球

網球　baŋ˩ kiu˩

球批　kiu˩ p'ue(p'e)˥　球拍

餃球　k'a˦ kiu˩　足球

入球　lip˩ kiu˩　進球

殺球　sat˦ kiu˩　扣球

爵球　huat˩ kiu˩

牽鞦　k'an˦ ts'iu˦　鞦韆

　韆鞦　ts'ian˦ ts'iu˦

單槓　tan˦ kaŋ˩(<kaŋ˩)

雙槓　siaŋ˦ kaŋ˩

木馬　bok˩ be˩

跳箱　t'iau˩ siũ(siõ)˥

跳舒　t'iau˩ tsu˩　跳墊

平衡木　piŋ˦ hiŋ˦ bok˩

跳欄　t'iau˩ lan˩

鉛球　ian˩ kiu˩

鐵餅　t'iʔ˦ piã˩

標槍　pio(piɤ)˥(ts'iũ(ts'iõ)

泅水　siu˩ tsui˩　游泳

藏水采　ts'aŋ˩ tsui˩ bi˩　潛水

自由式　tsu˩ iu˩ sik˩

水鷄式　tsui˩ kue(ke)˦ sik˩　蛙泳

死囝仔推　si˩ gin˩ lã˥(<a˩) t'ue(t'e)˥　仰泳

狗仔爬　kau˩ a˦ pe˩　狗爬式

徛篙泅　k'ia˩ ko(kɤ)˦ siu˩　踩水

跳水　t'iau˩ tsui˩

圍棋　ui˩ ki˩

象棋　ts'iũ(ts'iõ)˩ ki˩

跳棋　t'iau˩ ki˩

軍棋　kun˦ ki˩

麻雀　bã˩ ts'iok˩　麻將

紙牌　tsua˩ pai˩　撲克

橋牌　kiau˩ pai˩

宓相□　bi˩ sio(siɤ)˦ ts'e˥　捉迷藏

　走相掠　tsau˩ sio(siɤ)˦ lia?˩

　　□□□　ŋ˦ kok˩ ke˩

宓鼓□　bi˩ ko˩ ts'e˥

摑珍珠仔　kok˩ tsin˦ tsu˦ a˩　扔小玻璃珠，兒童遊戲

搧翁仔漂　sian˩ aŋ˦ gã˩(<a˩) p'iau˩　一種兒童遊戲

踢錢仔　t'at˦ tsĩ˩ a˩　踢鍵子

跳索仔　t'iau˩ so?(sɤʔ)˥ a˩　跳繩

阿弗倒(仔)　a˦ put˦ to(tɤ)˥ (a)˩　不倒翁

17. 科技、交通

科學　k'o(k'ɤ)˦ hak˩

雷射　lui˩ sia˩　激光

無線電　bo(bɤ)˩ suã˩ tian˦

核子彈　hat˦ tsu˩ tuã˩　核彈頭

飛彈　hui˦ tuã˩　導彈

電腦　tian˩ lãu˩　電子計算機

電晶體　tian˩ tsiŋ˦ t'e˩　半導體

電話　tian˩ ue˦

電報　tian˩ po(pɤ)˩

望遠鏡　boŋ˩ uan˩ kiã˩

　千里鏡　ts'ian˦ li˩ kiã˩

泛鏡　ham˩ kiã˩　放大鏡、顯微鏡

碰子　poŋ˩ tsi˩　雷管

電塗　tian˩ t'o(t'ɤ)˩　電池

電火　tian˩ he(hue)˩　電燈

電線　tian˩ suã˩

電火頭　tian˩ he(hue)˩ t'au˩　燈頭

電風扇　tian˩ hoŋ˦ sĩ˩　電扇

霜庫　sŋ˦ k'o(k'ɤ)˩　冷藏庫

機器　ki˦ k'i˩

機床　ki˦ ts'ŋ˩

發動機　huat˦ toŋ˩ ki˦

發電機　huat˦ tian˩ ki˦

抽水機　t'iu˦ tsui˩ ki˦

鐵牛　t'iʔ˦ gu˩　手扶拖拉機

耕耘機　kiŋ˦ un˩ ki˦　拖拉機

收割機　siu˦ kua?˦ ki˦

收農機　siu˧ lɔŋ˧ ki˧　聯合收割機
脫粒機　tʻuat˥ liap˥ ki˧
起重機　kʻi˥ taŋ˧ ki˧
　吊稱　tiau˥ tsʻin˥
　吊車　tiau˥ tsʻia˧
卡仔機　kʻa˥ a˥ ki˧　挖土機
壓路機　ap˥ lɔ˥ ki˧
犁塗機　lue(le)˧ tʻɔ˧ ki˧　推土機
米絞　bi˥ ka˥　碾米機
風櫃　hɔŋ˧ kui˧　鼓風機
拍字機　pʻa˥ li˥ ki˧　打字機
翕相機　hip˥ siɔŋ˥ ki˧　照相機
電影機　tian˥ iã˥ ki˧　放映機
收音機　siu˧ im˧ ki˧
電唱機　tian˥ tsʻiũ(tsʻiɔ̃)˥ ki˧
發報機　huat˥ po(pɤ)˥ ki˧
衫車　sã˧ tsʻiã˧　縫紉機
　針車　tsiam˧ tsʻia˧
交通　kau˧ tʻɔŋ˧
路　lɔ˥　通路
街路　kue(ke)˧ lɔ˥　街道
巷　haŋ˥
橋　kio(kiɤ)˧
車　tsʻia˧
汽車　kʻi˥ tsʻia˧
　自動車　tsu˥ lɔŋ(tɔŋ)˥ tsʻia˧
吉普　liʔ(tsiʔ)˥ bu˥　吉普車
貨車　he(hue)˥ tsʻia˧
計程車　ke˥ tiŋ˧ tsʻia˧　出租汽車
卡車　kʻa˥ tsʻia˧
公車　kɔŋ˧ tsʻia˧　公共汽車
烏頭仔車　ɔ˧ tʻau˧ a˥ tsʻia˧　小轎車
機車　ki˧ tsʻia˧　摩托車
三輦車　sã˧ lian˧ tsʻia˧　三輪車
電車　tian˥ tsʻia˧
車頭　tsʻia˧ tʻau˧　車站
公路　kɔŋ˧ lɔ˥
紅青燈　aŋ˧ tsʻĩ(sʻẽ)˧ tiŋ˧　紅綠燈

骹踏車　kʻa˧ ta˥ tsʻia˧　自行車
　動輦車　tɔŋ˥ lian˧ tsʻia˧　（臺南）
　鐵馬　tʻiʔ˥ be˥　（臺南）
　孔明車　kʻɔŋ˥ biŋ˧ tsʻia˧
　自轉車　tsu˥ tsuan˥ tsʻia˧
籬仔壳　li˧ a˥ kʻak˥　人力板車
　籬仔卡　li˧ a˥ kʻa˧
轎　kio(kiɤ)˧　轎子
牛車　gu˧ tsʻia˧
馬車　be˥ tsʻia˧
拖車　tʻua˧ tsʻia˧
火車　he(hue)˥ tsʻia˧
兩份仔（車）　lŋ˥ hun˥ lã˥(<a˥)(tsʻia˧)　一種供廠區使用的小火車
輕便車　kʻim˧(<kʻin˧) pian˥ tsʻia˧　一種人推的有軌小車
火車頭　he(hue)˥ tsʻia˧ tʻau˧　火車站
火車母　he(hue)˥ tsʻia˧ bu˥　火車頭
火車路　hu(hue)˥ tsʻia˧ lɔ˥　鐵路
　鐵枝仔路　tʻiʔ˥ ki˧ a˥ lɔ˥
鐵軌　tʻiʔ˥ kui˥
　鐵枝　tʻiʔ˥ ki˧
膨空　pʻɔŋ˥ kʻaŋ˧　涵洞,隧道
　涵空　am˧ kʻaŋ˧
飛行機　he˧ liŋ˥(hiŋ˥) ki˧　飛機
船　tsun˧
輪船　lun˧ tsun˧
　火船　he(hue)˥ tsun˧
汽船　kʻi˥ tsun˧
汽艇　kʻi˥ tʻiŋ˥
篷船　pʻaŋ˧ tsun˧　帆船
客船　kʻe˥ tsun˧
貨船　he(hue)˥ tsun˧
雙槳仔　siaŋ˧ tsiũ(tsiɔ̃)˥ a˥　舢舨
　闊頭櫓仔　kʻua˥ tʻau˧ lu˥ a˥
渡船　tɔ˥ tsun˧
港口　kaŋ˥ kʻau˥
渡口　tɔ˥ kʻau˥

碼頭　beˊ tʻauˊ
　埠頭　poˋ tʻauˊ
　路頭　loˋ tʻauˊ
　船頭　tsunˊ tʻauˊ
鎥繆　tʻŋˋ ĩ(ē)ˊ　港口浮標
　浮筒　pʻuˊ taŋˊ

18.　壞人壞事
（附：罵語）

食錢　tsiaʔˋ tsĩˊ　貪污
阿舍　aˉ siaˋ　少爺小姐
糞臊　punˋ so(ɤ)ˊ　喻社會渣滓
阿□仔　aˉ tokˋ gaɤˋ(<aɤ)　喻帝國主義分
　子
膨肚短命　pʻoŋˋ toˋ teˋ biãˉ　大腹便便的
　人短命
惡爾　okɤ paˋ
頭目鳥　tʻauˊ bakˋ tsiauˋ　頭目
頭家　tʻauˊ keˉ　老板
瞠頭家　tsʻanˋ tʻauˊ keˉ　地主
大賊古　tuaˋ tsʻatˋ koˋ　大偷
鼠賊仔　tsʻuˋ tsʻatˋ ɤaˋ(<aɤ)　小偷
白賊七仔　peʔˋ tsʻatˋ tsʻitˋ ɤaˋ(<aɤ)　小
　騙子
騙仙仔　pʻianˋ sianˊ nãˊ(<aɤ)　大騙子
剪紐仔　tsianˋ liuˊ ɤaˋ　扒手
笑面虎　tsʻio(tsʻiɤ)ˋ biãˉ hɤˋ
牛魔王　guˊ bõˊ oŋˊ　喻兇殘狠毒的人
屎礐仔蟲　saiˋ (aˉ) hakˋ gaŋˊ(<aɤ) tʻaŋˊ　糞
　蛆，比喻貪婪的人
不四鬼　putˋ suˋ kuiˋ　不知羞恥的人
　大面神　tuaˋ biˉ sinˊ
善蟲仔　sianˊ tʻaŋˊ gãˋ(<aɤ)　壁虎，比喻
　陰險的人
屁面神　pʻuiˋ biˉ sinˊ　喻翻臉不認人的
　人
烏面神　ɤˉ biˉ sinˊ　終日陰沉沉的人

臭屁仙　tsʻauˋ pʻuiˋ sianˉ　喻説話總不算
　數的人
路蠻　loˋ buãˊ　流氓
散魂仔　suãˋ hunˊ lãˋ(<aɤ)　二流子
歪哥　uaiˉ ko(kɤ)ˉ　不走正道的人
痞儂　pʻãiˋ(pʻaiˋ) laŋˊ　爲非作歹的人
阿霸　aˉ paˋ　霸道
奸宄　kanˉ kuiˋ　在心裏使壞點子
做竅　tso(tsɤ)ˋ kʻio(kʻiɤ)ˋ　出壞點子
屎桶　saiˋ tʻaŋˋ　説人孤傲，沒人理睬
奢花　tsʻiaˉ huaˉ　奢侈
虛花　hu(hi)ˉ huaˉ　虛榮
懊□面　auˋ tuˉ binˉ　哭喪臉，懊惱樣
風騷　hoŋˉ so(sɤ)ˉ　游手好閑，舉止輕浮
白賊　peʔˋ tsʻatˋ　説謊，謊言
瞞騙　buãˊ pʻianˋ　欺騙
狡怪　kauˋ kuaiˋ　狡猾
變猴弄　pĩˋ kauˊ laŋˉ　耍花招
半桶屎　puãˋ tʻaŋˋ saiˋ　似懂非懂，不懂
　裝懂

附：罵語
個娘仔　inˉ liãˋ ɤa　他媽的
使破個娘　saiˋ pʻuaˋ inˉ liãˊ　真他媽的
婊囝　piauˋ kiãˊ　婊子養的
烏龜　ɤˉ kuiˉ　原指行爲不正當的男人，又
　做一般罵人的口頭語
牽□　kʻanˉ kɤˉ　罵介紹妓女的人
土匪　tʻɤˋ huiˋ　罵人魯莽
賤蟲　tsianˋ tʻaŋˊ　罵小孩淘氣
激屎　kikɤ saiˋ　罵人擺臭架子
潲面　siauˋ binˉ　罵人不識相，自討沒趣
醋桶　tsʻɤˋ tʻaŋˋ　喻好嫉妒的人（多用於男
　女之間）
脱線　tʻuatɤ suãˉ　罵人神經質
抵卵　tuˋ lanˉ　很討人厭
龜祟　kuˉ suiˋ　鬼頭鬼腦
　鬼祟　kuiˋ suiˋ

臭銃　ts'au˥ ts'iŋ˨　吹牛誇口
烏白瀄　ɔ˧ peʔ˩ tsuã˨　胡説一氣
啡血　p'ui˨ huiʔ(hueʔ)˨　血口噴人
哭喉　k'au˥ au˨　罵人多嘴
破格　p'uaʔ˥ keʔ˩　罵人多嘴而不吉利
獪哮咕　bue(be)˨ hau˥ kɔ˨　喻非常之壞、醜
　　漚屎　au˥ sai˨
夭壽　iau˧ siu˨　短命的
死獪了　si˨ bue(be)˨ liau˥　該千刀萬剮的
拖屎連　t'ua˧ sai˧ lian˥　罵人半死不活
號男　hau˥ lam˥　罵人好哭
孤屈　kɔ˧ k'ut˥　斷子絕孫
　　絕種　tseʔ˨ tsiŋ˥
着災　tioʔ(tiɤʔ)˨ tse˥　遭瘟的
雜種　tsap˩ tsiŋ˥
飛鼠　pe˧ ts'u˥　罵小偷
相拍雞　sio(siɤ)˧ p'aʔ˥ kue(ke)˧　罵愛打架的人
媱婆　piau˧ po(pɤ)˥　女流氓
甕肚　aŋ˥ tɔ˧　罵人陰險毒辣而不動聲色
凍酸　taŋ˥ sŋ˧　罵人小氣而且吝嗇
禿禿　t'ut˥ t'ut˨　罵人真傻
　　槌槌　t'ui˧ t'ui˥
　　苦苦　k'ɔ˥ k'ɔ˥

19. 抽象事物

古扮　kɔ˥ pan˧　怪脾氣
怪潲　kuai˥ siau˥　蠻橫
野蠻　ia˥ ban˧
　　野赤　ia˥ ts'iaʔ˩　（專指女的）
挺橫　t'an˥ huĩ(huãi)˧　蠻不講理
陰沉　im˧ tim˧
空欺　k'ɔ˧ k'am˥　傻呆
阿西　a˧ se˧　幼稚而容易上當的人
　　生哥　ts'ĩ(ts'ē)˧ ko(kɤ)˧
　　癡訝　ts'i˧ ga˧

番汰　huan˧ t'ai˧　指人不明事理
假苦　ke˥ k'ɔ˨　裝傻
狗泛　kau˥ ham˧　言過其實
　　泛狗　ham˧ kau˥
粗重　ts'ɔ˧ taŋ˧　笨重
輕可　k'in˧ k'o(k'ɤ)˥　輕鬆
記認　ki˥ lin˧　記號,標誌
氣力　k'ui˥ lat˧
大扮　tua˧ pan˧　大模大樣
流擺　lau˧ pai˥　時機
手頭　ts'iu˥ t'au˧　身邊的東西
年冬　lî˧ taŋ˧　年景
弗懂　put˥ taŋ˥　不懂事
散赤　san˥ ts'iaʔ˩　赤貧
吊鼎　tiau˥ tiã˥　指窮人無米下鍋
敲刻　k'au˧ k'iʔ˥　非常刻薄
暗空　am˥ k'aŋ˧　不可告人的秘密
暗行　am˥ hiŋ˧　暗算,使陰謀鬼計
古道　kɔ˥ tau˧　厚道
古板（范）　kɔ˥ pan˥(pan˧)　**舊法**
硬直　gî(gē)˧ tit˥　梗直
　　直神　tit˧ sin˧
事志　tai˧ tsi˧　事情
破事　p'uaʔ˧ su˨　事敗
禮數　le˥ sɔ˧　禮節、禮貌
性地　siŋ˥ tue(te)˧　性情
故謙　kɔ˥ k'iam˧　謙遜
根底　kun(kin)˧ tue(te)˧　**根本**
字運　li˧ un˧　運氣
拖磨　t'ua˧ bua˧　勞苦,折磨
損神　sŋ˥ sin˧　精神疲乏
喋嘴　ts'iu˥ tsui˥　好~,指説話嘴甜,又花言巧語
　　喋花　ts'iu˥ hue˧
　　喋尾　ts'iu˥ be(bue)˥　帶~,接着他人的話説下去
目尾　bak˧ be(bue)˥　眼稍
勢面　se˥ bin˧

慣勢　kuanˇ seˋ　習慣

生命　sĩ(sẽ)ㄱ biãㄱ
　世命　seˋ biãㄧ

長歲壽　tŋㄴ he(hue)ˋ siuㄧ　長命

情理　tsʼiŋㄴ liˋ

勢頭　seˋ tʼauˋ　勢力

激氣　kikˋ kʼuiㄧ　擺架子

魁仙　kʼueˋ sianㄱ　好出風頭的人
　雞頭　kue(ke)ㄧ tʼauˋ

生成　sĩ(sẽ)ㄧ tsiãㄧ　先天

款式　kʼuanˋ sikㄧ　樣子

有款　uㄧ kʼuanˋ　象樣子

好款　ho(hɤ)ㄱ kʼuanˋ　好樣子

痞款　pʼaiˋ kʼuanˋ　壞樣子

風氣　hoŋㄱ kʼiˋ　風俗

源頭　guanㄴ tʼauˋ

憑准　pʼiŋˋ tsunˋ　憑據

出脱　tsʼutˋ tʼuatㄧ　出息

乖巧　kuaiˋ kʼaˋ　聰明伶俐

重□　tiŋㄴ tãㄧ　差錯

才情　tsaiㄴ tsiŋㄴ　才幹

歸氣　kuiㄧ kʼiˋ　專心,乾脆

水氣　suiˋ kʼuiㄧ　爲人做事幹得漂亮,又能幹的樣子

啙鳥仔　tsĩˋ tsiauˋ ㄚˋ　指缺乏經驗的人

人氣　linㄴ kʼiˋ　聲望

死相　siˋ sŋㄧ　呆板的樣子

面水　binㄧ tsuiˋ　相貌

四海　suˋ haiˋ　指人交際廣,朋友多

步數　poㄧ soㄧ　辦法

無步　bo(bɤ)ㄴ poㄧ　無法

食癖　tsiaʔㄧ pʼiaʔㄧ　執拗

笑詼　tsʼio(tsʼɤ)ˋ kʼeㄧ　詼諧,滑稽

等路　tanˋ loㄧ　走親戚時隨帶的禮物

骨力　kutˋ latㄧ　做事勤快,肯使勁

擔輸贏　tamㄱ suㄱ iãㄴ　有能耐

胆頭在　tãㄧ tʼauㄧ tsaiㄧ　敗而不餒,有胆量,有氣魄

定帶　tĩ(tẽ)ㄧ teㄧ　礙手礙脚

慔心　tso(tsɤ)ㄧ simˋ　心裏煩燥
　齵齚　uˋ tsakㄧ

□□　hiaㄧ paiㄱ　指人多言,好買弄

蹻骹　kʼiauㄧ kʼiㄱ　事違常理

違逆　uiㄱ keʔˋ　違背

敢甲　kãㄱ kaʔㄧ　勇於辦事,又勤快

好漢緣　ho(hɤ)ㄱ hanˋ(<hanㄧ) ianㄴ　人緣好

擺撥　paiㄱ puaʔㄧ　擺弄

樂暢　lokㄧ tʼioㄧ　快樂常在,不知憂患

做彩　tso(tsɤ)ˋ tsʼaiˋ　吉兆

落科　lo(lɤ)ㄧ kʼo(kʼɤ)ㄧ　以媚態示人

煌龜　hoŋㄴ kuㄧ　炫耀於人

頓矸　tunㄧ tĩㄱ　行動緩慢,欲行又止

過蓋　ke(kue)ˋ kuaㄧ　過份

□顛　kʼianˋ tianㄱ　(臺北)説人粗心大意
大目神　tuaㄧ bakㄧ sinㄴ　(臺南)

20. 各種行爲動作
(附:肯定與否定)

(1)日常生活方面

頌　tsʼiŋㄴ　穿

戴　tiㄧ

顊　kamˋ　蓋上

□　kʼamㄧ　密封蓋上

罩　taㄧ　罩上,蓋上

□　buãˋ　披上。～衫,披上衣服

披　pʼiˋ　披上

食　tsiaʔㄧ　吃

枵　iauㄱ　餓

枵餓　iauㄧ go(gɤ)ㄧ　飢餓

□　tʼinㄧ　倒。～茶,倒茶

啉　limㄴ　飲,喝

鼻　pʼĩㄧ　聞,嗅

啜　tsʼeʔㄧ　喝下去

吞	t'un˧			跋倒	pua?˨ to(tɤ)˥	跌倒
餃	ka˦	咬		佚迌	ts'it˥ t'o(t'ɤ)˥	遊玩,散步
哺	pɔ˧	嚼		趖	so˨	遊逛
嗽	su˨	吮吸		走閃	tsau˨ siam˥	躲開(對旁人說)
啡	p'ui˦	唾		閃避	siam˦ pi˨	雙方同時躲開
舐	tsĩ˦	舔		閃邊	siam˦ pĩ˥	讓身邊人躲開
潼	pi?˨(pi˨)	濾去		趄	ts'u˨	滑倒
□	hɔ˦	撈起來		爬	pe˥	抓癢的動作
篕	kai˦	用器物橫刮(水面等)上面的東西		趒	pe?˨	爬高的動作
撒	sua?˨	～胡椒		盤	p'uã˦	翻越。～山過嶺
燂	tim˦	在溫火中炖		行	kiã˥	走
炊	ts'ue˧	～粿		走	tsau˨	跑
煎	tsian˧	～魚		跑	p'au˥	快走為跑
煎	tsuã˧	～藥,熬藥		趕	kuã˨	追趕
煎	tsĩ˧	油炸		帶	te˥	跟隨在後
烰	p'u˦			踏	ta?˨	踩
焜	kun˦	用大火煮		□	lap˨	(在爛泥中)踩踏
炒	ts'a˨			躕	ts'o(tsɤ)˥	踩踏
煮	tsu˨			跤	liŋ˨	蹬腿
煮食	tsu˨ tsia?˨	做飯菜		踢	t'at˨	
煠	sa?˨	把食物放在開水裏略煮取出		跈	t'un˥	踐踏使亂
擺	pe(pue)˨	撥開		跳	t'iau˨	上下跳
焙	pe(pue)˦	烘烤。～茶		踔	ta˨	向前跳
炰	pu˦	把食物直接放在火裏燒熟。～番薯		跪	kui˦	
熏	hun˧			踞	k'u˥	蹲
唚	tsim˧	吻		徛	k'ia˦	站立
浸	tsim˨			在	ts'ai˦	直立不動
煀	hip˨	～相,照相		坐	tse˦	
熻	hip˨	燜。～肉,燜肉		庽	uai˥	倚靠
醒	ts'iŋ˨	～飯,燜飯		倚	ua˥	
歇	hio?(hi?)˨			倒	to(tɤ)˨	躺
歇眠	hio?(hi?)˨ k'un˨	休息		躺	t'e˥	半躺
眠	k'un˨	睡覺		□	siaŋ˨	
咄痀	tu?˨ ku˧	打瞌睡		□倒	siaŋ˥ to(tɤ)˥	向後躺倒
咄合坐	tu?˨ ka?˨ tse˦			震	tsun˨	突然發顫
哈嘘	ha?˨ hi˦	打哈欠		遲頓	ti˥ tun˨	停留,緩慢,愚笨
留	lau˦	留住		恰停	k'a?˨ t'iŋ˦	稍等片刻
				洛洛	lɔk˨ lɔk˨	嗽口的動作

揹　binˇ　刷。～喙齒,刷牙
傾傾　k'iŋˋ k'iŋˇ　收攏,收拾
延　ts'ianˊ　拖延(時間)
省　ts'ŋˋ　省鼻涕的動作
辮　pĩˊ　編辮子的動作
韃　tĩ(tē)˩　憋勁,使勁憋氣
經　kĩˊ　織(經緯)。～布
□　k'ĩˊ　蜘蛛結網的動作
成　siãˊ　以目示意
過　ke(kue)˩　傳染
澶　t'uãˇ　水迹擴散。慢慢傳染
照　ts'io(ts'ɤ)˩　照耀

(2) 各種職業方面

曝　p'akˋ　晒。～塍,晒田
翻　huanˉ　～塍塗,翻地
掛　kua˩　～耙,用耙弄碎土塊
拍　p'aʔ˩　～磽磚,把土塊碾細
灌　kuan˩　～水,給田裏放水
鈀　peˊ　～塍,耙田
犁　lue(le)ˊ　～塍,犁田
敭　iaˉ　撒。～種,撒種
挑　t'io(t'iɤ)ˉ　～秧,鏟秧
佈　pɔˋ　～塍,插秧
搔　so(sɤ)ˉ　～草,除草
劃　t'uãˋ　～草,鋤草,鏟草
薅　k'auˉ　～草
追　tuiˉ　～肥
庰　hɔˉ　～水
破　p'ua˩　～塍刻,在田埂上開小口引水
放　paŋ˩　～水
熟　sikˋ　成熟
割　kuaʔ˩　～秈,割稻
捽　siak˩　～秈,水稻脫粒
過　ke(kue)˩　～風鼓,用鼓風車去掉不實的稻谷
　鼓　kɔˊ　～粟,同上
挨　ue(e)ˉ　～粟,用土礱把谷皮去掉

白　p'aʔˋ　～荒,荒廢田地
沃　ak˩　～水,澆水

附:與農業有關的部分名詞

起耕　k'iˊ kiŋˉ　地主向貧苦農民收回租地
　起佃　k'iˊ tian˩
換佃　uã˩ tian˩　地主把收回的耕地轉租他人
贌塍　pak˩ ts'anˊ　租佃土地的一種方式
倩工　ts'iãˋ kaŋˉ　僱傭臨時工
換工　uã˩ kaŋˉ
賣粟青　bue(be)˩ ts'ikˋ ts'ĩ(ts'ē)ˊ　青黄不接時,農民典賣田裏未熟的稻子
刻剥　k'ikˋ pɔk˩　殘酷剥削
拍粟　p'aʔˋ ts'ikˋ　收租
納租　lap˩ tsɔˉ
減租　kiamˉ tsɔˉ
升租　siŋˉ tsɔˉ　地主提高土地的租價
睨　hiˉ　農歷八月十五日地主向農民"送"月餅,表示明年收回租地
抵地　teˉ tue(te)˩　租佃時農民給地主租地押款
送定　saŋˋ tiã˩　農民給地主租地的定金

趁　t'an˩　～錢,賺錢
吃虧　k'ikˋ k'uiˉ　吃虧
交易　ka˩ iaʔˋ　做生意
買　bue(be)ˋ
賣　bue(be)˩
相爭買　sio(siɤ)˩ tsĩ(tsē)˩ bue(be)ˋ　搶購
喝璇瓏　huaˋ leˋ lɔŋˉ　拍賣
磅　pɔŋ˩
稱　ts'in˩
欠　k'iam˩
缺　k'eˊ　缺乏,缺少
　乏　hatˋ
賒　siaˉ
稅　se(sue)˩　租賃。～厝,租房子

販　pʻuã˥　整批買進來

　刮　kuaʔ˩

擔保　tam˥ po(ɤ)˥

　包　pau˥

對除　tui˥ tu˥　扣除

討替　tʻo(tʻɤ)˥ tʻue(tʻe)˩　替換

定　tiã˥　～貨,訂貨

伸　tsʻun˥　剩余,節余

搬徙　puã˥ suaˋ　搬遷,遷移

搬　puã˥

徙　suaˋ

鬥　tau˩　相接在一起。～落榫

駛　saiˋ　駕駛

捘　tsun˥　擰(乾)。衫～焦

抹　buaʔ˩　涂抹

擂　lui˥　碾細

攪　kiauˋ　攪拌

拖　tʻua˥

舂　tsiŋ˥

擔　tã˥　挑(擔子)

扛　kŋ˥　抬

掃　sau˩

洗　sue(se)ˋ

組　tʻĩ˥　縫補(衣物)

補　pɔˋ

磨　bo(bɤ)˥

鋸　ku(ki)˩

釘　tiŋ˥

□　kiʔ˩　砌(磚石)

敲　kʻa˩, kʻau˥　敲打

　瞉　kʻɔˋ

出勤　tsʻut˥ kʻun(kʻin)˥　上班

欠勤　kʻiamˋ kʻun(kʻin)˩　缺勤

(3) 人爲動作方面

拂　putˋ　撢去

　拌　puã˥

纏　tĩ˥　糾纏,纏繞

縈纏　ĩ(ē)˥ tĩ˥　糾纏不休

損　sŋˋ　糟蹋(財物)

摑　kokˋ　扔掉,擲棄

　獻　hĩˋ

　獻揀　hĩˋ sak˩

收　siu˥

囥　kʻŋ˩　藏

宓　biʔ˩　藏匿

反　piŋˋ　翻(過來)

擘　peʔˋ(pakˣ)　用手擘開

開　kʻui˥

關　kuĩ(kuãi)˥

插　saʔˋ　把門插上的動作

攤　luã˥　～麵,揉麵粉

搓　so(sɤ)˥

挼　lue˥　～目珠,揉眼睛

挽　banˋ　拉出,拔出。～喙齒

□　pʻãi˥　背,負。～米

　□　ãi˥

伏　pʻakˣ　伏着

抾　kʻioʔ(kʻiɤʔ)˩　揀,拾

揀　sakˣ　推(物)

搡　saŋˋ　推(人)

續　suaˣ　連續不斷

順續　sunˣ suaˣ　順便接下去

揞　am˥　用手掌蔽物

折　tsiʔˣ　折疊(棉布、衣服之類)

拗　au˥　折疊(紙張之類)

捐　gutˣ　折疊,一般通用

沓　tʻaʔˣ　重疊(有規則的)

□　kʻuaʔˣ　重疊(無規則的)

拄　tuˋ　相遇

拍拚　pʻaʔˋ piã˥　拼命

打札　tã˥ tsatˣ　整理(行裝),又扶持、安排的意思

伸腀　tsʻun˥ lun˥　伸懶腰

礙目　gai˥ bakˣ　討厭,不順眼

　□　gin˥

扶　huˊ
　捍　huãˉ
放　paŋˋ　釋放,放下
□　kʻiuˋ(giuˋ)　拉住,揪住
投　tauˊ　通常指向長輩告發他人的過錯
□　ㄎˋ　挖。～塗,挖土
鑿　tsʻakˇ
聽　tʻiãˉ
敨　tʻauˇ　解開。～索
□　tʻiˋ　撕開
拆　tʻiaʔˋ　拆開
分　punˉ　分開,給與
與　hoˉ　給與
牽　kʻanˉ
砍　kʻamˇ
割　kuaʔˋ
斬　tsamˇ
刜　pʻutˋ　砍斷
切　tsʻiatˋ
夷　tʻaiˊ　殺,宰割
□　tuˉ　頂。～喉,頂嘴
坮　taiˊ　掩埋
縛　pakˇ　束縛
做　tso(tsɤ)ˋ
整　tsiãˇ　修理
飼　tsʻiˉ　飼養
哭　kʻauˋ
笑　tsʻio(tsʻiɤ)ˋ
哎　bunˊ　微微一笑
□　kʻueʔ(kʻeʔ)ˋ　閉眼
□　giaˊ　抬起,舉起。～旗
搑　lamˊ　掏出
探　tʻamˉ　伸手取物
捔　tʻeˉ(tʻeʔˇ)　拿,取
掠　liaʔˇ　抓,捉
攬　lamˇ　摟抱
捻　liamˋ　捏。用二指夾住東西拉拽
□　kʻiatˇ　劃火柴的動作

摻　tsʻamˉ
抽　tʻiuˉ
喝　huaʔˋ、hatˉ　喝叫,喝彩
喊喝　hamˊ huaʔˋ　大聲吆喝
喊　hiamˉ　大聲呼喊,又驅趕畜牲
叫　kio(kiɤ)ˋ
嚷　liãˇ
吼　hauˇ　呼叫
罵　bãˉ(bẽˉ)
謷　tsʻoʔ(tsʻɤʔ)ˋ　用粗話詈罵
詈　lue(le)ˇ　無休止地罵
訕　suanˉ　旁敲側擊地罵
影　iãˇ　瞥一眼
看　kʻuãˋ
青瞑　tsʻiˉ(tsẽˉ) tsinˉ　(看得)很認真,(説得)活生生
□　tsinˊ　凝視
瞥　biˊ　偷看一眼
瞡看　baiˉ kʻuãˋ
□　ãˋ　俯低着頭
打　tãˋ(taˋ)
攻　koŋˋ
拍　pʻaʔˋ　打架,互相打
物　butˇ　用棍棒打
捽　sutˋ　用鞭子及細竹條抽打
捶　tuiˊ　用拳頭捶打
鮑　pauˉ　用拳頭橫掃打去
搧　sianˋ　用巴掌打在臉上
□　saiˉ
抉　kuatˇ
刜　pʻutˋ　用刀槍打,用力望下砍
扣殺　kʻauˇ satˋ　鞭撻
相殘　sio(siɤ)ˉ tsanˊ　械斗
拍博仔　pʻaʔˋ poʔˋ aˇ　鼓掌
收拾　siuˉ sipˇ
款款　kʻuanˉ kʻuanˇ
探聽　tʻamˇ tʻiãˉ　打聽
開使　kʻaiˉ saiˇ　使用(錢)

放揀　paŋ˧ sak˩　放棄
拆破　t'ia˧ p'ua˩
撟開　kian˧ k'ui˧　撥開
瞅睬　ts'iu˧ ts'ai˧　見人而不理
車盤　ts'ia˧ puã˥　爭論不休扯東扯西，不着邊際
讓鑽　lɔŋ˥ ŋɡ˥　低頭鑽過去，又刁鑽的意思
拖累　t'ua˥ lui˥
偷捪　t'au˥ t'e˥　偷拿
共攻　kiɔŋ˥ kɔŋ˥　結伙搶劫

（4）社會關係方面

提頭　t'e˥ t'au˥　發起做某事
幫贈　paŋ˥ tsan˥　幫助
鬥相共　tau˥ sio(siɤ)˥ kaŋ˥　協力
款待　k'uan˥ tai˥
喝拂　hua˧ hut˥　大聲喊叫，慫恿他人
喝拍　hua˧ p'a˧　慫恿他人打架
□□　kau˥ pĩ(pē)˥　叫人做事，他借故討價還價，就叫～；又指交易的意思，如説～一下。
相偃　sio(siɤ)˥ ian˥　踭交
相輪　sio(siɤ)˥ lu˥　打賭
比看曧　pi˥ k'uã˥ bãi˥(<bai˥)　較量一番的意思
熟似　sik˥ sai˥　熟悉
倚靠　ua˥ k'o(k'ɤ)˥　依靠
倚倚　i˥ ua˥
舉薦　ku(ki)˥ tsian˥　推薦
款勸　k'uan˥ k'ŋ˥　勸解
差教　ts'e˥ ka˥　派遣，差遣
教　ka˥　教育
教示　ka˥ si˥　教誨
押煞　a˧ sua˥　管教
押□　a˧ la˧
騙　p'ian˥
撽　lau˥
偏　p'ĩ˥　佔人便宜

偏欺　p'ĩ˥ k'am˥　欺詐他人
攃　ko(kɤ)˥　巧取豪奪他人之物
梟　hiau˥　欺詐。又指翻臉不認帳。
八　bat˩(pat˩)　認識，懂的
知　tsai˥　知道
知影　tsai˥ iã˥
問　bŋ˥
應　iŋ˥　答應，回答
推　t'ue(t'e)˥　推托
討　t'o(t'ɤ)˥　索取
展　tian˥　自我炫耀
展煌　tian˥ hŋ˥
氣口　k'ui˥ k'au˥　口氣，又誇口的意思
涎　siã˥　引誘
爭　tsĩ(tsē)˥　相爭，用武力相爭斗
靜　tsĩ(tsē)˥　相爭，以言語相爭論
靠勢　k'o(k'ɤ)˥ se˥　仗勢
送勢　saŋ˥ se˥　擺派頭借以炫耀自己
順勢　sun˥ se˥
承勢　sin˥ se˥
奉承　hɔŋ˥ sin˥
扶坦　p'ɔ˥ t'ã˥　曲意逢迎
苦毒　k'ɔ˥ tɔk˥　殘忍迫害
鬥空　tau˥ k'aŋ˥　合謀
鬥頭　tau˥ t'au˥　合作
鬥伙　tau˥ he(hue)˥
參詳　ts'am˥ siɔŋ˥　商量，協商
遵存　tsun˥ ts'un˥　通常指晚輩尊重並順着長輩意思辦事，或下級向上級的請示
戲弄　hi˥ laŋ˥
創治　ts'ŋ˥ ti˥
牽成　k'an˥ siŋ˥　栽培，培養
姑成　kɔ˥ tsiã˥　懇求，哀求
阿咾　o(ɤ)˥ lo(lɤ)˥　稱贊，頌揚
葛結　kua˧ kat˥　糾紛
絞纏　ka˥ tĩ˥　糾纏
□　ts'e(ts'ue)˥　尋找
□空頭　ts'e(ts'ue)˥ k'aŋ˥ t'au˥　滋事生

非,又找毛病抓小辮子

跟剝當　kun(kiŋ)ㄧ pakㄚ tɔŋㄥ　伴隨

佛念　putㄥ liamㄧ　老太太的嘮叨狀

(5) 心理活動方面

想　siũ(siɔ̃)ㄧ

數念　siauㄥ liamㄧ　非常想念

數想　siauㄥ siũ(siɔ̃)ㄧ　夢想

受氣　siuㄥ k'iㄥ

歡喜　huãㄧ hiㄥ

暢　t'iɔŋㄥ　舒暢,痛快

爽　sɔŋㄥ　舒服

高興　ko(kɤ)ㄧ hiŋㄥ

　心適興　simㄧ sikㄚ hiŋㄥ

過癮　ke(kue)ㄚ gianㄥ　過癮

下死命　heㄥ siㄥ biãㄥ　盡力而爲

激心　kikㄚ simㄧ　心煩,不愉快

吞忍　t'unㄧ lunㄚ　忍耐

　含忍　hamㄥ limㄚ

咒誓　tsiuㄥ tsuaㄧ　詛咒

冤妬　uanㄧ lɔㄥ　忌妒

怨嘆　uanㄚ t'anㄥ　埋怨

生驚　ts'ĩ(ts'ẽ)ㄧ kiãㄧ　吃驚

　着驚　tioʔ(tiɤ)ㄥ kiãㄧ

□　ts'uaʔㄥ　突然抽拉

爽勢　saŋㄧ seㄥ　自負不凡,目中無人

滾笑　kunㄧ ts'io(ts'iɤ)ㄥ　嘻笑

攪吵　kiauㄚ ts'aㄚ　打擾

鬥水　tauㄚ suiㄚ　爭艷

□心　ts'ueʔㄚ simㄧ　憤恨

繪堪　bue(be)ㄥ k'amㄧ　難於忍受

脫節　t'uatㄚ tsatㄥ　反常，又中途變卦或中

　斷聯係

斷站　tŋㄥ tsamㄧ　中斷

反悔　huanㄧ hueㄚ

艱苦　kanㄧ k'ɔㄚ

艱□　kanㄧ kaʔㄚ　爲難,困難

變卦　pianㄚ kuaㄥ

反卦　huanㄧ kuaㄥ

反梟　huanㄧ hiauㄥ

看破　k'uãㄚ p'uaㄥ

向望　ŋㄧ baŋㄧ　期望,盼望

(6) 其他動作

停氣　t'iŋㄥ k'uiㄥ　喘息片刻

走精　tsauㄚ tsiŋㄧ　辦事不准確,出差錯

假攄　keㄚ siauㄥ　裝瘋賣傻

激扮　kikㄚ panㄧ　裝腔作勢

大粒子　tuaㄥ liapㄥ tsiㄚ　擺架子

嚨頭　gianㄧ t'auㄥ　不識時務

假鬼　keㄚ kuiㄚ　裝神弄鬼

落氣　lauㄥ k'uiㄧ　當衆出醜

　失氣　sitㄚ k'uiㄧ

湊坎　ts'auㄚ k'amㄚ　湊巧

司□　saiㄧ lãiㄧ　嬌滴滴的樣子

孽消　giatㄥ siauㄥ　作孽,調皮

手銃　ts'iuㄚ ts'iŋㄥ　說假話,空話，又指敝
　事莽撞

見怪　kianㄚ kuaiㄥ　奇怪的意思

大心氣　tuaㄥ simㄧ k'uiㄥ　受刺激興奮而加
　快呼吸

無盤　bo(bɤ)ㄥ puãㄧ　不上算,劃不來

歸陣　kuiㄧ tinㄧ　合羣

展威　tianㄧ uiㄧ　示威

解彩　kaiㄧ ts'aiㄚ　故意爲難他人

拍算　p'aㄚ sŋㄥ　打算

按算　anㄚ sŋㄥ　設想

落溝　lauㄥ kauㄚ　遺漏

牽拖　k'anㄧ t'uaㄧ　牽涉

張持　tiũ(tiɔ̃)ㄧ tiㄧ　提防

作彩　tsokㄚ ts'aiㄚ　作弄,興風作浪

　做影　tsueㄚ iŋㄧ

嗌雞歸　punㄧ kue(ke)ㄧ kuiㄧ　吹牛皮

展寶　tianㄧ po(pɤ)ㄚ　炫耀財寶，又炫耀本
　領

擔當　tamㄧ tŋㄧ

翰　uat˩　繞過去

翰頭　uat˩ t'au˩ˊ　回頭

擺撥　pai˥ pua˥˩　任人擺佈

比並　pi˥ piŋ˥　比較

譬論　pi˥ˊ lun˥　比如

撙節　tsun˧ tsat˩　量力而行

跋九　pua˥˩ kiau˥　賭博

拍損　p'a˥ˊ ŋg˩ˊ　損壞,破壞(財物),又可惜

無彩　bo(bɤ)˩ ts'ai˥˩　可惜

時行　si˩ kiã˩ˊ　時興

過流　ke(kue)˥ˊ lau˧　過時

出頭　ts'ut˥ˊ t'au˩ˊ

吩咐　hun˧(huan˧) hu˩　

　交待　kau˧ tai˧

煞　sua˥˩　結束

拷銃　k'o˥(k'ɤ˥)ˊ ts'iŋ˥　槍殺

吊□　tiau˥ˊ tau˧　上吊

着　to?(tɤ?)˩ˊ　燃起,點燃

浮　p'u˩ˊ　浮起

沉　tim˩ˊ　沉沒

浡　p'u˥ˊ　沸起

□　ti˩　溢出

頂動　tin˥ taŋ˧

□　se?˥ˊ(se˧)　旋轉,繞圈子

嗌　pun˩ˊ　吹

□　lua˩　人在地上翻滾的動作

□　p'un˩ˊ　牲畜在地上翻滾的動作

□　suan˩　蛇行而進

閃爍　siam˥(sĩ˥)ˊ la˩ˊ　(火光)一閃而滅,又指閃電

喊嚇　hã˥ˊ he?˥˩　恐嚇、威脅

必　pit˩　有裂痕而不破開

糊　k'o˩ˊ　在牆壁上亂貼亂涂

□　tɔ˩　湮開

猜　ts'io(ts'iɤ)˥ˊ　動物發情

生殕　sĩ(sẽ)˧ p'u˥ˊ　食上長白毛

　生菇　sĩ(sẽ)˧ kɔ˥

生菇籠殕　sĩ(sẽ)˧ kɔ˥ laŋ˥ p'u˥ˊ

附:肯定與否定

有　u˧

無　bo(bɤ)˩ˊ

卜　be?˥˩　要、肯、答應之辭

怀　m˩ˊ　不,不要

通　t'aŋ˧ˊ　行,可以

怀通　m˩ t'aŋ˧ˊ　不行,不可以

會使兮　e˧ sai˥ˊ e˧　可以

會用兮　e˧ iŋ˧ˊ e˧

繪使兮　bue(be)˧ˊ sai˥ˊ e˧　不可以

繪用兮　bue(be)˧ˊ iŋ˧ˊ e˧

会　e˧

繪　bue(be)˧　不會

待　ti(te)˧　在

無待兮　bo(bɤ)˩ˊ ti(te)˧ e˧　不在

是　si˧

怀是　m˩ˊ si˧　不是

着　tio?(tiɤ?)˩ˊ　對

怀着　m˩ˊ tio?(tiɤ?)˩ˊ　不對

免　bian˥ˊ

怀免　m˩ˊ bian˥ˊ　不用,不必

21.　數量

加圖　ka˧ lŋ˩ˊ　全數,整數

成兮　tsiã˩ˊ e˧　整個

　歸兮　kui˧ e˧

零星　lan˩ˊ san˧

料少　lio(liɤ)˥ˊ sio(siɤ)˥ˊ　少許

一絲仔　tsit˩ si˧ a˥ˊ　(臺北)一點點

　一點仔　tsit˩ tiam˥ˊ a˥˩　(臺南)

成十兮　tsiã˩ˊ tsap˩ˊ e˧　十個左右,百、千、萬依此類推

一半　tsit˩ puã˥˩

恰無一半　k'a˥ˊ bo(bɤ)˩ˊ tsit˩ puã˥˩　不到一半

一半恰加　tsit˩ puã˥ k'a˥ˊ ke˧　一半還多

雙　siaŋ˧　雙數

奇　k'iaˀ　單數

空　k'ɔŋˇ　零

空五　k'ɔŋˇ gɔ̄ˇ　零點五，其他類推

一　itˀ, tsitˀ

二　li˧

兩　liɔŋˀ, lŋˀ

三　samˉ, sã̄ˉ

四　suˉ, siˀ

五　guˀ, gɔ̄ˀ

六　liɔkˀ, lakˀ

七　ts'itˀ

八　patˀ, pueˀ(peˀ)˩

九　kiuˀ, kauˀ

十　sipˀ, tsapˀ

百　paˀ˩

千　ts'iŋˇ

萬　ban˧

億　ik˩

十幾个　tsapˣ kuiˉ eˉ　十幾個，從十——百、千、萬可類推

十外个　tsapˣ gua˧ eˉ　十多個

一廿　itˀ liap˧　一、二十

廿一　liap˧ itˀ　二十二——二十九可類推

三一　samˉ itˀ　三十一，三十二——三十九可類推

四十　siapˣ

四十一　siapˣ itˀ　四十二——四十九可類推

二仔一　li˧ aˉ itˀ　二百一十，二百二十——二百九十……九百一十一——九百九十可類推

柱　t'iauˉ　房，同房兄弟叫共柱，大房叫大柱，依次叫二柱、三柱等等

鼓　kɔˀ　壺。一～水，即一壺水

擺　paiˀ　次數單位，來三～，即來了三次

逝　tsuaˉ　菜園或田地的行或壟叫逝

嶙　liŋˀ　甘薯地里的行或壟叫嶙

垀　k'u˧　一～塍，即一塊田地

蒲　pɔˇ　一～草，即一塊草地

□　bɔˇ　五、六～紅肉，即五、六塊濕疹

襲　su˧　計算成套衣裝，一～衫褲，即一套衣服

領　liã̄ˀ　一～衫，一件上衣

條　tiauˇ　一～褲

尾　be(bue)ˀ　計算魚蛇類動物，一～魚，即一條魚

只　tsiˀ　一～綫，即一軸綫

棚　pĩ(pẽ)ˇ　一～戲，即一臺戲

板　panˀ　計算成板狀物，一～橋，即一座小橋

縛　pakˀ　計算成捆物品，一～柴，即一捆柴火

管　kɔŋˀ　計算成筒物品，一～米，即一筒米

倉　ts'ŋˇ　一～米

白　k'uˇ　一～米（白是石白）

墼　hakˀ　一～屎，即一池糞（墼是廁所）

通　t'ɔŋ　打公用電話，五分鐘爲一通

綰　kuã̄˧　一～，即一串

墩　tunˉ　一～，即一小堆

浮　puˇ　一～屎，即一泡屎

□　te˧　一～板，一塊木板；一～膏藥，一塊藥膏

陣　tin˧　計算成羣的人畜，一～一～，即一羣一羣，包含着有組織的意思

□　lamˇ　一～鷄鴨（□是一種圍鷄鴨的竹器）

喙　ts'uiˉ　一～飯，即一口飯（喙是嘴巴）

水　tsuiˀ　家禽繁殖次數，一～，即一次

宿　siuˉ　一～鳥仔，一窩鳥兒（宿是巢穴）

丁　tiŋˇ　計算戶口時，男的爲丁，女的爲口

燭　tsikˀ　計算電燈度數，一瓦爲一燭

痕　hunˇ　繪三～，畫三道綫

巡　sunˇ

筒　taŋˇ　計算成卷物品，一～紙，即一卷紙

叢　tsaŋˇ　計算成棵、株植物，一～樹，即一

棵樹

箬　hioʔ(hiɣʔ)ㄍ　一～樹箬，即一片樹葉（箬是葉子）

稛　tsaŋㄍ　計算成捆草類，一～草，即一捆草

窟　kʼutㄥ　一～菜，即一棵菜

頭　tʼauㄗ　計算成棵蔬菜，一～菜，即一棵菜

迹　tsiaʔㄥ　兩～墨水，即兩處沾上墨水的痕迹

身　sinㄍ　計算雕刻人像，一～銅像，即一尊銅像

桌　toʔ(tɣʔ)ㄥ　一～菜

盞　tsuãㄍ　一～酒

輪　lunㄗ　一～酒，一～菜，酒席上讓客人吃一遍酒席叫一輪

幢　tʼɔŋㄈ　叠高的一堆東西叫幢，如一～册，一～碗

斬　tsamㄍ　成段成節物品叫斬，一～柴頭，即一段木頭

落　loʔ(lɣʔ)ㄍ　計算成列建築，三～房，即前後不相連接的三排房子

篾　biʔㄍ　兩～竹篾，兩片竹片

篇　pʼĩㄈ　一～册，一頁書

症　tsiŋㄥ　三～病，三種病

站　tsamㄈ　講一～册，講幾回小說，相當於一個段落

箍　kʼɔㄈ　計算成圈物品，一～篾，即一圈竹篾

柩　kʼuㄈ　棺木單位，一～棺柴，即一副棺木

球　kiuㄗ　計算成束物品，一～花，即一束花

坎　kʼamㄍ　計算店鋪，一～店，即一間店鋪

坩　kʼãㄈ　計算成桶成鉢物品，一～飯，即一桶飯或一鉢飯（坩是陶製飯鉢）

款　kʼuanㄍ　計算抽象事物，三～事志，即三件事情；兩～話，即兩樣話

甌　auㄗ　計算成杯物品，一～酒，即一小杯酒（甌是小杯子）

圈　kʼuan(kʼian)ㄈ　把稻草堆成圓錐形，一堆爲一圈

葩　pʼaㄈ　一～歌，即一首歌；一～葡萄，即一串葡萄；一～花，即一朵花

緣　ianㄗ　沓兩～，摞起兩叠成圓形的東西

蕊　luiㄨ　一～花，一朵花；一～目珠，即一隻眼睛

泡　pʼaㄈ　一～膿水

莢　gueʔ(geʔ)ㄍ　計算豆莢狀物品，一～芎蕉，即一個香蕉

枇　piㄗ　一～芎蕉，即一串香蕉

捻　liamㄥ　一～西瓜，即一片西瓜

瓣　panㄋ　一～橘子，一～蒜頭

幫　paŋㄈ　計算成批物品，一～貨，即一批貨物

間起　kiŋㄋ kʼiㄨ　三～，五～，指蓋房時三間或五間連在一起蓋

角頭　kakㄨ tʼauㄗ　角落，四～，即四個角落

秋水　tsʼiuㄗ tsuiㄨ　成羣結隊的人羣，一～，即一羣人，含貶義

車　tsʼiaㄈ　通常用於稱謂稻谷數量，一車爲一千斤

擔　tãㄥ　一擔爲一百斤

秤　tsʼinㄥ　因地方差別，一秤相當於二十斤或三十斤不等

石　tsioʔ(tsiɣʔ)ㄍ　一石通常爲一百斤；也可用於量木材，一石通常爲一立方米

公斤　kɔŋㄋ kun(kin)ㄈ

斤　kun(kin)ㄈ

兩　liũ(liõ)ㄍ

磅　pɔŋㄈ

臺　taiㄋ　一～貨車，即一節貨車廂；一～砂石，即一立方米砂石

斗　tauㄍ　通常用於稱謂稻谷的數量，一斗米通常是十五斤，一斗稻谷通常是十斤

升　tsinㄈ

箍　kʼɔㄈ　貨幣單位，一～即一元

角　kak˩　貨幣單位,一角爲十分
仙　sian˥（臺北）　貨幣單位,一～爲一分
　占　tsiam˧（臺南）
甲　kaʔ˩　土地丈量單位，一甲約爲十三市
畝
甲步　kaʔ˥ poˈ˧　一甲步,即通常一步長
畝　bo˧
分　hun
鋪　pˈo˧　里程單位,一鋪爲十華里
里　li˥
尋　siam˧　通常兩個胳膊伸直的長度
攬　lam˥　一攬爲兩手合抱的長度，通常用
　於量圓形物體的大小
竹篙　tik˥ ko(kɤ)˧　一～長,即一根竹竿的
　長度
丈　tŋ˧
米　bi˥
尺　(ts)ˈioʔ(tsˈiɤ)˧
摺　liaʔ˥　大拇指和中指伸直的長度爲一摺
寸　tsˈun˧
工　kaŋ˧　一～,即一天
對時　tui˥ si˧　一對時爲 24 小時
漏水　lau˥ tsui˥　一漏水爲 12 小時
點　tiam˥
分　hun˧
秒　bio(biɤ)˥

22. 性質狀態

快　kˈuai˧
　趕緊　kuaŋ˧ kin˥
　敏捷　bin˧ tsiap˥
　立捷　liap˥ tsiap˥　立卽
　臨邊　liam˧ bĩ˧(<pĩ˧)
慢　ban˧
　寬寬　kˈuã˧ kˈuã˧
　慢且序　ban˧ tsˈiã˧ si˧　慢慢來,慢點兒
　寬寬序　kˈuã˧ kˈuã˧ si˧

□　tˈok˩　鼓起來
□　laʔ˥　癟下去,凹下去
大　tua˧
　賅　hai˧　大而空
細　sue(se)˧
幼秀　iu˥ siu˧　小而雅緻
正　tsiã˧
　四正　si˥ tsiã˧　端正,一般指具體事物
歪　uai˧
　餃　kˈi˧
□　ba˧　嚴密
恒　an˧　嚴密、緊實
鬆　saŋ˧　不嚴密,不緊實
密　bat˥　多,擁擠,嚴密
　實　tsat˥
膨鬆　pˈoŋ˧ soŋ˧　少,疏鬆
豪　gau˧　能幹
強　kioŋ˧　一般指男人能幹
有扮　u˧ pan˥　指一個人臨事有主意,有本
事
勇　kˈiaŋ˧　指一個人能幹而有手段,含貶義
勇餃　kˈiaŋ˧ kˈi˧　一般指婦女能幹
閒慢　ham˧(<han˧) ban˧　笨拙,不能幹
利　lai˧　指刀刃快
墩　tun˧　指刀刃不快
□　tsue˧　多
少　tsio(tsiɤ)˥
好　ho(hɤ)˥
疲　pˈãi˥(pˈai˥)　壞,不好
燒　sio(siɤ)˧　熱的
拉冷燒　la˧ liŋ˧ sio(siɤ)˧　溫和的
　溫仔燒　lun˧(<un˧) a˧ sio(siɤ)˧
凊　tsˈin˧　冷的
　凝　gan˧
水　sui˥　美麗,漂亮
緣投　ian˧ tau˧　指男子美
足嫷　tsiok˥ tsam˥　真漂亮
殊　bai˧　醜,難看(指相貌醜)

怯勢　k'iapˋ siˋ　醜（指五官不全的醜）	無力　bo(bɤ)ˋ latˋ
脹　tiŋˋ　硬	深　ts'imˊ
楗　tiŋ˦　（多指木質的東西硬）	淺　ts'ianˋ
脆　ts'e(ts'ue)ˋ	洘　k'o(k'ɤ)ˋ　水淺
軟韌　lŋˋ lun˦　軟而韌	洘流　k'o(k'ɤ)ˊ lauˋ　退潮
直　titˊ	滿　buãˋ
彎　uanˊ	滇　tĩ˦
遠　hŋˊ	水滇　tsuiˋ tĩˊ　漲潮
近　kun(kin)ˋ	轉流　tŋˊ lauˋ
新　sinˊ	飽滇　paˋ tĩˊ　果實飽滿
舊　kuˋ	空　k'aŋˊ
舊相　kuˋ siũ(siõ)ˋ　陳舊的樣子	真　tsinˊ
飽　paˋ　實在	有影　uˋ iãˋ　確有其事
冇　p'ãˋ　空的，虛的	假　keˋ
聰明　ts'aŋˊ biãˊ	假影　keˊ iãˋ　虛假
鈍　tunˋ　愚笨	無影　bo(bɤ)ˋ iãˋ　沒有的事
罕拔　hamˋ(<hanˋ) puatˋ　遲鈍	粗　ts'ɔˊ
精　tsiãˊ　精明幹練	細　sue(se)ˋ
欺巧　k'iˋ k'iauˋ　有心眼，善於隨機應變	幼　iuˋ　成粉末狀的東西，又指精細的東西
伀　soŋˊ　傻里傻氣	厚　kauˋ
大兮　tuaˋ eˊ　大的	薄　po?(pɤ?)ˋ
大箍　tuaˋ k'oˊ　高大的男子	薄厘絲　po?(pɤ?)ˋ liˋ siˊ　很薄
大箍八　tuaˋ k'oˋ pue?(pe?)ˋ　有貶義	重　taŋˋ
漢草　hanˋ ts'o(ts'ɤ)ˋ	沉重　timˋ taŋˋ　很重
大箍顢浮　tuaˋ k'oˋ hamˋ p'uˋ　高大但	輕　k'inˊ
虛弱的人	浮漂　p'uˋ p'io(p'iɤ)ˋ　很輕
大漢　tuaˋ hanˋ　大個子，成年人	闊　k'ua?ˋ
四壯　siˋ tsŋˋ　高大而雄壯的人	□　ue?ˋ　狹窄
漢將　hanˋ tsiaŋˋ　魁梧而有氣派的人	長　tŋˊ
挑　lo(lɤ)ˋ　個頭高大	長若索　tŋˊ lo?(lɤ?)ˋ so?(sɤ?)ˋ　很長
侏子仔　tsiuˋ tsiˊ aˋ　很小的個子	□　teˋ　短
細漢　sue(se)ˋ hanˋ　小個子	懸　kuanˊ, kuĩ(kuãi)ˊ　高
細漢仔　sue(se)ˋ hanˋ lãˋ(<aˋ)　小個子，	徛　kiaˋ　陡峭
又未成年的人	巔　tinˊ　高聳
勇健　iɔŋˋ kiãˋ　結實，身體好	下　keˋ　低
□　lamˋ　不結實，虛弱	肥　puiˋ　肥、胖，指人或動物均可
□弱　lamˊ lsioˋ　虛弱	放奶　haŋˋ linˊ　指嬰兒胖
猛　binˋ　強壯有力	瘠　sanˋ　瘦

嬈 gianↆ 瘦小而苗條

瘖細 sanˀ sue(se)ↆ 瘦小

平 pĩ(pē)⊣

尖 tsiamˀ

啙 tsĩˀ 幼小

筼 ts'iaↆ 斜

醪 lo(lɤ)⊣ 渾濁,粘稠

　澇 lo(lɤ)⊣

洘膠 k'o(k'ɤ)ˀ kaↆ 粘而稠(如米湯類)

富 puↆ

有空 uↆ k'aŋˀ 富有

　好額 ho(hɤ)ˀ giaʔↆ

好命儂 ho(hɤ)ˀ biãↆ laŋˀ

有錢儂 uↆ tsĩˀ laŋˀ

土富 t'ɔˀ puↆ 土財主

散 sanↆ 窮

散兒 sanↆ hioŋˀ 窮極

窮儂 kiŋↆ laŋˀ 窮人

　散兒儂 sanↆ hioŋ⊣ laŋˀ

痞命儂 p'aiˀ(p'ãiˀ) biãↆ laŋˀ

無錢儂 bo(bɤ)ↆ tsĩˀ laŋˀ

艱苦儂 kan⊣ k'ɔˀ laŋˀ

忠厚儂 tioŋ⊣ hauↆ laŋˀ

哴潲 hau⊣ siauˀ 説假話

大空 tuaↆ k'aŋˀ 説大話

哴若 hau⊣ lakˀ 説空話

泛古 hamˀ kɔˀ 指無事實根據的説法

哈仙 hapˀ sianˀ 誇誇其談的人

海口仙 haiˀ k'auˀ sianˀ 愛吹牛皮的人

　膨風龜 p'ɤˀ hoŋ⊣ kuˀ

翹翹 aŋˀ laŋˀ 多得驚人,又固執而不懂禮

敢死 kãˀ siↆ 形容很驚人,又敢做敢爲

半頭青 puãↆ t'auↆ ts'ĩ(ts'ē)ˀ 反復無常

想空想縫 siũ(siõ)ↆ k'aŋˀ siũ(siõ)ↆ p'aŋↆ

　　到處鑽營

針鑽 tsiam⊣ tsŋↆ 善於鑽營取巧

跙跙蹰蹰 ti⊣ ti⊣ tuↆ tuˀ 説話含糊不清

黃酸 ŋↆ sŋˀ 臉黃肌瘦

紅膏赤□ aŋↆ ko(kɤ)⊣ ts'iaʔˀ ts'iʔˀ 紅光
　滿面

科頭 k'o(k'ɤ)⊣ t'auↆ 驕傲自大

使潑 saiˀ p'uaʔↆ 放肆

假仙 keˀ sianˀ 假里假氣

懵懵 boŋↆ boŋↆ 粗心大意

條直 tiauↆ titˀ 爽直

利便 liↆ pianↆ 方便,便利

落魄 loʔ(lɤʔ)ↆ poʔ(pɤʔ)ˀ 失勢之甚

拗鬱 auↆ utↆ 含冤受屈

鬱悴 utↆ tsutↆ 憂郁

衰潲 sue⊣ siauↆ 壞運氣

衰在 sue⊣ ts'aiↆ 運氣極壞

衰微 sue⊣ biↆ 衰落

　落衰 loʔ(lɤʔ)ↆ sueˀ

齷儂 tsakˀ laŋↆ 惱人

孤獨 kɔ⊣ takˀ

孤單癖 kɔ⊣ tuã⊣ p'iaʔↆ 孤癖的性格

會靠 eↆ k'o(k'ɤ)ↆ 可靠

好勢 ho(hɤ)ˀ seↆ 順當

加頭 ke⊣ t'auↆ 多餘

佳載 ka⊣ tsaiↆ 幸虧,幸好

心適 sim⊣ sikↆ 心情舒暢

顯目 hiãˀ bakˀ 光亮耀眼

撒送 p'iatˀ saŋↆ 漂亮瀟灑

粒積 liapↆ tsit(tsik)ↆ 儉省

趖儉 k'iuↆ k'iam⊣ 極儉省

凍酸 taŋˀ sŋˀ 吝惜

　怯使 k'iaↆ saiↆ

鄙匜 p'iˀ iiↆ 小氣之極

咸合澀 kiamↆ kaʔˀ siapↆ 吝惜又小氣

梟雄 hiau⊣ hioŋↆ 奸險

風險 hoŋ⊣ hiamˀ

斬截 tsiamˀ tsueʔˀ 果斷,決斷

細膩 sue(se)ˀ liↆ 客氣,小心

憚 tuã⊣ 懶

　笨憚 pinↆ(punↆ) tuãↆ

古錐 kɔˀ tsuiˀ 可愛,逗人喜愛

夠氣　kau˨ k'ui˩　足夠

夠坎　kau˨ k'am˨　指所作所爲已經到了頂點

感應　kam˥ in˩　感慨

無藝量　bo(bɤ)˩ gi˩ liũ(liõ)˧　無聊

閑　iŋ˦

無閑　bo(bɤ)˩ iŋ˦　忙

緊性　kin˥ siŋ˩　急脾氣，急性子

着猴　tioʔ(tiɤʔ)˩ kau˦　着急

青猴　ts'ĩ(ts'ẽ)˧ kau˦　慌張

猴狂　kau˩ kɔŋ˦　慌慌張張

兇赴　hiɔŋ˧ hu˩

兇兇赴　hiɔŋ˧ hiɔŋ˧ hu˩

憺憺　tiam˩ tiam˧　安靜的樣子

搭惶　t'aʔ˨ hiã˧　睡眠很淺，容易驚醒

嗹　gian˩　又饞又貪，又指喜歡

僐　sian˧　累

厚話　kau˩ ue˧　多話

□話　tsue˩ ue˧

大路　tua˩ lɔ˧　大方

在腹　tsai˩ pak˩　真心實意，真實

空殼　k'aŋ˧ k'ak˩　假的，空的

豪屈　gau˩ k'ut˩　能專心致力於某事

土直　t'ɔ˥ tit˨　粗魯然而直爽的性格

生份　sĩ(sẽ)˧ hun˧　陌生

感心　kam˥ sim˥　心里佩服，又感激

頂真　tiŋ˥ tsin˥　認真

真嶄　tsin˧ tsam˨　很好，極好

好量　ho(hɤ)˥ liɔŋ˧　好脾氣

痞量　p'ãi˥ liɔŋ˧　壞脾氣

暗暢　am˨ t'iɔŋ˩　暗暗高興

螯拉　li˩ la˥　貪得無厭

坎□　k'am˩ k'iat˨　坎坷不平

坎坎□□　k'am˩ k'am˩ k'iat˩ k'iat˨

白茫茫　peʔ˩ bɔŋ˩ bɔŋ˦

白鑠□　peʔ˩ liak˨ siak˩　白得發光

金閃閃　kim˧ siam˥ siam˨　亮晶晶

金錫錫　kim˧ siʔ˨ siʔ˩

滂篤篤　lo(lɤ)˩ tuʔ˨ tuʔ˩　（水）渾極了

□□□　ba˩ sŋ˨ sŋ˧　嚴密極了

軟□□　lŋ˥ sio(siɤ)˩ sio(siɤ)˦　軟塌塌，也可以形容一個人渾身無力的樣子

平蒲蒲　pĩ(pẽ)˧ pɔ˧ pɔ˥　水平如鏡

油□□　iu˩ lap˨ lap˩　油膩得很

光滑滑　kŋ˧ kut˩ kut˨　光滑得很

光溜溜　kŋ˧ liu˧ liu˥

光缺缺　kŋ˧ k'ut˩ k'ut˨　光禿禿

硬□□　gĩ(gẽ)˩ piaŋ˨ piaŋ˩　硬梆梆

脤殻殻　tiŋ˨ k'ɔk˨ k'ɔk˩

韌□□　lun˩ pɔ˨ pɔ˩　韌得很

厚篤篤　kau˩ tuʔ˨ tuʔ˩　很多很密

重滲滲　taŋ˩ sim˨ sim˩　沉重得很

□閉閉　ueʔ˩ piʔ˨ piʔ˩　非常狹窄

圓輦輦　ĩ˩ lin˨ lin˧　非常圓

紅怕怕　aŋ˩ p'a˨ p'a˧　極其興旺

□□□　k'ian˧ teʔ˨ teʔ˩　指小孩在父母面前嬌滴滴，親熱得很

在篤篤　tsai˩ tuʔ˨ tuʔ˩　安然自在若無其事

鹹篤篤　kiam˩ tuʔ˨ tuʔ˩　鹹極了

鹹□□　kiam˩ kuaʔ˨ kuaʔ˩　鹹得發苦

芳蒸蒸　p'aŋ˧ tsiŋ˨ tsiŋ˩　香噴噴

芳攻攻　p'aŋ˧ kɔŋ˨ kɔŋ˩

臭薟薟　ts'au˨ hiam˧ hiam˥　臭極了

臭□□　ts'au˨ hiã˧ hiã˥

烏□□　ɔ˧ kã˨ kã˩　烏黑烏黑的

烏墨墨　ɔ˧ bak˨ bak˧

烏森森　ɔ˧ sim˧ sim˥　漆黑一片

烏黢黢　ɔ˧ sɔ˩ sɔ˦　黑乎乎的

紅記記　aŋ˩ ki˨ ki˩　紅極了

紅攻攻　aŋ˩ kɔŋ˨ kɔŋ˩

甜密密　tĩ˧ bit˩ bit˨　親密無間，又（味）甜極了

苦篤篤　k'ɔ˥ tuʔ˨ tuʔ˩　窮苦不堪，又（味）苦極了

燒滾滾　sio(siɤ)˧ kun˥ kun˨　（水、湯等）

熱得很

熱□□　lua˩ bī bī　（天氣）熱極了

23. 副詞

（1）表示然否

定規　tiŋ kui　一定

　定着　tiã tioʔ(tiɤʔ)　

的確　tik k'ak

無一定　bo(bɤ) it tiŋ　不一定

　無定着　bo(bɤ) tiã tioʔ(tiɤʔ)

　無的確　bo(bɤ) tik k'ak

　檢采　kiam ts'ai　可能

恐驚　k'ioŋ kiã　恐怕

約略　iok liok　大概

大約　tai iok

明明　biŋ biŋ

抵好　tu ho(hɤ)　正好

抵仔好　tu a ho(hɤ)

正　tsiã

正　tsiã　有進一步強調的意思

（2）表示時間

已經　í kiŋ

抵者　tu tsia　才，剛才

　抵仔者　tu a tsia

　抵仔　tu a

　頭抵仔　t'au tu a

煞尾　suaʔ be(bue)　最後

　路尾　lo be(bue)

將近　tsioŋ kun(kin)

　直卜　tit beʔ

暫且　tsiam ts'iã　暫時

卽　tsit(tsik)　就，立卽

　卽時　tsit(tsik) si

平素　piŋ so　平時，經常

　步頻　po pin

（3）表示程度

恰停仔　k'aʔ t'iŋ a　等一會兒

少等仔　sio(siɤ) tan a　稍等一會兒

罕得　han tik　少見

猶嬒　iau bueʔ(beʔ) rui　未曾

上　sioŋ　最

太　t'ai

　傷　siũ(siõ)

真　tsin　很。～好，很好

　正　tsiã

比較　pi kau

恰　k'aʔ(k'ak)

搁恰　koʔ(kɤʔ) k'aʔ　更加

　恰加　k'aʔ ke

　愈恰　lu k'aʔ

成差　tsiŋ ts'a　相差

（4）表示範圍

攏　loŋ　都

通通　t'oŋ t'oŋ

　攏總　loŋ tsoŋ

　剿剿　tsiau tsiau

只　tsi

乾焦　kan(kā) ta(lã)　只有

獨獨　tok tok　僅有

唔爾　m nī　不只。～兩款事志，不只兩

　件事

小可　sio(siɤ) k'ua　少許

　淡薄仔　tam poʔ(pɤʔ) a

譜譜仔　p'o p'o a　差不多，大略上

（5）其他

唔管　m kuan　不管……

究竟　kiu kiŋ

到底　tau ti

當然　taŋ(toŋ) lian

　嬒怪今　bue(be) kuai e

再　tsai˩
　搁　koʔ(kɤʔ)˩
　搁再　koʔ(kɤʔ)˥ tsai˩
　重再　tiŋ˩ tsai˩
存心　tsʻun˩ sim˥
　超工　tʻiau˩ kaŋ˥
無張持　bo(bɤ)˥ tiũ(tiɔ̃)˩ ti˥　無意間，沒
　提防
照原　tsiau˥ guan˩　按原來
原本　guan˩ pun˥　原來
　本成　pun˥ tsiã˩
　本底　pun˥ tue(tu)˥
出在　tsʻut˥ tsai˩　任憑
罔　boŋ˥　隨便將就
横直　huĩ(huãi)˩ tit˥　横豎，反正

24. 其他虛詞

(1) 介詞

合　kʻaʔ˩　向……方向
順　sun˩　沿着
照　tsiau˩　按照
自　tsu˩　從……。多表示時間，如"～幼
　起"，即"從小時候起"
押尾　aʔ˥ be(bue)˥　在……後頭
將　tsiŋ˥　把……
從　tsioŋ˩　從……。多表示地點
　對　tui˩
　抵　ti˩
將……准做……　tsiŋ˥ …… tsun˥ tsue˩
　把……當作……
□……□□　ui˩ …… kuaʔ˥ tã˩　從……到
　今天
以外　i˥ gua˩　除……以外
　除起　tu˩ kʻi˥

(2) 連詞

因為　in˥ ui˩
所以　sɔ˥ i˩
雖然　sui˥ lian˩
怀□　m˩ kuʔ˥　但是
怀□　m˩ koʔ(kɤʔ)˩
不過　put˥ ko(kɤ)˩
而且　li˩ tsʻiã˥
或者　hik˩ tsia˥
亦是　iaʔ˥ si˩
合　kaʔ˩(kap˩) ……和……
參　tsʻam˥
然后　lian˥ au˩

(3) 助詞

底　ti(te)˩　附在動詞後面表示正在進行時
　態
□　teʔ˥
正□　tsiã˥ teʔ˥
爾爾　liã˩ liã˩　表示"不過如此而已"的意
　思
啊啦　a˩ la˩　附在動詞後面，表示已完成
　時態
了啦　liau˥ la˩
且　tsʻiã˥　附在動詞之前（在一般否定句）
　或之後（在一般疑問句），表示將來時態
矯　bueʔ(beʔ)˩
亦矯　iaʔ˥ bueʔ(beʔ)˩
阿　a˥(an˥)　作詞頭
个　e˥　表示領屬關係，相當於"的"
个　e˥　作詞尾
仔　a˥　表示領屬關係，相當於"的"；又作詞
　尾
仙　sian˥　作詞尾
鬼　kui˥　作詞尾
神　sin˩　作詞尾
龜　ku˥　作詞尾

（4）語氣詞

嗎　bã˧　表示疑問、反詰

無　bo˩　表示疑問、反詰

呢　li˧　表示疑問或然否

啊　a˥　表示驚嘆

啦　la(le)˥　表示確定、認可

囉　lo(ɤ)˩　表示惋惜、提醒

煞　sua?˩　表示讓步

（佳）載　(ka˧)tsai˩　表示驚嘆、慶幸

第肆章　主要語法特點

一　"仔"與"兮"

臺灣閩南方言有兩個比較特殊的語法成分,這就是"仔"與"兮"。現分説如下。

(一)　"仔"

"仔"是俗字寫法,音 [ㄗ],單讀是零聲母字。但與其他詞結合的時候,如前字是以 [-p]、[-t]、[-k] 和 [-m]、[-n]、[-ŋ] 收尾,就由零聲母變爲有聲母。變化規律是:

如果前一字是以 [-p]、[-t]、[-k] 收尾的,則"仔"分別變化爲 [ba]、[la]、[ga]。當然,這裏的聲母 [b-]、[l-]、[g-] 的濁音性質比通常情況下顯得弱一些。例如:

> 盒仔小匣子: apˌ ㄚ ＞ apˌ baˋ,
> 蛤仔小青蛙: kapˊ ㄚ ＞ kapˊ baˋ;
> 賊仔小偷: tsʻatˌ ㄚ ＞ tsʻatˌ laˋ,
> 窟仔小坑: kʻutˊ ㄚ ＞ kʻutˊ laˋ;
> 竹仔竹子: tikˊ ㄚ ＞ tikˊ gaˋ,
> 鑿仔鑿子: tsʻakˌ ㄚ ＞ tsʻakˌ gaˋ。

如果前一字是以 [-m]、[-n]、[-ŋ] 收尾的,則"仔"分別變化爲 [bã]、[lã]、[gã]。如:

> 柑仔小柑橘: kamˋ ㄚ ＞ kamˋ bãˋ,
> 店仔小鋪子: tiamˏ ㄚ ＞ tiamˏ bãˋ;
> 囝仔小孩子: ginˏ aㄚ ＞ ginˏ lãˋ,
> 番仔西方人: huanˏ ㄚ ＞ huanˏ lãˋ;
> 儂仔畫册上的人像: laŋˏ ㄚ ＞ laŋˏ gãˋ,
> 老公仔小老頭: lauˋ kɔŋˏ ㄚ ＞ lauˋ kɔŋˏ gãˋ。

"仔"單讀屬陰上調。但它附於其他詞的後面,作詞尾的時候,或處於詞的中間位置,作嵌入成分的時候,它以及它前面的字,要産生特殊的變調。具體情況如下:

1. "仔"附於其他詞的後面,表示人名的時候,産生三種特殊變調:

(1)　附在以動植物名稱構成的人名之後,"仔"變爲輕聲。如"魚仔、蝦仔、桃仔、李仔、石仔"等表示人名的"仔"一律讀輕聲。如果把這裏的"仔"讀成原調,那就不是指人名,而是指具體的魚、蝦、桃子、李子、石頭等等了。

(2)　附在一般人名之後,如前字是陽平和陽入調,"仔"變爲陰平。前字是陽平,"仔"變陰平的如:王仔、琴仔、圓仔;前字是陽入,"仔"變陰平的如:"日仔、玉仔、葉仔"等等。

(3)　附在一般人名之後,如前字是其他各調,"仔"字隨前字聲調而變化,這裏就無需舉例了。

2. "仔"附於其他詞的後面,並不表示一定的名類,這時它通常讀原調,只有在語氣需要的時候,才能讀輕聲。

　　3. “仔”處於詞的中間位置,作嵌入成分時,它總是按通常變調規律讀陰平,很少有例外。

　　4. 不論在什麼情況下,“仔”的存在都影響到前字產生特殊的變調規律。就是說,“仔”的前字不按第壹章第三節所講的變調規律變化。可以用一個簡單的圖例來表示。如 5.1.1 表:

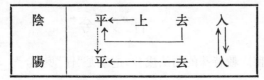

其中虛線箭頭表示前字陰平有的變陽平,有的不變調。變陽平的詞例如:“箱仔、包仔、柑仔”等等;不變調的詞例如:“羌仔_{小山羊}、 葱仔_{小葱}”等等。什麼時候變,什麼時候又不變,還没有找出什麼規律來。其他說明是:前字陽平不變調,如“櫥仔、蝦仔、草寮仔_{小草房}”等。前字上聲和陰去都變陰平,上聲變陰平,如“草橄仔、鈕仔、板仔”等,陰去變陰平,如“印仔、店仔、鋸仔”等。前字陽去變陽平,如“柱仔、熏袋仔_{煙包}、舅仔”等。前字陰入和陽入互變,陰入變陽入,如“蛤仔、殼仔、帖仔”等,陽入變陰入,如“粒仔、侄仔、賊仔”等。

　　上面,是與“仔”有關的種種特殊讀音情況。由此已大致可見它是“獨具一格,非同凡響”了。現在,再來重點討論它的語法作用。從所處的位置上說,“仔”有兩種情況:一是作爲詞尾成分的“仔”,二是嵌入詞中間的“仔”,這兩種“仔”雖然都是詞裏的虛指成分,但所起的作用不太一樣。下面分別討論。

　　1, 作爲詞尾成分的“仔”。

　　“仔”作詞尾,可以和名詞、動詞、形容詞以及表示時間、地點、數量的詞結合在一起。這時“仔”所起的基本作用,就是使它前面的詞具有指“小、少”的意義。

　　(1)“仔”作一般名詞詞尾,表示該名詞所指的事物是“小”的。例如:

　　　　囝仔_{小孩子}　嬰仔_{嬰兒}　　儂仔_{畫冊上的人像}
　　　　狗仔_{小狗}　　鷄仔_{小鷄}　　鳥仔_{小鳥兒}
　　　　桌仔_{小桌子}　本仔_{小本兒}　石仔_{小石頭兒}

這裏的“仔”相當於普通話的“子”尾和“兒”尾。如果去掉“仔”,意思就大不相同。“囝”可能是二十幾歲的大漢子,“嬰”可能是上學的小學生,“狗”可能是肥大的老狗,“桌”可能是八仙桌,大寫字檯等等。某些本來就表示細小事物的單音節名詞,往往附上“仔”成雙音節名詞,使稱謂起來上口一些,意義也更明確一些,但不一定和“大”的同類事物相對,如:“帽仔_{帽子}、李仔_{李子}”等,一定不能只說“帽”、“李”。這是因爲在人們的意念上,帽子不管有多大,但究竟是小的,即使封建帝王的皇冠,在全身的服裝裏,仍然是小的,還是可以籠而統之稱爲“皇帝帽仔”。

　　“仔”作表示人名的名詞詞尾,表示愛稱。由指小而指愛稱,其間自然密切相關。例如:

　　　　玉仔　平仔　通仔　明仔　國仔;
　　　　李仔　蝦仔　魚仔　桃仔　石仔……。

因爲這種愛稱是跟指“小”相聯係的,因此通常只用於長輩對晚輩的稱呼,如果用“仔”來稱呼長輩,反而顯得不尊重,有點侮辱或戲謔的味道了;另外,這種表示愛稱的“仔”多附在單音節的人名之後,雙音節的人名之後雖然也可以帶“仔”,如“江海仔”,但畢竟少用,並且也遠不如“海仔”那麼親切。

"仔"還可以附在姓名全稱,比喻性名詞和職業或地名、國名之後,表示蔑視、憎恨或厭惡。由指小、愛稱而反作憎稱,可以説也是非常自然的。例如:

趁食查母仔妓女　憲兵狗仔　蘇聯仔⋯⋯。

這是用"仔"把龐然大物變小的一種修辭手段,蘇聯超級大國够强大了,但一附上"仔"尾,就顯得十分渺小,在說話人的眼裏,是嗤之以鼻的。

(2)"仔"作動詞的詞尾,表示該動詞所指的只是一種輕微的,隨便的動作,這也是指"小、少"功能的演化。例如:

行行仔緩步而行,隨便走走

看矙仔隨意看看,並無事先目的

歇睏仔略微休息一會兒

拍算仔稍微打算打算,合計一下

從例子中可見,單音動詞不好拿"仔"作詞尾,必得重叠爲雙音節,如"行行仔,拍拍仔輕輕拍打、坐坐仔略坐一會兒、看看仔隨意看看"等等。也可以反過來説,單音節動詞重叠了,必得帶"仔"作詞尾,才能使詞義明確清楚,光説"行行、拍拍、坐坐、看看"是不成話的。

(3)"仔"作形容詞詞尾,有把形容詞變爲副詞的作用。這種帶上"仔"尾的副詞,在句子裏修飾動詞,經常隱約地表達了行爲動作者一種漫不經心的心情。這仍然是跟"仔"尾指"小"的意義相聯係的。下面是形容詞"款款"、"穩穩"、"嶄然"加"仔"尾後成爲副詞,由它們構成的句子都具有一種隱含的意義:

伊款款仔行。(他緩步而行,隱含着漫無目的的意思。)

我穩穩仔走。(我慢慢地跑,隱含着一點也不着急的意思。)

這項物件嶄然仔好。(這件東西還算得上好,隱含着還是不以爲然的意思。)

(4)"仔"還可以作數量詞,處所詞和時間詞詞尾。

"仔"作數量詞詞尾,表示所指數量之少,例如:

一屑仔很少一點兒　　　一點仔一丁半點兒

一滴仔很少一滴兒　　　一撮仔一小撮(東西)

三兩儂仔兩三個人　　　一兩匙仔一兩羹匙(東西)

一仙仔一分錢　　　　　一角仔一小角

用數詞"一、兩、三"已表示數量之少了,量詞"屑、點、滴、撮、儂(臨時用爲量詞)、匙、仙、角"等也是表示很少的量的,再附上詞尾"仔",言其數量之少,少得可憐。

"仔"作處所詞和時間詞詞尾,表示所指的處所"近在咫尺",所指的時間"近在即刻"。這還是和"仔"尾指"小、少"的意義密切相關的。例如:

這帶仔就在這個地方　　　這搭仔就在這里

這陣仔就在這會兒　　　　或位仔就在那里

兩三日仔就在這兩三天内

還需要特別指出的是,用作數量詞、處所詞和時間詞的詞尾"仔",經常還有一種明顯地表達語氣的作用(作爲其他詞尾的"仔"也帶點語氣的味道,不過不太明顯),例如:

1 傷少喇,與我恰□ [tsue˧] 多也 一屑仔! (太少了,多給我一點兒吧)

2 伸無若□ [tsue˧] 多也 猶有淡薄仔! (剩得不多,還有一點點兒)

　　3　物件放待這帶仔！（東西就放在這個地方）

　　4　大稻埕是去□ [to˧] 何也　位仔？（去大稻埕怎麼走呀）

1 表達祈求的語氣，2 表達感嘆的語氣，3 表達肯定的語氣，4 表達疑問的語氣。這裏，"仔"有點兒象"啊"，但它畢竟又不是"啊"。這是因爲，"仔"所表示的各種語氣，顯得比較弱，不那麼完全，有時不得不借助於其他語氣助詞或疑問詞的呼應，如 1 句的"喇"，2 句的"若"，4 句的"□ [to˧] 何也"，只有 3 句的肯定語氣例外；此外，"仔"表示語氣的時候，仍然和指"小、少"的基本意義相聯係。

　　2，嵌入詞中間的"仔"。

　　嵌入詞中間的"仔"，使用的範圍比作詞尾的"仔"要來得窄一些，就是說限制的條件比較多。另外，它有的也包含着指"小、少"的意義，有的却正好相反，語法作用更加複雜一些。具體情況是：

　　（1）在詞義上互相對稱的名詞中嵌入"仔"，使名詞所指稱的範圍顯得更大，因此更有概括性。試比較下列各項：

不嵌"仔"：	嵌入"仔"：
公媽 祖父和祖母	公仔媽 泛指祖先
父囝 父親和兒子	父仔囝 泛指父子關係
母囝 母親和兒子	母仔囝 泛指母子關係
翁母 丈夫和妻子	翁仔母 泛指夫妻關係
豬狗 豬和狗	豬仔狗 泛指畜性
衫褲 上衣和褲子	衫仔褲 泛指服裝
年節 過年和過節	年仔節 泛指各種節日

可見，不嵌"仔"行各詞，僅僅是二者的簡單相加，指稱的範圍是具體的，對譯成普通話時，除了"公媽"必須說成"祖父母"外，其他可以逐稱"父子、母子、夫妻……"。或者用連詞"和"連接前後兩項。嵌入"仔"行各詞，就顯得抽象概括，對譯成普通話時，非用另外的詞不可，如"公仔媽"必得譯成"祖先"，"豬仔狗"必須譯成"畜牲"。細而推敲起來，"仔"在這裏起着列舉的作用。因爲上面所舉各例，都可以拆成"公仔媽仔、父仔囝仔"等等，但不能說成"公媽仔"等等。由列舉而泛指，這是自然成理的。

　　不過這種嵌入"仔"的格式，限制條件很嚴格。首先，構成名詞對稱的兩項，必須極其相近，如果指稱的是人，則必須嚴格限定在同一級別上，因此可以說"年仔節"，但不能說"年仔日"；可以說"公仔媽"，但不能說"公仔母"。其次，卽使這樣，這種格式仍然具有約定俗成的性質，原有的結構不得任意變動或替換，如可以說"豬仔狗"，但不能說"狗仔豬"，更不能說"鷄仔狗"。

　　（2）在限制性的名詞中間嵌入"仔"，通常是把一個表事物的普通名詞，變爲表方位的處所詞，只有個別情況例外。同時，"仔"仍然含着指"小、少"的意義。試比較下列各項：

不嵌"仔"：	嵌入"仔"：
桌頂 桌面	桌仔頂 在小桌面上
刀柄 刀把	刀仔柄 在小刀把上
筆尾 筆尖	筆仔尾 在筆尖上
*豬囝	豬仔囝 豬崽子，罵語

標上星號的一行就是例外，方言可以説"猪仔団"，不表示方位，專用於罵語。另外，"桌、筆、刀"不嵌"仔"時不論大小，嵌入"仔"時指小不指大。

（3）在時間詞以及表確定程度的副詞中間嵌入"仔"，僅僅表示一種口語風格。例如：

今仔日今天　　　今仔早起今天早上

明仔日明天　　　明仔早起明天早上

定仔着一定　　　定仔定呆立不動狀

初看起來，這裏的"仔"的作用是不明顯的，"明仔日"和"明日"等等在意義上没有任何差别。但是，嵌入"仔"以後，能够使語調顯得柔和曳宕，引人回味，跟没有"仔"的那種生硬味道迥然不同，顯示了方言特有的口語風格。

（二）"兮"

"兮"也是俗字寫法，音 [eˊ]，屬陽平調。它比"仔"要簡單得多。

事實上，"兮"可以分爲三個，卽：當量詞用的"兮₁"；當助詞用的"兮₂"；當詞尾用的"兮₃"。下面分别敍述：

1，"兮₁"。"兮₁"用在數詞之後，當量詞，讀原調。例如：

一兮一個　　　十幾兮十幾個　　　百外兮一百多個

一兮儂一個人　三兮囝仔三個小孩　五兮大儂五個大人

從例子可見，"兮₁"相當於普通話的個體量詞"個"。可以説，凡是普通話用"個"的地方，該方言都可以用"兮₁"來對當。但是，"兮₁"比普通話的"個"具有更大的適應性，它常常可以臨時代替其他量詞使用。例如：

| { 一頭猪 | { 四隻羊 | { 五支筆 | { 八奇（隻）椅 |
| 一兮猪 | 四兮羊 | 五兮筆 | 八兮椅 |

在這些例子中，"兮₁"可以臨時代替"頭、隻、支、奇"等量詞，顯得很自然、和諧。但在普通話裏，説"一個猪、四個羊、五個筆、八個椅"，就顯得十分勉强。因此，凡是該方言用"兮₁"的地方，譯成普通話的時候，就不見得都可以用"個"來對當。

2，"兮₂"用在代詞，一般名詞和表示國名、地名、人名的名詞，以及動詞之後，當助詞，讀原調，相當於普通話的結構助詞"的"。例如：

我兮　　你兮　　伊兮　　阮兮　　咱兮　　恁兮　　個兮；

鐵兮　　柴兮　　石兮　　金兮　　銀兮；

中國兮　福建兮　臺北兮　清玉兮　阿國兮；

寫兮　　畫兮　　綉兮；

這種"兮₂"結構常常放在其他名詞或代詞之前當修飾語，表示領屬和性質。例如："我兮筆，中國兮貨，阿國兮物件"等表示領屬；"柴兮橋、石兮枋、銀兮湯匙、綉兮花"等表示性質。

3，"兮₃"附於一般形容詞、姓氏或單名以及動賓結構的名詞之後，當詞尾，讀輕聲。其中有幾種不同情況：

（1）"兮₃"作形容詞詞尾，使形容詞所表示的事物的性質更加突出，包含了一種更加肯定的語氣。試比較下面的例句：

不帶"兮₃"	帶"兮₃"
這領衫是好	這領衫是好兮
或葩花真水 [suiˋ] 美丽	或葩花真水兮
油炒兮飯恰芳香	油炒兮飯恰芳兮

"好兮、水兮、芳兮"比單獨的"好、水、芳"更進了一步，"兮"相當於普通話感嘆詞的"啊"。但要注意："這領衫是好兮"等句子在該方言裏是肯定或敍述句，而不是感嘆句。

(2)"兮₃"作表示姓氏或單名的詞尾，表示愛稱或尊稱。例如：

張兮　王兮　趙兮　李兮；

平兮　玉兮　英兮；

表面上看，"兮₃"的這個用法，和作人名詞尾的"仔"是一樣的。但事實上很不一樣：其一，"仔"只作名尾，不能作姓尾，"兮₃"作名尾姓尾兩可；其二，"仔"只表愛稱，不表尊稱，"兮₃"作名尾表愛稱，但作姓尾則表愛稱、尊稱兩可，用普通話來對譯，"張兮"既可以是"小張"，也可以是"老張"；其三，"仔"在愛稱中包含着熟悉、親昵、比較隨便，"兮₃"在愛稱中包含着尊重，比較嚴肅。

(3)"兮₃"作動賓結構的名詞詞尾，表示一種職業，或者一種特殊關係，這時候，往往包含着一種輕視，瞧不起，或者自卑、自謙的意思。例如：

夷猪兮 宰猪的人	掠龍兮 澡堂裏按摩的人
推渡伯兮 船夫	做木兮 木匠
換帖兮 拜把兄弟	牽手兮 夫妻

用這些例子稱呼他人則表示輕視，瞧不起；稱呼自己，則表示自卑和自謙。這種用法的引申，凡是舊時下層職業名稱之後，往往都帶上"兮₃"尾，如"倩兮傭人、雜工"。

"兮₃"的用法大致如上所述。下面順帶講幾種書面上也寫作"兮"的現象。

首先是一種包含輕微比較語氣的"兮"。它經常附於"等、坐、講、食、睏、來、去"等一類動詞之後，例如："等兮略等一會兒，坐兮略坐一會兒，來兮望前來一點兒，去兮走開點兒"等等。這裏的"兮"其實是"一下"快讀以後產生的一種合音變：

tsitˋ e˥ ＞ tseˋ ＞ e˥

讀輕聲，如"兮"，所以"等兮"應該是"等一下"。

其次是相當於泛指他人的代詞"伊"，書面上也寫作"兮"，可以出現在不同的動詞結構中，例如："聽兮講，看兮笑，食兮飽"等等。這裏的"聽兮講"應該是"聽伊講"(聽他說，聽人家說)。這是在一種快讀或漫不經心的說話環境下，把"伊"讀得像"兮"：

i˥ ＞ e˥

這一點可以從"兮"(伊)仍然讀陰平得到證明，因爲出現在這里的"伊"不變調，是陰平，而"兮₁,₂,₃"都是沒有可能讀成陰平調的。

再次是出現在句子中間，表示語氣停頓的成分，文字上也經常寫作"兮"，例如："甚麼儂兮出力咧？"(什麼人出的力氣)，"時間過兮真快乎！"(時間過得真快呀)，這個"兮"實際上是"啊"，等於說"甚麼儂啊，出力咧？""時間過啊，真快乎！"也是在快讀或漫不經心的情況下，把"啊"讀得像"兮"：

a˥ ＞ e˥

這一點同樣可以從"兮"(啊)仍然讀陰平調得到證明。

二　語氣助詞

語氣助詞是表示語氣的一種重要手段。臺灣閩南方言的語氣助詞很豐富，常見的有"嗎、呢、啊、了"等十幾個。其中許多和普通話是一樣的，可以略去不談。這裏只選出幾個在該方言裏比較有特點的來分別敍述。它們是：啦、囉、咧、咯、乎、噢。

此外還講幾個重疊語助詞。

在臺灣閩南方言裏，語助詞在通常情況下，都讀輕聲，只有在特殊場合下，如特別强調所用的語氣時，才讀成原調。重疊的語氣助詞特別一些，都在後面分別敍述。

（一）　"啦"

"啦"讀音 [la˙]，又常寫作"喇"。它所表示的語氣是：

(1) 表示加重判斷的語氣，在句子中間常用"是"相呼應。如：

5　我叫王清真啦。（我叫王清真）

6　這是幾箍銀啊？是十箍啦。（這是幾元錢啊？十元）

7　這搭是臺南車頭啦。（這裏是臺南車站）

8　講雪是好年冬兮兆頭啦。（聽說下雪是好年景的兆頭啊）

9　今仔日是十五啦。（今天是十五了）

10　你免驚，我來□[ts'ua˩]帶你去啦。（你別害怕，我是來帶你走的）

(2) 在一問一答的句子中，加重答話一方的肯定語氣。同時表達了答話一方的行爲動作正在進行的時態，這時有的前頭要加助詞"□ [te˥]正在"來相呼應，有的也可以不加。如：

11　你□ [te˥]正在創甚物？　□ [te˥]正在寫文章啦。（你正在做什麼？正在寫文章）

12　厝裏有儂待無？　待咧啦。（有人在家嗎？在）

13　你卜去□[to˥]何也落？　卜去新竹啦。（你要到哪裏去？去新竹）

14　你□ [se˥]轉來轉去來□ [se˥]去創啥？　行無路啦。（你轉來轉去幹什麼？找不到路了）

(3) 表示說話人很不耐煩，多少有點厭惡的情緒。如：

15　我待這啦！你嚷甚？（我就在這兒，你嚷嚷什麼）

16　我講過幾仔擺，不是啦，不是啦。（我說過好多次，不是啊，不是啊）

17　就好啦，請你攔等今好怀？（就好了，請你再等一會兒好嗎）

(4) 回答一般的疑問。如：

18　伊去有若久啦？　有兩三工啦。（他去多久了？兩三天了）

19　去天津有若遠啦？　有兩百公里啦。（到天津多遠？有二百公里呢）

20　你今年幾歲啦？　三十啦。（你今年多大年紀啦？三十了）

(5) 表示商量、祈求的語氣，希望徵得對方的贊同或允許。如：

21　時間猶早啦，攔坐無要緊。（時間還早呢，再坐一會兒沒關係）

22　我敬你一杯，今你收就是啦。（我來敬你一杯，今天你就喝了吧）

23　請等一時，我□[te˥]正在穿衫啦。（請稍等一下，我正在穿衣服呢）

(6) 表示猜疑、推測的語氣，前頭往往有副詞"敢"等與之相呼應。如：

24 或敢是細膩兮啦！（那大概是客氣吧）

25 伊敢是破病兮啦！（他大概病了吧）

26 伊早昏敢是有事志啦！（他昨晚大概有事吧）

　　(7) 在陳述一件事情的時候，表示驚嘆或感嘆的語氣，這時候句子前頭往往有感嘆詞"啊"或者有關副詞與之呼應。如：

27 啊，你真久無來啦！（啊，你好久沒來了）

28 是啊，你講兮事志我愛信啦！（是啊，你講的事我相信）

29 這是不止詳細兮說明啦！（這是相當詳細的說明了）

30 今兮日真好天氣啦！（今天天氣真好啊）

（二）　"囉"

"囉"讀音 [loˇ]，它所表示的語氣是：

　　(1) 在陳述時，表示相當肯定的語氣，並且還表達了行為動作的已完成時態。如：

31 伊已經去囉。（他已經去了）

32 玉堂兮錢用了了囉。（玉堂的錢花得乾乾淨淨了）

33 這叢樹仔死囉。（這棵小樹已經死了）

34 有待外面食囉。（已經在外頭吃過飯了）

35 你食飽猶 [bueʔ(beʔ)ˋ]？食囉。（你吃過飯嗎？吃過了）

最後一句相當典型。"食囉"翻成普通話一定是"吃過了"，"吃了"，語氣上十分肯定，同時表示"食"這個動作已經完成。如果還沒有吃，就必須說"無食"，不能帶"囉"。

　　(2) 表示強調的語氣。如：

36 攏無囉。（都沒有了）

37 與[hɔˋ]給與你不止攪擾乎！無囉。（很打攪你了！沒有）

38 這兮比或兮恰細囉。（這個比那個更小）

39 好囉，有够額啊！（好啦，已經够數了）

"囉"有時還用於逐項列舉的事實之後，這時它所表示的強調語氣，比上舉例子更加突出。如：

40 這款事志囉，或款事志囉，創到[kauˋ]我頭殼眩眩。（這種事情呀，那種事情呀，弄得我頭昏腦脹。）

　　(3) 表示猜疑，推測的語氣。如：

41 恰停敢會去看電影囉！（一會兒可能去看電影）

42 伊可能是去花蓮囉！（他可能是去花蓮）

　　(4) 表示驚嘆、感嘆的語氣，句子中常常有"啊"等感嘆詞與之相呼應。如：

43 啊，我聽見兮名字真久囉。（啊，我很早就聽說過你的大名了）

44 這兮嬰仔生兮真大漢囉。（這個孩子個子長得真大呀）

45 食繪 [bueˋ]不會落啊啦，我實在食飽囉！（吃不下了，我真吃飽啦）

（三）　"咧"

"咧"讀音 [leˋ]，又常寫作"吼"，它所表示的語氣是：

　　(1) 表示命令的語氣,命令對方從事某種行爲和動作,這時所用的句子往往是所謂"無主句"。如:

46　緊創咧,燴[bue˧]不會赴啦。（快幹啊,來不及啦）

47　恰緊咧!（快點吧）

48　着恰認真咧!（應該認真一點）

49　與[hɔ˧]我叫玉青來咧!（給我把玉青叫來）

這類句子在形式上一般都很短,"咧"所表示的命令語氣往往很强烈,没有讓對方討價還價的餘地。所以在實際使用的時候,只有上級對下級,長輩對晚輩才能這樣説。

　　(2) 表示商量、祈求的語氣,句子的前面往往借助於其他成分或其他語氣助詞與之相呼應。如:

50　請你看看咧!（請你看看吧）

51　阿伯,借問一聲咧!（大伯,請問一下）

52　傷慢啦,攔行恰緊咧!（太慢了,再走快點吧）

53　天光了,緊起來咧!（天亮了,快起來吧）

和46～49四個句子一比較,自然會發現50～53這四個句子所表達的是一種商量的、祈求的語氣,只是表達了説話者的願望和希望,絲毫没有讓對方一定要服從的意思。50用"請"呼應,51用"借問"呼應,52、53分別用語氣助詞"啦、了"呼應,這就把"咧"表示商量和祈求的語氣的作用發揮得十分完全。

　　(3) 表示加重疑問的語氣,這時候句子前面往往有疑問代詞與之呼應。如:

54　有甚物法度咧?（有什麽辦法呢）

55　這項物件有若重咧?（這件東西多重呢）

56　甚物儂兮出力咧?（什麽人出的力氣呀）

57　你老爸咧?（你爸爸呢）

這四句中情況還略有不同。54雖然表達了疑問語氣,但不一定要求對方回答,也可能自問自答。其他三句是明顯的疑問句,要求對方回答。

　　(4) 表示陳述和肯定的語氣,指出可以做什麽,不可以做什麽,或者是什麽,都是確定無疑的。如:

58　這是我小弟咧!（這就是我的弟弟）

59　用這矸[kan˧]瓶子藥水嗽口咧!（就用這瓶藥水嗽口）

60　燴[bue˧]不可以使頂動這項物件咧!（不許動這件東西）

61　這項事志你來做咧!（這件事由你來做）

　　(5) 表示商量、祈求的語氣,説話的人徵求對方的意見,希望達到自己的某種要求。如:

62　撍[t'e˧]拿來與[hɔ˧]給我看瞘[bai˧]看咧!（拿來給我看看吧）

63　如此,□[ts'ua˧]帶我去看瞘咧!（要是這樣的話,就帶我去看看吧）

64　將或紅兮布與我看瞘咧!（請把那紅的布給我看看吧）

65　我去合伊講講咧!（我去跟他説説吧）

（四）"咯"

"咯"讀音是 [koʔↆ]，它所表示的語氣是：

（1）表示要求、懇求的語氣，表達了説話者"不得不這樣"的心情，有時近似於哀求。如：

66　國輝,你緊去咯!（國輝,你快走吧）

67　恁 [linↄ]你們大家恰緊創咯!（你們大家快點幹吧）

68　叫你去,你麼就去咯!（叫你去,你就去吧）

69　艙 [bueↄ]不可以使安尼生咯!（不能這樣啊）

（2）表示一般的反詰疑問，並不要求回答，通常反映了説話者對對方的一種冷漠的感情。如：

70　看你卜搭幾等兮艙咯!（就看你要乘幾等艙）

71　由你底時來咯!（隨你什麼時候來吧）

72　伊是底時來廈門咯!（他是什麼時候來廈門的）

（3）表示指示的語氣，通常也反映了説話者對對方非常冷漠的感情。如：

73　這是藥粉咯!（這是藥粉）

74　去到[kauↄ]拐彎兮所在攔問一聲咯!（到拐彎的地方就再問一聲吧）

75　時間猶早,等兮攔出門咯!（時間還早,等一會兒再出門吧）

（4）表示陳述的語氣，表達了説話者對所發生的某事，懷着一種漫不經心的,無所謂的心情。如：

76　無去看矙 [baiↄ]看咧,有就買無就煞咯!（去看看吧,有就買,沒有就算了）

77　伊若到[kauↄ] 怀就煞咯!（如果他來了,不就沒事了嗎）

78　無啥事志啦,怀就是與[hↄↄ]給與伊罵一聲咯!（沒什麼事啦,不就是給他罵一聲）

（5）表示感嘆的語氣，表達了説話者無可奈何的心情。如：

79　撨[t'eↄ]拿無法得咯!（拿他沒辦法啊）

80　真無法度咯!（真是沒辦法啊）

從上舉的例子可見,"咯"無論表示那一種語氣,都有其共同點,就是反映了説話者當時冷淡的或無可奈何的心理狀態。

（五）"乎"

"乎"讀音是 [hↄ̃ↄ]，又常寫作"蔞",也有人寫作"嗄",它所表示的語氣是：

（1）表示驚嘆和感嘆的語氣。如：

81　這葩花真水[suiↄ]漂亮乎!（這朵花真漂亮呀）

82　今仔日天氣真熱乎!（今天天氣真熱呀）

83　時間過兮真快乎!（時間過得真快呀）

84　公園兮空氣真好乎!（公園的空氣真好呀）

"乎"表示驚嘆和感嘆的語氣,和其他一些語氣詞不同。就是它幾乎只用於描寫事物的性質、狀態的句子中,而極少用於其他類型的句子中。同時,在所表示的驚嘆和感嘆裏面，還略包含着一種肯定和强調的意思。

（2）表示反詰疑問的語氣。説話者提出了問題，但並不一定要求對方給予回答。往往在這種疑問的語氣裏面包含着肯定的意思。如：

85 咱[lanʸ]咱們真久無見面了乎？（咱們很久沒見面了吧）

86 這擺兮雨，落真久了乎？（這次的雨，下很久了吧）

87 落西北雨了後是不止涼快乎？（下過西北雨之後，相當涼快了吧）

88 你不止無閑乎？（你相當忙吧）

上面的例句中，都可以換成表示肯定的一般陳述句，而意思上並無不同，只是語氣上的差別而已。如第85句可以説成"咱真久無見面囉！"

（3）表示猜疑，推測的語氣。這種包含猜測的疑問，往往要求對方給予明確的回答。如：

89 你近來敢真好乎？（你近來大概很好吧）

90 或雙鞋穿着無合骸，敢是鞋尾傷尖乎？（那雙鞋穿上不合脚，可能是鞋頭太瘦了吧）

（六）　"噢"

"噢"讀音是［oʸ］，又常寫作"嘀"，它所表示的語氣是：

（1）表示禁止、命令或警告、提醒的語氣。如：

91 倚咧繪［bueˋ］不可以使得坐噢。（靠一靠吧，可不能坐下啊）

92 伊這儂真厚話，合伊交陪着小心噢。（他這人很多嘴，跟他交朋友要小心啊）

93 怀通安尼做噢。（不能這樣做啊）

94 你着合伊講清楚噢。（你要跟他説清楚啊）

（2）表示一般性的呼籲的語氣，表達了説話者對對方的希望和催促。如：

95 大家啊緊眠噢！（大家快睡吧）

96 咱[lanʸ]咱們緊轉來去噢！（咱們快回去吧）

97 這滿着你啦，緊去噢！（這回該你了，快去吧）

98 大家慢慢行噢！（大家慢走啊）

最後一句所包含的呼籲語氣中，還表達了説話者對對方的一種客氣、敬意或者愛護的感情。

（3）表示一般性的驚嘆和感嘆的語氣。如：

99 這帶不止鬧熱噢！（這地方相當熱鬧啊）

100 今仔年寒天真寒噢！（今年冬天真冷呀）

101 這兮嬰仔生兮真水[suiʸ]漂亮噢！（這個孩子長得很漂亮呀）

（七）　幾個重叠語氣助詞

同一個語氣助詞的重複，或者兩個不同的語氣助詞連在一起使用，這就形成了重叠語氣助詞。臺灣閩南方言重叠語氣助詞也比普通話豐富。普通話常用的只有寫作"哪"的"呢啊"，寫作"啦"的"了啊"，寫作"嘛"的"麽啊"等少數幾個，在語音上都合爲一個音節；而臺灣閩南方言却有［liãˋ liãˊ］等十來個，並且都不合音。當然，重叠語氣助詞使用的相對少，但包含的語氣却相對地複雜，没有單音節的那麽簡單明了。

（1）"爾爾"。

　　"爾爾"是俗字,音 [liã˩ liã˩]。這是講漳州腔的人常常使用的一個重疊語氣詞,有時也可以讀輕聲。它表示隨隨便便的語氣,包含着"不過如此而已"的意思,總是用在表達行爲動作簡單、隨便,或涉及"數量很少"這類意義的句子後面。如:

102　無啥事志,請你來坐坐爾爾。(没什麼事情,請你來隨便坐坐罷了)

103　你不可客氣,隨便飯菜爾爾。(你不必客氣,不過隨便的飯菜而已)

104　乾焦[ta˥]乾伊一兮儂爾爾。(只有他一個人而已)

105　就伸[tsʼun˥]剩余這兮爾爾。(就剩下這個了)

　　上例中 104 所用的"爾爾",由於句首有副詞"乾焦只有, 僅僅"與之相呼應,因此還能表達一種驚奇、奇異的語氣,如果翻譯成普通話,也可以説成"才他一個人啊!"這算是更特別一點。

　　(2)"咧啦"。

　　"咧啦"讀[le˥ la˥],也可以都讀輕聲,没有一定的規律,這要看説話人具體的場合而定。有的時候"咧"讀本調,"啦"讀輕聲,並且由 [la˥] 變爲 [a˩], 這在語氣上表現得更突出一些。"咧啦"主要是表示祈求、希望的語氣,但有時是表達説話者對對方客氣、敬意的感情,有時却表達了對對方的厭惡心理。例如:

106　攔啉一杯咧啦!(再喝一杯吧)

107　恰失禮咧啦!(有點失禮了)

108　着恰認真做咧啦!(要認真一點做呀)

106、107 在祈求中包含着客氣、敬意的感情; 108 在祈求中包含着厭惡的心理。

　　(3)"啦乎"、"啦噢"。

　　"啦乎"的 "啦" 讀[la˥],"乎"通常讀輕聲[hɔ˩]。"啦噢"的"啦"讀本調,"噢"通常也讀輕聲[o˩]。它們主要是表示一種讚嘆或嘆息的語氣,但是又没有"啦"或"乎"那麽强烈,有點近乎自言自語,同時又隱含着希望旁邊的人也表示同意的心情。例如:

109　這葩花真水[sui˥]漂亮啦乎!(這朵花真漂亮呀)

110　做這項事志實在真費氣啦乎!(做這件事情實在很費力氣呀)

111　北京這城市是真大真水[sui˥]漂亮啦乎!(北京這城市很大很漂亮呀)

112　廈門離臺灣真近啦乎!(廈門離臺灣很近呀)

113　這物件傷貴啦噢!(這東西太貴了)

114　算兩箍錢就好啦噢!(算兩塊錢就行了)

　　(4)"啊啦"、"啦囉"。

　　"啊啦"的"啊"讀[a˥],"啦"通常讀輕聲[la˩],但有人也常常讀本調,二者皆可。"啦囉"的"啦"讀[la˥],"囉"通常也讀輕聲[lo˩]。"啊啦"和"啦囉"在陳述一件事情的時候, 表示相當肯定的語氣,比單獨的"啊"、"啦"或"囉"更加突出。例如:

115　我食飽啊啦!(我真吃過飯了)

116　阿國仔去單位啊啦!(阿國到單位去了)

117　伊或陣都好好啊啦!(他那個時候都好好的呀)

118　伊已經去啦囉!(他已經去了)

115 下面要説的是"我怎麼會客氣呢?" 116 下面要説的是"阿國不在家呀!" 117 下面要説的是"怎麼這會兒不好了呀!" 118 下面要説的是 "他怎麼還没到呀?"隱含着的反問,都是以前面的充分肯定爲前提的。

(5) "咧噢"、"囉噢"、"囉嗎"。

這三個重疊語氣詞中,所表達的語氣有所不同。

"咧噢"音[leʸ oˉ],表示商量的語氣。例如:

119 我就來,你且等咧噢!(我就來,你稍等一下吧)

"囉噢"音[loˬ oˉ],表示陳述的語氣。例如:

120 這幾日仔不止好天囉噢!(這幾天天氣相當好呀)

"囉嗎"音[loˬ bãˉ],表示猜測的語氣。例如:

121 伊今仔日無待得囉嗎!(他今天不在家吧)

(6) "咧啦乎"。

"咧啦乎"是三個語氣助詞的重疊,讀[leʸ laˉ hɔˉ]。這種三疊語氣助詞很少,使用的機會也不多。它主要表示祈求的語氣,但具體情況還有不同。舉兩個例子來說:

122 你慢食,恰失陪咧啦乎!(你慢慢吃,有點失陪了)

這是酒席上或與他人共餐時常用的客套語,先吃完飯的人對還在吃的人說這句話,表示請對方原諒。這時候表示的祈求語氣比較輕微,重點在於寒喧和客氣。

123 傷貴啦,算恰賤咧啦乎!(太貴了,算便宜一點吧)

這是私人市場交易常用的話,買賣雙方討價還價,買主總是希望價錢便宜些。因此,這時候表示的祈求語氣就很重。除了祈求以外沒有別的意思。

三　代詞

臺灣閩南方言代詞也有三大類：一是人稱代詞，如“我、你、伊”等；二是指示代詞，如“這、或”等；三是疑問代詞，如“□ [toʔ˥] ([to˥]) 何也、啥”等。

這三類代詞之間有很密切的關係。在用人稱代詞的地方，經常也可以用指示代詞，如“伊是阮牽手”(他是我愛人)，也可以説成“這是阮牽手”；某一個指示代詞，也往往可以用一個相應的疑問代詞來發問，如表示時間的指示代詞“這陣”，可以用相應的疑問代詞“啥時陣”來發問。但是它們之間畢竟也很不一樣。指示代詞常跟量詞連起來做名詞的修飾語，比如説“這奇椅、或領衫”(這把椅子、那件衣服)，人稱代詞就不能那麼用，没有人説“我奇椅、伊領衫”。另外，人稱代詞和指示代詞可以連用，但人稱代詞一定在前，指示代詞一定在後，不能反過來，可以説“我這、你這”(我這兒、你這兒)，不能説“這我、這你”；指示代詞和疑問代詞也可以連用，但指示代詞一定在前，疑問代詞一定在後，也不能反過來，可以説“這陣若久？”(這時候多久) 不能説“若久這陣？”在這些地方，臺灣閩南方言的代詞跟普通話代詞大致上差不多。

但是，如果分別來看三類代詞，就可以看到它們之間的一些顯著差別。下面就分類説明三類代詞的特點。

（一）　人稱代詞

人稱代詞主要是“家己”；“別儂”；“大家”；“我、你、伊”等等。

“家己”讀音是 [ka˦ ki˦]，但在口語里，“己”字常常讀輕聲，其聲母也往往消失，讀成 [ka˦ i˦]。“家己”就是自己，用來復指前面的人或動物。這個人或動物有時也用人稱代詞表示，因此也有人管“家己”叫作代詞的代詞。“別儂”讀音是 [pat˩ laŋ˦]，相當於“別人”，是和“家己”相對的，有時也可以省略，只説“儂”，如“叫儂笑也怀是哭也怀是”(叫別人笑也不是哭也不是)。另外，“儂”讀輕聲，在句子里可以單獨作主語等句子的主要成分，如：“儂攏知影，你攏講！”(人家都知道了，你還講)，這是該方言人稱代詞的一種常見用法。“大家”原來讀音是 [tai˩ ke˥]，但在口語裏往往讀成 [tak˩ ke˥]。“大家”就是衆人的總稱，表示複數。在用法上，除了輕聲的“儂”以外，這三個人稱代詞和普通話相對應的人稱代詞也没有什麼大的差別。只是在普通話里，“自己”還往往説成“自個兒”，“別人”還往往説成“人家”，“大家”還往往説成“大伙兒”，雖然它們相互之間也有某些細微的差別。

值得特別注意的是人稱代詞“我、你、伊”以及它們的複數形式“阮、恁、伊”。此外還有一個“咱”，相當於普通話的“咱們”。在寫法上，“我”常常寫作“吾”，“你”常常寫作“汝”或“女”；複數的“阮”有人寫作“伬”，“恁”也有人直接寫作“您”，“個”有人寫作“恩”或“因”，這些都是一種語音相近的借音字，跟它們的意義是不相干的；“咱”很顯然是一個普通話裏借用來的同義字。這幾個代詞的讀音以及它們之間的相互關係，可以列成下面 5.3.1 表：(143 頁)

第一人稱複數“阮”有泉州腔和漳州腔兩種不同讀音。“咱”歸入第一人稱複數，雖然不甚恰切，但這樣做於比較上大有方便之處。“你”和“伊”通常没有敬稱的説法(如普通話的“您”和“怹”)，只有在十分必要的時候，可以用複數的“恁”指單數的“你”，表示初次相見，客氣一番，如“恁食無？”是説“你吃過飯没有”，所以不必另列敬稱的一欄。在用法上，和普通話的同類代詞有些差

	單　　　　數	複　　　　數	
第 一 人 稱	我　　guaˇ	阮	gunˇ(泉)　　　guanˇ(漳)
		咱	lanˇ
第 二 人 稱	你　　liˇ	恁	linˇ
第 三 人 稱	伊　　iˉ	個	inˉ

別,這裏只着重説明一下突出的特點。

(1) 單數和複數。從上表的讀音中,可以看出這類代詞有一個明顯的特點,就是用前鼻音韻尾 [-n] 的有無,來表示人稱的單數和複數。單數的三個人稱都没有 [-n] 韻尾,加上 [-n] 韻尾以後,一律變成複數的三個人稱(只有泉州腔的 [gunˇ] 稍有其他變化)。因此,在這裏的 [-n] 韻尾相當於普通話的"們"。所不同的是,[-n] 僅僅是一個不成音節的單音,一旦離開了這類人稱代詞的環境,它就變得毫無意義。就是説不能在別的什麽地方再去表示複數;而"們"却是一個獨立的音節,它並不孤立地依附於這類人稱代詞的環境,它還可以附在其他的一些名詞後面,同樣表示複數。例如普通話可以説"同志們、孩子們"等等,翻成臺灣閩南方言只好説"各位同志,逐今囝仔",而不能説"同 tsin、囝 an"。那麽,表示複數的這個 [-n] 尾,是從什麽地方來的呢? 我們推想,複數的"阮、恁、個"可能是"我儂、你儂、伊儂"合音的結果,其中"儂"由 [lanˇ] 讀輕聲,而爲 [nãˉ],最後丢失元音,聲母 [n-] 跟前一音節合併。另外,單數的人稱代詞可以當複數用,例如"我黨、我軍"是説"我們黨、我們軍隊";反過來複數的人稱代詞也可以當單數用,例如"阮家、恁學堂"只是説"我的家,你的學校"。對後者用法的限制放得更寬一些,不但在意念上是複數的名詞(如"家"通常總有幾個人,"學校"總是一批人)前頭可以用複數來表示單數,而且在意念上是單數的名詞前頭也可以用複數來表示單數,例如可以説"阮老爸、恁老爸",翻成普通話只能説"我爸爸、你爸爸",而不能説"我們爸爸,你們爸爸"(如果雙方都代表自己的兄弟姐妹,那是另一回事了)。並且在該方言裏,大凡複數用作單數的地方,總是包含有親切而自豪的味道。

(2) "阮"與"咱"。這兩個代詞是所謂"排除式"與"包括式"的關係。卽"阮"只指説話者所代表的一方,排除了聽話者所代表的另一方;"咱"却把説話者和聽話者所代表的雙方都包括在内。這種關係是用聲母 [g-] 和 [l-] 的交替來表示的。這一點從上表中可以看出,不必多説。該方言裏"咱"讀成 [lanˇ] 是從哪兒來的呢? 我們推想,這是"你我儂"三合一而成的,先是"你我"合音爲 [laˇ],"儂"按前説成爲 [-n],最後合音爲 [lanˇ]。

(3) "伊"。"伊"在書面上没有性的分別,不像普通話,可以分別寫作"他、她、它"。另外,"伊"常常可以用在表示處置式的句子中,充當介詞賓語,起複指作用,我們暫時把它叫着"伊"的虛化用法。例如:

124 菜食與 [hɔˉ] 給與伊了了。(把菜通通吃完)

125 衫褲着洗伊清氣。(把衣服洗乾淨)

126 這項物件合伊買來。(把這件東西買來)

125 省略了介詞"與",也可以説"洗與伊"。

（二）　指示代詞

最常用的指示代詞是"這" [tsitˇ] 和"或" [hitˇ]。注意: 寫法上這兩個字都是借用民間通行的訓讀字或俗字,可以不考慮它們的音訓根據。

"這"是近指,"或"就是"那",是遠指。"這、或"指示方位可以單用,但也常常和"今"連用,分別爲"這今" [tsitˇ eˊ],合音爲 [tseˋ] 或 [tseˊ],以及"或今" [hitˇ eˊ],合音爲 [heˋ] 或 [heˊ]。這種讀音的差別,恰好反映了臺灣閩南方言裏所保存的福建漳州音和泉州音來源的不同。除了極個別的指示代詞以外,其他指示代詞多數拿"這、或"和某些帶有指示性質的名詞,如"搭"、"號"等一起來構成。因此,"這、或"可以稱爲基本式指示代詞。我們可以把常用的指示代詞列成一個 5.3.2 表:

	近　　　　　　指	遠　　　　　　指
基　本　式	這　tsitˇ 這今　tsitˇ eˊ、tseˋ、tseˊ	或　hitˇ 或今　hitˇ eˊ、heˋ、heˊ
處　　　所	這仔　tsiaˋ, tsiaˊ (<tsitˇ aˊ) 這所在　tsitˇ sɔˋ tsai-ˊ 這帶　tsitˇ teˊ 這搭　tsitˇ taʔˋ	或仔　hiaˋ, hiaˊ (<hitˇ aˊ) 或所在　hitˇ sɔˋ tsai-ˊ 或帶　hitˇ teˊ 或搭　hitˇ taʔˋ
時　　　間	這陣　stitˇ tsun-ˊ 這幫　tsitˇ paŋˊ	或陣　hitˇ tsun-ˊ 或幫　hitˇ paŋˊ
程　　　度	□　tsiaʔˋ	□　hiaʔˋ
方　　　式	這款　tsitˇ kʻuanˋ 這號　tsitˇ hoˊ	或款　hitˇ kʻuanˋ 或號　hitˇ hoˊ

還有一些指示代詞沒有列入表中, 等分類説明時再講。從上表所注的讀音中可以看出指示代詞的一個特點,就是用聲母 [ts-] 和 [h-] 的交替來表示"近指"和"遠指"。用聲母 [ts-] 類的指示代詞表示"近指",用聲母 [h-] 類的指示代詞表示"遠指"。從用法上看,這一類的代詞還有另一個特點,就是其中的某些個指示代詞常常用來加強句子中語氣助詞的作用,或者説它本身也相當於一個語氣助詞的用法,我們不妨也把它叫着代詞的虛化用法。例如:

127 你這若拄着伊,着叫伊來!（你如果遇到他,要叫他來）

128 我或伓去噢!（我才不去呢）

129 你□ [tsiaʔˋ] 伓通來!（你可不要來）

"這、或、□ [tsiaʔˋ]" 翻譯成普通話時,並不表示指代什麽,只是表示一種語氣。"這"加強了表示假設的語氣。"或"與語氣助詞"噢"相呼應,表示強調的語氣。"□ [tsiaʔˋ]" 本身相當於一個語氣助詞,表示禁止、祈求的語氣。

下面再分別把指示代詞的某些注意點説明一下。

（1）表處所的指示代詞。這類指示代詞除表中所列的以外，比較常見的還有"這位、或位"。基本式的"這、或"指示一種方向，嚴格説來也可以算在這一類代詞里面。"這仔"不能分開讀，只有合音 [tsiaˆ] 或 [tsiaˊ]，"或仔"也不能分開讀，只有合音 [hiaˆ] 或 [hiaˊ]。在具體用法上，這幾個指示代詞略有不同。"這仔"和"或仔"表示處所，比其他幾對更有強調的味道。例如：

130 這仔是你兮，或仔是我兮。（這裏是你的，那裏是我的）

131 你兮待這仔，我兮待或仔。（你的在這裏，我的在那裏）

"這所在"和"或所在"所指的處所範圍比較大，一般所説的是地理位置，如村鎮、城市。"這帶"和"或帶"所指的也是地理位置，不過處所範圍相對説來要小得多，通常只指眼前的一片地方。"這搭"和"或搭"所指的處所方位十分具體，有點兒"近在咫尺"的意思，它們經常出現在命令句中。例如：

132 放待這搭！（放在這兒）

133 徛待或搭！（站在那兒）

（2）表時間的指示代詞。這類代詞中"這陣"、"或陣"表時間的意思最明確，和普通話的同類代詞"這陣兒"、"那陣兒"完全相當。"這幫"、"或幫"表時間的意思稍微差一點兒，大約跟普通話裏的"這次"、"那次"相當。"幫"字還可以換成"滿、番、過、擺"成爲"這滿、這番、這過、這擺"和"或滿、或番、或過、或擺"，但在用法上和意義上都沒有什麼區別，也許在分佈的地區上有點兒不同，詳情還不知道。

（3）表程度的指示代詞。這類代詞的"□"[tsiaˀˊ] 和"□"[hiaˀˊ]，還不知道寫什麼字好，個別人寫成"卽"和"赫"。它們表示程度的意思，比普通話裏相當的代詞"這麼"、"那麼"更進一步，帶有驚嘆的意思。例如：

134 鼓浪嶼□[tsiaˀˊ] 水 [sui]漂亮！（鼓浪嶼這麼漂亮）

135 這擺我那知影，北京是□ [hiaˀˊ] 大！（這次我才知道，北京那麼大）

這兩句表達了説話人十分驚奇的感嘆，"□ [tsiaˀˊ]" 和"□ [hiaˀˊ]" 所表達的程度，實在遠非"這麼"、"那麼"所能比。

（4）表示方式的指示代詞。這類代詞除表中所列的以外，比較常用的還有"安尼"[an˧ liˆ] 和"安尼生" [an˧ liˆ siˆ]。這些都是民間通行按音寫字的同音字。意思上和"這號"、"這款"一樣，都相當於普通話的"這樣，這個樣"，只是沒有近指和遠指之分別，這一點算是例外。

（三）　疑問代詞

疑問代詞主要用來表達疑問，但也經常用來反問、任指和虛指。它們在句子中所處的地位，以及和名詞、數量詞等其他詞類的關係，都跟普通話的疑問代詞沒有什麼差別。所不同的只在於用詞的不同，或者是構詞的不同。

先把最常用的疑問代詞列成下面 5.3.3 表：

問　　人	問事、物、時、地	問　處　所	問　程　度	問　方　式
是　　誰 tsi˧ tsuiˆ	啥 siãˊ 啥物 siãˊ biˆ	□ toˀˊ (to˧) □落 toˀ loˀˊ	若 luaˀˊ	阿怎 anˆ tsuãˊ 怎樣 tsãiˆ iũˆ

然後分別説明:

(1) 問人用"是誰"[tsi˩ tsui˧]。表面上看,它跟普通話裏表示問人的"是誰"完全一樣,但用法可不同:(A)做主語,普通話"是誰"的"是"可存可去,但該方言的"是"非存不可。例如:

136 { 普:(是)誰回來了?
      方:是誰轉來啦?

(B)做疑問式的判斷句的謂語,普通話"是誰"之前不能再加判斷詞"是",該方言仍須加"是"。例如:

137 { 普:他是誰?
      方:伊是是誰?

(C)做賓語,普通話"是誰"之"是"非去不可,但該方言却不能去掉。例如:

138 { 普:他罵誰?
      方:伊罵是誰?

從上述比較中,我們可以相信:普通話的"是誰"是個可分可合的詞組,"是"是判斷詞;而該方言的"是誰"是個合成詞。

(2) 問事、物、時、地用"啥"[siã˥] 和"啥物"[siã˥ bĩ˥ʔ]。"物"也是一個借音字。它們用法上跟普通話的"什麼"相對當。問事如"啥事"、"啥物事志";問物如"啥貨"、"啥物物件";問時如"啥時陣"、"啥物時陣";問地如"啥所在"、"啥物所在"等等。"啥"和"啥物"本身沒有大的區別,只是"啥"顯得白點兒,口語裏更常用一些,而"啥物"略顯得文一些,口語裏少用一些而已。另外,"啥物"在口語裏也常常合音爲陰平調的"甚" [siam˥]。

(3) 問處所用"□"[to˥ʔ(to˥)]和"□落" [to˥ loˀ˥ʔ]。"□"也有人寫作"底"或"佗",都是借音字,讀音通常是 [to˥ʔ],又音 [to˥],個別處可讀 [to˥],大概根據説話者口氣不同而變音。在意義上它大致和普通話的"何"相對當。它們又跟表處所的指示代詞相呼應,甲問:"□一搭?"(在何處),乙可以答:"待這仔啦!"(在這兒呀)。"□"和"□落"問處所,與"啥"、"啥物"問地方有什麼不同呢? 其區別在於:"□、□落" 問處所後接"帶、搭、所在"等等時,中間必得加數詞"一", 説成"□一帶、□一搭、□一所在", 或者是"□落一帶、□落一搭、□落一所在";而"啥、啥物"問地方就不受這個限制,可以直接問"啥所在、啥物所在"。

(4) 問程度用"若" [luaˀ˥]。相當於普通話的疑問代詞"多"或"多麼、多少"。

(5) 問方式用"阿怎" [an˥ tsuã˥] 和"怎樣" [tsãi˥ iũ˥]。"阿怎" 又可以説成"阿怎樣",也有人説"阿那",意思也差不多,都和普通話的"怎樣"、"怎麼樣"大致相當。

四　“有、無”與“有無句”

在臺灣閩南方言裏，“有、無”是兩個常用而又比較特殊的語法成分，我們把包含着“有、無”的句子，總稱爲“有無句”。

“有”主要表示存在，如“我有册”(我有書)；有時和其他動詞連用，又有表示時態的作用，説明行爲動作是過去時，如“册有攑[t'e⊣]拿來咧”(書已經拿來了)；但跟表時間副詞“待”連用，又可以表示行爲動作的現在進行式，如“伊有待讀册”(他現在正在讀書)。注意：“有”之所以能够表示時態，首先因爲它是一個表示存在的動詞。“册有攑[t'e⊣]拿”首先表示了事物“册”和行爲動作“攑”的存在，然後才表示了行爲動作的過去時。因此，“有”既表存在，又表時態，是統一體的兩個方面，這正是該方言中“有”的重要特點之一。“無”有兩個，一個當動詞，另一個當語氣助詞。當語氣助詞的“無”，跟一般語氣助詞不一樣，它總是用在句首，後接語氣停頓，表示一種轉折、禁止的語氣，例如：

139 無，你隨便講幾句啦！(那你就隨便説幾句吧)

140 册有攑[t'e⊣]拿来咧，無，你免去圖書舘啦！(書都拿來了，那你就不用去圖書舘了)

141 無，阿國你待創啥！(咳，阿國你在幹什麽呀)

142 無，你嬒 [bue⊣]不可以使阿尼做！(咳，你不能這樣做)

前兩句表示轉折語氣，後兩句表示强烈禁止的語氣。表示轉折語氣的“無”也可以説成“那無”。我們現在要説的“有無句”裏的“無”，是指當動詞用的那個。“無”是跟“有”相對的，凡是用“有”表示存在的地方，大多數可以用“無”去表示否定，而兩個“無”連用，否定之否定又表示了肯定，如“無無知影”，就是“無不知道”，即“什麽都知道”的意思。

這裏所説的“有；無”和普通話的“有；没有、無”有些相似之處，例如它們都可以單獨做謂語，並且後面都能帶名詞或名詞性詞組做賓語或補語；由它們做謂語的句子，都能表示領屬(“此等傭農不僅無土地、無農具、又無絲毫資金，只得營工度日”：“這等兮傭農不單無土地，無農具，亦無一屑仔資金，只好靠做工過日子”)、存在(“北京西郊有一個香山公園”：“北京西郊有一兮香山公園”)、列舉(“我家裏還有三個人：祖母、父親和一個妹妹”：“阮厝裏亦有三兮儂：阿媽、老爸合一兮小妹”)、量度(“這箱東西有五十斤重”：“這箱物件有五十斤重”)等意思。附帶説明一下，方言的“無”，普通話可以説“無、没有”，其實意義上没有不同，只是色彩上有點差别而已。在普通話裏，“無”帶有文言味道，多用於比較固定的語言格式，如“無法無天、無所不知、無不知道”等等，在這些地方通常不説“没有”。

但是方言的“有、無”以及“有無句”還有更多的特點。下面分兩個方面來討論。

(一)　“有、無”的組合情況

所指的是“有、無”與其他詞類、詞組的結合情況，以及他們在句子裏的作用。

“有、無”除了可以直接和名詞或名詞性詞組發生關係外，還可以直接跟動詞、形容詞和動補結構發生關係。

1 “有、無”跟動詞的結合，有四種情況。“有”字有兩種：

A “有＋動詞”：

有買　有賣　有聽　有講　有□[tsʻeɟ]找尋　有討要回來　有釣釣魚　有收……。

B "動詞＋有"：

買有　賣有　聽有　講有　□[tsʻeɟ]有　討有　釣有　收有……。

還可以舉出許許多多的例子。但跟趨向動詞的結合有些例外。"有"和趨向動詞只有A種關係，不可能有 B 種關係。"有來、有去、有起來、有落去"是有意義的，"來有、去有、起來有、落去有"便毫無意義了。另外，關係不同，其意義也不完全一樣。例如"有買"是"已經去買了"或"曾經去買了"，表示行為動作的存在，重點強調過去已經完成或曾經發生過的時態；"買有"是"買到了"，重點強調行為動作的結果，時態的意思則是次要的。其他例子可以依此類推。"有"跟動詞的這兩種關係在普通話裏一般是沒有的，因為普通話的"有"通常不能跟動詞結合。"有吃有穿、有說有笑、有來有往"只是少數的固定格式，如果拆開單用就得變更說法，說成 "有吃的、有穿的"等等。

"無"字也有兩種：

C "無＋動詞"：

無買　無賣　無聽　無講　無□[tsʻeɟ]找尋　無討　無釣　無收……。

D "動詞＋無"：

買無　賣無　聽無　講無　□[tsʻeɟ]無　討無　釣無　收無……。

這兩種關係和"有"字的情況有相同的地方。關係不同，意義上也不完全一樣，"無買"是"沒有去買"，"買無"是"去買了，但是沒有買到"，其他例子也可以依此類推。但也有一些區別，主要是：① D 種的"無"在句子中有本調和輕聲的不同，因此引起意義上的分歧，讀本調 [boɟ]，前字變調，是敍述句子，例如"魚仔伊買無[boɟ]"（他沒有買到魚）；讀輕聲，前字不變調，是疑問句，例如"魚仔伊買無[boɟ]"（他買到了魚沒有）。②"無"與趨向動詞之間，既可以說"無來、無去"等等，也可以說"來無，去無"等等，不過後者的"無"一定讀 [boɟ]，就是說這一定是個疑問句。③跟普通話比較，C 種也是普通話所有的，普通話也可以說"沒有買、沒有賣"等等。

現在把上述 A、B、C、D 四種關係放到具體的句子裏頭，看看"有、無"在句子中的作用。

(1)"有、無"在句子裏作謂語，這時它們所帶的賓語可以是動詞，構成 A、C 兩種關係，也可以是動賓結構詞組，構成 "A、C＋名詞"的關係。例如：

143 {早昏伊有來。（昨天晚上他來了）
這幾仔日無閑，我無去。（這幾天沒時間，我沒去）

144 {這大漢兮有讀。（這個大的孩子讀書了）
或細漢兮無讀。（那個小的孩子還沒有讀書）

145 {前日我有看電影。（前天我曾經看了電影）
今仔日我無去汨水。（今天我沒去游泳）

146 {早日有落雨。（昨天下雨了）
伊攏無買半項。（伊什麼都沒有買到）

143、144 是"有、無"拿動詞作賓語的例子。145、146 是拿動賓結構作賓語的例子。當然，動賓結構裏頭還可以插入其他成分，如"有看電影《平原游擊隊》"，插入同位語，"有落大雨"，插入形容詞修飾語，等等。要特別注意"有"在句子裏的這種作用，因為"有"的這種用法在普通話裏一般是沒有的，但在古代漢語裏，這卻不是什麼新鮮事。例如：

呂后具言客有過，相我子母皆大貴。（《漢書・高帝紀第一》）

百官有司奉法承令，以修所職，失職有誅，侵官有爵。（《漢書・游俠傳第六十二》）

（2）"有、無"或者是"有、無"與其他動詞結合，在句子裏直接作補語。"有、無"直接做補語，它跟前頭的動詞之間，構成了 B、D 兩種關係。例如：

147 畫餅充飢，看有食無。（畫餅充飢，看得到吃不上）

148 青盲儂聽有看無。（盲人聽得到却看不見）

149 我會曉 講繪[bue˧]不会曉寫，講有寫無。（我會說不會寫，説得上寫不出）

在這些例子中，"有、無"直接做補語。

"有、無"和其他動詞結合，構成 A、C 兩種關係，在句子裏做補語的，例如：

150 { 伊手骹方便，無論創啥攏創有起來。（他手脚方便，無論幹什麼都幹得好）

我笨手笨骹，啥事志攏創無起來。（我笨手笨脚，什麼事都做不好）

151 這叢筆仔扶[kʰioʔ˩]拾有起來。（這支筆檢起來了）

152 這件物件攔[tʰe˧]拿無起來。（這件東西拿不起來）

還可以説"放有落去，放無落去;□[giu˩]抓，揪有起去，□[giu˩]無起去" 等等。可見，"有、無" 和動詞的關係在句子裏做補語，那種動詞只限於趨向動詞，即只限於 A、C 關係中的趨向動詞類，如果説 "創有買，攔[tʰe˧]拿無買"就不成話了。在這裏順便説一下"有、無＋名詞、數量詞"做補語的問題。臺灣閩南方言和普通話"有、無（沒有）" 後頭都可以帶名詞或數量詞，但在方言裏，這種關係可以放在動詞謂語後面當補語。例如：

153 我去就攔[tʰe˧]拿有錢，你去就攔無錢。（我去就拿得到錢，你去就拿不到錢）

154 我買有四五本册，你買無半本。（我買了四五本書，你一本都沒有買到）

這兩句在普通話裏都不能説。

（3）"有、無"直接做狀語，放在動詞之前，構成 A、C 兩種關係，説明事物的性質和狀態。並且往往有跟其他事物相比而言的意思，因此在 A、C 兩種關係之前經常有副詞"恰、真" 等。例如：

155 這雙鞋恰有穿，或雙鞋恰無穿。（這雙鞋比較耐穿，那雙鞋比較不耐穿）

156 滬尾秫做飯恰有煮，新米恰無煮。（滬尾米做飯比較經煮，新米做飯比較不經煮）

157 總無逐項合儂無比並，總有今合儂有比並。（總不是哪件都比不上人家，總是有的可以比得上人家）

這種用法在普通話也是沒有的。它在意念上，跟前述"有、無"直接做補語很相近，都是説明行爲動作的狀態和性質的，只是使用的手段不同：一種是前加"有、無"做狀語的辦法；另一種是後補"有、無"做補語的辦法。

2 "有、無"跟形容詞的結合，有三種情況。"有"字只有一種：

E "有＋形容詞"：

　　有熱　有深　有厚　有紅　有懸[kui˩]高也　有好、有痞[pʰãi˩]壤　有水 [sui˩]漂亮　有心適舒服, 高興……。

"無"有兩種：

F "無＋形容詞"：

　　無熱　無深　無厚　無紅　無懸　無好　無痞　無水　無心適……。

G "形容詞＋無"：

　　熱無　深無　厚無　紅無　懸無　好無　瘠無　水無　心適無……。

G 種的"無"，與"來無、去無"的"無"相類似，它在句子中一定讀輕聲，這個句子也一定是個疑問句。另外，普通話沒有 E 種關係。普通話的"有"不能直接和形容詞發生關係，而必須有其他中介成分的聯系，如說"有一米高"，是插入數量詞；"没有這麽大"，是插入表示程度的指示代詞；"有點冷"，是插入名詞性的量詞"點"。

　　現在也把 E、F、G 放到具體的句子中去，看看它們在句子裏的作用。其中 G 主要用來表示疑問，這在下面還要講到，此處從略。E、F 的"有、無"在句子裏是和形容詞一起，做合成謂語，表示一種性質狀態的存在或否定。例如：

158 { 今仔日天氣有熱。（今天天氣熱起來了）
　　　 今仔日天氣無熱。（今天天氣不熱）

159 { 這蕊花有紅。（這朵花紅了）
　　　 或蕊花無紅。（那朵花還没紅）

160 { 這雙鞋有水[suiˋ]美。（這雙鞋漂亮）
　　　 或雙鞋無水。（這雙鞋不漂亮）

每組的頭一句表示了一種性質狀態的存在，當然還表示了一種已然的時間狀態。每組的第二句則只是簡單否定了這種性質狀態的存在，當然也無所謂時間狀態了。要特別注意"有"字，這種用法在古代漢語裏也是常見的。例如：

　　眶勉同心，不宜有怒。（《詩經·谷風》）
　　子興視夜，明星有爛。（《詩經·女曰雞鳴》）
　　彤管有煒，說懌女美。（《詩經·靜女》）
　　不我以歸，憂心有忡。（《詩經·邶風》）

這裏的"有怒"（怒氣衝衝）、"有爛"（星光燦爛）、"有煒"（色澤鮮明）、"有忡"（忐忑不安）都是句子裏的合成謂語。

　　"無＋形容詞"的關係，還可以在句子裏作補語。例如：

161 儂老啦，目珠看無遠。（人老了，眼睛看不遠）

162 無用苦工，字就寫無水[suiˋ]美。（不下苦工夫，字就寫不好）

"有＋形容詞"的關係也有這種用法，也可以說"看有遠、寫有水"。

　　3 "有、無"可以放在動賓結構前頭，構成新的詞組，然後再跟後頭的動詞發生關係。動賓結構的這個動詞可以是真正的動詞，也可以是次動詞。

　　從"有"字來說，這種關係只有一種：

　　H "有＋動賓結構＋動詞"。例如：

　　有合[kʰaˋ]跟伊講　有與[hɔˋ]給與儂講　有分儂罵　有對或來　有叫我去
　　有請伊食……。

這種關係一方面可以說是 A 的擴展，即"有講"等等中間插入動賓結構，用法上當然無須多說；另一方面又跟 A 不一樣，"有講"可以倒置成"講有"，但是"有合伊講"不能倒置成"講合伊有"。另外，在這種關係裏，"有"雖然也還具有動詞表示存在的意思，但更重要的則在於強調行為動作的過去時態，有點兒相當於普通話的"了"尾。

　　從"無"字來説,這種關係有兩種:

　　Ｉ　"無＋動賓結構＋動詞"。例如:

　　　　無合伊講　　無與伊講　　無分儂罵　　無對或來　　無叫我去　　無請伊食……。

　　Ｊ　"動賓結構＋動詞＋無"。例如:

　　　　合伊講無　　與伊講無　　分人罵無　　對或來無　　叫我去無　　請伊食無……。

無論從那個方面説,Ｉ、Ｊ都是 Ｃ、Ｄ 的擴展,所以在用法上也無須多加説明。普通話裏也有這兩種關係,"没有跟他説"和"跟他説了没有"都説得通。但是到了具體的句子裏,情況就有點不一樣了。在方言裏,上述的 Ｊ 還可以做"有"的補語,構成疑問句,例如"你有合伊講無?"(你跟他説了没有),在普通話裏就不能説"你有跟他説了没有?"

(二)　"有、無"構成的疑問形式及其他

　　上面主要講了"有、無"和其他詞類之間的若干種關係,以及它們在句子裏的作用。這些句子多半是敍述句和描寫句,並且是"有"和"無"分開使用的。"有、無"還常常在一個句子裏連用,用先肯定後否定的辦法,來表達一種疑問。當然,表達疑問的方法是多種多樣的,例如:"七點鐘起身敢會赴?"(七點鐘動身來得及嗎)就用的是表疑問副詞"敢"來表達疑問,光是一個"無字句"也能用來表達疑問,只要"無"字讀輕聲,這在上文已交代過了。但是,"有、無"連用來表達疑問,卻是一個最常見的辦法。在這種句子裏,"無"字在讀音上通常是輕聲,但偶爾也可以讀原調,並無特別嚴格的限制。另外,"無"字總是放在句末的位置,在它前面的是"有"字的 Ａ、Ｂ、Ｅ、Ｈ 四種關係。我們拿最簡單的句子舉例,這四種關係和"無"字的結合有下列幾種情況:

　　(1) Ａ "有＋動詞"＋"無"? 答句的形式是"有＋動詞"、"無＋動詞"和"動詞＋有"、"動詞＋無"。例如:

163　有買無? 答:有買買了　無買没買　買有買到了　買無買不到

164　有聽無? 答:有聽聽了　無聽没聽　聽有聽到了,聽得懂　聽無聽不懂,聽不見

165　有來無? 答:有來來了　無來没有來

趨向動詞比較特別,答句的形式不能説"來有、來無"。

　　(2) Ｂ "動詞＋有"＋"無"? 答句的形式是"動詞＋有"、"動詞＋無"。例如:

166　買有無? 答:買有買到了　買無買不到

167　聽有無? 答:聽有聽到了,聽得懂　聽無聽不見,聽不懂

168　挦有無? 答:挦有拿到了　挦無拿不到

趨向動詞完全没有這種問答方式

　　(3) Ｅ "有＋形容詞"＋"無"? 答句的形式是"有＋形容詞"、"無＋形容詞"。例如:

169　有深無? 答:有深深的　無深不深

170　有水無? 答:有水漂亮的　無水不漂亮

171　有厚無? 答:有厚厚的　無厚不厚

　　(4) Ｈ "有＋動賓＋動詞"＋"無"?答句的形式是"有＋動賓＋動詞"、"無＋動賓＋動詞"。例如:

172　有合伊講無? 答:有合伊講跟他講了　無合伊講没有跟他講

173　有叫伊來無? 答:有叫伊來叫他來了　無叫伊來没有叫他來

這就是臺灣閩南方言四種最簡單的"有無式"的疑問句。如果在它們的前後加上句子的其他成分,那就構成更加豐富多彩的疑問句。請看:

174 這堂語文課有聽無?(這節語文課去聽了沒有)

175 牛奶有甜無?(牛奶甜嗎)

176 這魚有鮮鮮無?(這魚新鮮嗎)

177 這帶有恰好兮花布無?(這裏有好點的花布沒有)

178 這桃仔,有恰大粒仔無?(這桃子有大點的沒有)

179 恁鄉里有所在看電影無?(你家鄉有地方看電影沒有)

180 這搭有帶洗身軀無?(這裏有洗澡的地方沒有)

181 滾水有滾無?(開水開了嗎)

182 去新竹有遠無?(去新竹遠不遠)

183 你有合[k'aʔ˩]跟伊講無?(你跟他講了沒有)

184 今仔日字有寫無?(今天字寫好了嗎)

185 恁有洗面抑無?(你洗過臉了沒有)

186 伊□[teʔ˩]正在講啥貨,你聽有無?(他在講什麼,你聽得懂嗎)

187 去買電影票買有無?(買電影票買到了沒有)

"有、無"與人稱代詞的關係特別一些。先看例子:

188 { 你講你真有氣力,看你有我法無?(你說很有力氣,看你對我有辦法沒有)
    你講你真有氣力,看你有法我無?(同上)

189 { 我實在無伊法!(我實在拿他沒辦法)
    我實在無法伊!(同上)

每組裏的兩句話意思完全一樣,可見人稱代詞在這裏的位置是無關緊要的。所不同的是,每組第二句裏的人稱代詞如"我、伊"必須讀輕聲。另外,在這類句子裏,"有、無"是謂語,"法辦法"之類的名詞是賓語,人稱代詞是句子中"有法、無法"的對象,實際上相當於普通話的"對我、對他"等等。

"有、無"也常常跟"通"[t'aŋ˥]字結合在一起,在句子裏形成"有通"、"有……通……"和"無通"、"無……通……"的格式。例如:

190 塍頭家無做也有通食,做塍儂有做反無通食。(地主不幹活也有吃的,種田人幹了活反而沒吃的)

191 你是大注本一時無趁也有通食,我是趁食儂一工無趁攏無通食。(你是有大資本的人,一時沒賺錢也有吃的;我是靠掙錢吃飯的人,一天不賺錢就沒吃的)

192 解放後我有飯通食,有衫通穿;解放前我無飯通食,無衫通穿。(解放後我有飯吃,有衣穿;解放前我沒飯吃,沒衣穿)

"有通食"就是"有吃的","有飯通食"就是"有飯吃";"無通食"就是"沒吃的","無飯通食"就是"沒有飯吃"。一種是沒有把"有(無)什麼"的"什麼"說出來,只是泛泛而論;一種是把"什麼"說出來了,顯得具體而明確。

五　其他語法特點

除了前面集中介紹過的幾個方面以外,還有一些語法特點,揀重要的分述如下。

（一）　形容詞的某些用法特徵

形容詞是表示事物的性質的,可以放在名詞前面,修飾名詞,如"紅旗、大風"。也可以單獨做謂語,如"這葩花真紅"、"這陣風真大"。在某些情況下,形容詞很象動詞,如"花紅囉","雨大咧"。這些和普通話都是一樣的。但是從另外一些方面來看,該方言裏的形容詞用法却顯得更爲複雜。主要有兩點:

1 大量使用形容詞重叠的辦法,或者使用形容詞後加其他重叠成分的辦法,來强調所表示的性質之程度。

單音形容詞可以重叠爲 AA 式。而且重叠範圍比普通話的要大得多,差不多所有的單音形容詞在各種場合下都有重叠的用法,如"天氣熱熱、物件重重、衫褲新新、烏醋酸酸"。

單音形容詞還可以三叠爲 AAA 式。例如:

193 或是遠遠遠兮所在。（那是很遠很遠的地方）

194 這兮山洞深深深,裏底暗暗暗。（這個山洞很深很深,裏面很黑很黑）

195 咱[lanˇ]咱們兮心離北京近近近。（咱們的心離北京很近很近）

196 五星紅旗紅紅紅。（五星紅旗很紅很紅）

另外還有"大大大、細細細、厚厚厚、輕輕輕、重重重、酸酸酸、苦苦苦"等等,不勝枚舉,也是差不多所有的單音形容詞都可以三叠。這種三叠形容詞比二叠形容詞所表示的程度更進了一步。試比較下列幾組:

197 {重重兮物件。（很重的東西）
重重重兮物件。（很重很重的東西）

198 {新新兮衫褲。（很新的衣服）
新新新兮衫褲。（很新很新的衣服）

199 {縛合緊緊。（捆得很結實）
縛合緊緊緊。（捆得非常結實）

可見,二叠形容詞所表示的程度,只是比單音形容詞更進一步,相當於用副詞"真很"來修飾;而三叠形容詞則表示程度之甚,相當於用副詞"非常"、"最"來修飾。另外,這種單音三叠形容詞的變調有點兒特殊:第三音節不變調,第二音節按一般規律變調,第一音節按特殊規律變調。規律是:凡單音形容詞本調是陰平、陽平、陽去、陽入的,在三叠形容詞第一音節位置讀爲陽平調（在陽入的情況下實際是變爲類似陽平的短促調）,例如"輕輕輕、鹹鹹鹹、厚厚厚、薄薄薄"等的第一音節一律讀陽平調;凡單音形容詞本調是上聲、陰去、陰入的,在三叠形容詞第一音節位置讀爲陰平調（在陰入的情況下實際是變爲類似陰平的短促調）,例如"苦苦苦、細細細、濕濕濕"等等的第一音節一律讀陰平調。

雙音形容詞也可以重叠。"穩當、老實、清楚、糊塗"可以分別重叠爲 AABB 式,如"穩穩當當、老老實實、清清楚楚、糊糊塗塗"。還可以重叠爲 ABAB 式,如"穩當穩當、老實老實、清楚清楚、糊涂糊涂"。這種重叠法是普通話所没有的。從所表示的程度來説，雙音形容詞的重叠和單音形容詞的二叠是一樣的，也相當於形容詞前頭用副詞"真"來修飾。

還有一種 ABB 式的。例如：

布[pʻⵑ]空枥枥　芳衝衝　光映映　紅記記　脆屑屑　暗猫猫　輕蠓蠓　薄絲絲
高儖儖　冷吱吱……。

這些跟普通話裏的"黑乎乎、香噴噴、亮晶晶"等等是一樣的，所不同的是該方言裏這類形式的範圍比普通話大得多。同時，ABB 式的情況也很不一樣，就以上述例子來説，"布枥枥"是"空得可以敲出枥枥的響聲來"，"冷吱吱"是"冷得吱吱叫"，"枥枥、吱吱"是象聲詞當形容詞的一部分；"芳衝衝"是"香得往外衝出來"，"光映映"是"亮得閃閃發光"，"衝衝、映映"本身就是一種形容詞，"記記、屑屑、猫猫、儖儖"也是這一類；"輕蠓蠓"是"輕得象蚊子一樣"，"薄絲絲"是"薄得象絲一樣"，"蠓蠓蚊子、絲絲"是名詞重叠當形容詞的一部分。

從表示性質的程度來説，單音節形容詞的二叠 (AA) 和雙音形容詞的重叠 (AABB 和 ABAB) 是第一級；單音節形容詞三叠 (AAA) 是第二級；這種 ABB 式的形容詞加重叠成分是第三級，表示程度之最甚，比如"芳衝衝"就是"最香最香"，"薄絲絲"就是"最薄最薄"。另外，還有一點要注意，就是要區分單音形容詞的重叠和單音動詞重叠的同異處。單音動詞也可以二叠，形式上和單音形容詞二叠没有區別，如"洗洗、掃掃、寫寫、食食"，但實質上很不一樣。試比較下列幾組例句：

200 {衫褲新新穿着若好看。（衣服很新穿着多好看）
字寫寫咧卽去公園。（把字寫了就去公園）

201 {菜鹹鹹無好食。（菜太鹹不好吃）
無菜飯着食食咧。（没有菜，飯可要吃一點）

202 {或是遠遠兮所在。（那是很遠的地方）
四界掃掃清氣。（把四周掃掃乾淨）

每組第一句都是重叠形容詞，第二句都是重叠動詞。從中可以看到兩點區別：第一，從意念上説，二叠形容詞表示對程度之強調，而二叠動詞正相反，表示一種隨便、漫不經心的態度，没有使用單音動詞時的那種嚴肅、認真的意思；第二，在具體的句子裏，二叠形容詞後面通常不跟語氣助詞，而動詞重叠後頭通常跟語氣助詞"咧"等。有一部分單音動詞也可以三叠，例如"死死死、活活活、開開開"等等。"將門開開開"，就是"把大門完完全全打開"的意思，這種三叠動詞的用法在語法意義上跟形容詞三叠相同，也是用來表示程度之最甚的。但是它們仍然是動詞，因爲形容詞不能進入"將門開開開"這類的格式。

2 形容詞在句子中做謂語使用時的幾種情況。

形容詞在句子中可以做謂語，這時有三種特殊情況：

(1) 表示量度的單音形容詞在句子中做謂語時，它的前頭一定要用程度副詞"真、恰"等來修飾，説明主語部分所指事物性質的程度，它的前頭和後頭一定要帶量詞來補充，表示所指事物在量上的概念。例如：

203 這叢樹真細叢。（這棵樹很小）

204 這蕊花真大蕊。（這朵花很大）

205 這碗麵傷大碗。（這碗麵條太多了）

206 這尾蛇恰大尾。（這條蛇比較大）

207 這條索仔恰大條。（這條繩子比較大）

203～207各句"大、細"是表示量度的單音形容詞做謂語，前頭加副詞"真、傷、恰"來修飾，後頭加量詞"叢、蕊、碗、尾、條"來補充。在普通話裏遇到這種情況就簡單得多，可以直接說"這棵樹（很）小，這朵花（很）大"。該方言這種前拖後帶的方法看起來很繁瑣，但實際上也有它的好處，就是使整個句子顯得更加明確無誤。

　　（2）形容詞（不論單音的或雙音的）在明確表示比較的句子裏作謂語，表示比較的程度副詞"恰"一定放在形容詞之前。例如：

208 伊這人恰老實。（他這個人比較老實）

209 臺北市恰大。（臺北市比較大）

210 滬尾秝恰好。（滬尾江米比較好）

這是跟普通話一樣的。但如果出現了被比較的對象時，情況就不一樣了。在普通話裏，被比較的對象總是放在副詞"比"和形容詞謂語之前，如說"我比他大三歲"，"臺南比臺北小一些"。而在臺灣閩南方言裏，更普通的是用副詞"恰"，這時候被比較的對象一定要放在形容詞謂語之後。例如：

211 我恰大伊三歲。（我比他大三歲）

212 臺南恰細臺北一屑仔。（臺南比臺北小一點兒）

213 我恰老實伊。（我比他老實）

214 這蕊花恰大或蕊。（這朵花比那朵花大一些）

"伊、臺北"等是被比較的對象，都放在形容詞之後。當然，這幾個例子完全可以改爲"我比伊大三歲"等，但缺少方言的口語風格。

　　（3）單音形容詞"豪[gau˦]能干"和"厚[kau˦]"在句子中做謂語，可以帶動詞性或名詞性的賓語。例如：

215 伊真豪行路趖嶺。（他很能走路爬山）

216 伊豪講話豪寫字又豪算數，項項攏麼會。（他會說會寫又會算，樣樣都會）

217 這叢樹豪開花。（這棵樹花開得多）

218 伊這儂太厚話。（他這人就是太多話了）

219 這所在真厚蠓仔。（這地方蚊子真多）

在普通話裏是沒有這種句子格式的。215～217是"豪"做謂語，後帶動詞性賓語"行路趖嶺、講話、寫字"等等，"豪"相當於普通話的助動詞"能够、會"。218～219是"厚"作謂語，後帶名詞性賓語"話、蠓仔"。就我們調查所知，該方言形容詞的這種用法，僅限於"豪、厚"兩個特定詞匯，其他形容詞就不能隨便套用。比如可以說"豪開花"，不能說"無豪開花"、"閒慢開花"，雖然"無豪"是"豪"的否定說法，而"閒慢"是"豪"的反義詞；可以說"厚蠓仔"，不能說"薄蠓仔"，雖然"薄"也是"厚"的反義詞。這樣看來，"豪、厚"的用法比較特殊：做謂語既可以帶動詞賓語又可以帶名詞賓語，究竟是否還算形容詞，尚需進一步考察分析。

（二）　表示處置式的動賓結構

　　我們這裏所說的動賓結構，實際上是次動詞賓語結構，也有人叫介賓結構。

在普通話裏，經常用次動詞"把"把賓語提前到主要動詞之前，來表示處置。臺灣閩南方言也可以採用這種形式，但次動詞不用"把"，而沿用古代漢語裏常用的"將"。例如：

220 勞力你，將或本册撵[t'eᴿ]拿我看瞩[baiᴸ]看一下。（勞您駕，請把那本書拿給我看看）

221 將或碗飯撵 [t'eᴿ]拿我食咧！（把那碗飯拿來給我吃吧）

222 叫伊將嬰仔抱去。（叫她把孩子抱走）

在日常口語裏，"將"字有時也可以省略不説。例如：

223 或本册撵[t'eᴿ]拿我看瞩。

224 或碗飯撵[t'eᴿ]拿我食咧。

225 叫伊嬰仔抱去。

處置式還有另一個結構形式，卽在形式主語與主要動詞謂語之間，插入一個動賓結構，形成"形式主語＋動賓結構＋動詞謂語＋其他成分"的處置式句子結構。這裏動賓結構的次動詞通用"合 [k'aʔᴸ]"，賓語又通用人稱代詞 "我、你、伊" 或不定人稱代詞"儂 [laŋᴿ]"。其中動賓結構的賓語與形式主語之間的關係比較複雜，有各種各樣的情況，請先看下面幾組例句：

226 { 門合伊關起來。（把門關起來）
　　{ 飯歸碗合伊食落去。（把整碗飯都吃下去吧）

227 { 骹合儂踏着囉。（把人家脚踩了）
　　{ 物件合你囥起來。（把東西給你藏起來）

228 { 門合我開開。（請把門打開）
　　{ 飯歸碗合我食食落去。（請把整碗飯都吃下去）

226 的兩個例句裏，動賓結構的賓語是復指形式主語的，"伊"分別復指"門"和"飯"。在 227 的兩個例句裏，動賓結構的賓語是形式主語所指事物的屬有者，例如"骹"是"儂人家"的，"物件"是"你"的。228 的兩個例句裏，動賓結構的賓語"我"和形式主語 "門"、"飯" 毫無關係。在類似的這種句子裏，往往表達着説話人希望對方做某事、採取某行動，因此又經常包含着命令、祈求等各種語氣。

（三）　句子成分的倒置或提前

通常情況下，臺灣閩南方言句子成分的排列次序和普通話是一樣的，卽：主語部分在前，謂語部分在後；定語、狀語在中心詞之前，各種賓語、補語在中心詞之後。如果改變了正常順序，就有可能使句子成分造成混亂。只有個別一兩種類型的句子，它們的成分排列可以變動，最突出的就是我們前面講過的"有無句"。例如：

229 聽有無？（聽見了嗎）

230 有聽無？（聽了沒有）

231 聽有。（聽見了）

232 有聽。（去聽了）

233 聽無。（聽不見）

234 無聽。（沒有去聽）

不過，成分排列一變動，句子的意思就完全不一樣了，所以説到底，在具體的語言環境中，這種句子的成分排列仍然是不能任意變動的。

　　但是,有一種正常的句子成分的倒置或提前,而又完全不改變句子的基本意思。最常見的是主語、謂語、賓語之間的位置變換,可以有兩種類型:

　　一種是由於語氣的需要,把要特別強調的成分提前,把不須要特別強調的成分後置。例如:

235 { 正常位置: 這兮粿有甜無? (這種米粿甜嗎)
　　　變換位置: 有甜無這兮粿?

236 { 正常位置: 你伓免去啦! (你不用去了)
　　　變換位置: 伓免去啦你!

237 { 正常位置: 你無愛食飯是伓? (你不想吃飯是嗎)
　　　變換位置: 無愛食飯是伓你?

238 { 正常位置: 你無愛看戲是伓? (你不喜歡看戲是嗎)
　　　變換位置: 你戲無愛看是伓?

235~237三組例句是由於強調了謂語部分,而把謂語部分提前,把主語部分倒置;238一組例句是由於強調了賓語部分,而把賓語提前,把謂語倒置。

　　另一種是由於使用了次動詞賓語結構,把原來句子中的賓語提到謂語之前。例如:

239 { 正常位置: 你有拍伊無? (你打他了嗎)
　　　變換位置: 你有合伊拍無?

240 { 正常位置: 伊有通知你無? (他通知你了嗎)
　　　變換位置: 伊有合你通知無?

都是由於次動詞"合"的作用,把原來句子中的賓語提前的。

第伍章　成篇語料

一　透早就出门*

t'auˋ tsaˇ　　tsiuˍ ts'utˋ ʉuiˍ,
透　早(注一)　就　　出　　門，

t'ĩˍ sikˍ tsiamˍ tsiamˍ kŋˊ,
天　色　漸　漸　光，

siuˍ k'ɔˋ boˍ laŋˍ bŋˍ,
受　苦　無　儂　問，

kiãˍ kauˇ ts'anˍ tioŋˊ hŋˊ;
行　到　塍　中　央；

kiãˍ kauˇ ts'anˍ tioŋˊ hŋˊ,
行　到　塍　中　央，

uiˍ tioʔˍ kɔˋ sãˍ tŋˍ,
爲　着　顧　三　頓，

kɔˋ sãˍ tŋˍ,
顧　三　頓，

mˍ kiãˊ ts'anˍ tsuiˇ liŋˊ sŋˍ sŋˍ。
怀　驚　塍　水　冷　霜　霜(注二)

kuanˍ seˍ kuiˊ tsapˍ haŋˊ,
捐　稅　幾　十　項，

k'iamˇ tseˍ tsitˍ tuaˋ k'aŋˊ,
欠　債　一　大　空，

kanˍ k'ɔˋ tsoˋ ts'anˍ laŋˊ,
艱　苦　做　塍　儂，

t'uaˍ buaˇ kuiˍ lĩˊ taŋˊ;
拖　磨　歸　年　冬；

t'uaˍ buaˇ kuiˍ lĩˊ taŋˊ,
拖　磨　歸　年　冬，

tanˊ kaʔˇ　　ts'unˍ hɔŋˊ ts'ueˊ linˍ kanˊ,
等　合(注三)　春　風　吹　人　間，

---

* 根據臺灣歌仔戲歌詞記錄，這裏作了删節，這段歌詞反映了臺北泉州腔的讀法，文白讀相間。

注一：透早，[t'auˋ tsaˇ]，天剛亮。

注二：冷霜霜，[liŋˊ sŋˍ sŋˍ]，冰冷徹骨。

注三：等合，[tanˊ kaʔˇ]，等到。

ts'ue˥ lin˩ kan˥,
吹　人　間，

gia˩ t'au˩ k'uã˥ tiɔŋ˧ guan˥;
□　頭(注一)看　中　原;

tiɔŋ˧ guan˥ lian˩ tsiap˩ lan˥ tai˩ gan˥,
中　原　連　接　咱　臺　灣，

tɔŋ˩ pau˥ beʔ˥ t'uan˩ uan˥,
同　胞　卜　團　圓，

beʔ˥ t'uan˩ uan˥,
卜　團　圓，

t'ɔŋ˧ it˩ tsɔ˥ kɔk˩ lan˥ sim˧ guan˥。
統　一　祖　國　咱　心　願。

譯文

一早就出門，
天色漸漸亮，
受苦無人問，
走到田中央;
走到田中央，
爲了顧三餐，
顧三餐，
不怕田水冷如霜。

捐稅幾十項，
欠債一大堆，
辛苦啊種田的人，
勞累整一年;
勞累整一年，
等到春風吹人間，
攑頭看中原;
中原連接咱臺灣，
同胞要團圓，
要團圓，
統一祖國咱心願。

注一: □頭, [gia˩ t'au˩], 攑頭。

二 塗蚓仔歌*

1. lau˧ tua˧: lau˧ sue˧ ꜔a, kiã˧ oˉ! pŋ˧ tioˀ˥ kuã˧ tsit˧ e˧, lai˧ kʻi˧ tsʻan˧ te˥⟨注一⟩
   老大： 老 細仔， 行 哦! 飯 着 掐 一 今， 來 去 塍 抵⟨注一⟩
   tsiaˀ˧ lai˧ tsiaˀ˥。
   則 來 食。

2. (lŋ˩ e˧ hiã˧ tiˉ lai˧ kau˧ tsʻan˧ huã˧, tʻiã˧ tioˀ˥ tsʻan˧ tue˥ siu˧ siu˧ kio˧。)
   （兩 今 兄 弟 來 到 塍 埠， 聽 着 塍 底 啾 啾 叫。）

3. lau˧ tua˧: sue˧ e˧, li˧ si˧ teˀ˥ tĩ˧ kʻam˧ ꜔ai˧ m˧ si˧?
   老大： 細今， 你 是 □⟨注二⟩ □ 欺 也 怀 是?

4. lau˧ sue˧: tse˧ si˧ tsãi˧ iũ˧ koŋ˧?
   老 細： 這 是 怎 樣 講?

5. lau˧ tua˧: li˧ kã˧ m˧ tsai˧ iã˥, tse˧ tsu˧ si˧ tɔ˧ un˧ lã˥(<a˥) teˀ˥ tsʻiũ˥
   老大： 你 敢 怀 知 影， 這 就 是 塗 蚓 仔 □ 唱
   kua˧!
   歌!

6. lau˧ sue˧: tɔ˧ un˧ lã˥(<a˥) kan˧(<kam˧) e˧ tsʻiũ˥ kua˧?
   老 細： 塗 蚓 仔 敢 會 唱 歌?

7. lau˧ tua˧: gua˧ koŋ˥ lɔˉ li˧ tʻiã˥, tʻiã˥ gua˧ tsʻiũ˧, tʻiã˧ gua˧ tsʻiũ˧, tsʻiũ˥
   老大： 我 講 與 你 聽， 聽 我 唱， 聽 我 唱， 唱
   kaˀ˥ tɔ˧ un˧ lã˥(<a˥) kua˧: tɔ˧ un˧ lã˥(<a˥) tsʻut˥ si˧ bun˥ tʻɔ˧ sua˧,
   □⟨注三⟩ 塗 蚓 仔 歌: 塗 蚓 仔 出 世 □⟨注四⟩ 塗 砂，
   i˧ tsiaˀ˧ e˧ kio˥ kua˧。
   伊 則 會 叫 歌。

8. lau˧ sue˧: koŋ˥ hit˥ e˧ bo˧ kʻaŋ˥ e˧。
   老 細： 講 或 今 無 空 今。

9. lau˧ tua˧: li˧ koˀ˥ tʻiã˥! koŋ˥ tsit˥ lo˧ tɔ˧ un˧ lã˥(<a˥) kiã˥, sin˧ iu˧ tŋ˧,
   老大： 你 攔 聽! 講 這 囉 塗 蚓 仔 囝， 身 又 長，
   io˧ iu˧ lŋ˧, kʻui˧ tɔ˧ kʻaŋ˧, tsue˥ bin˧ tsʻŋ˧, i˧ tsiaˀ˧ e˧ kio˥ kua˧。
   腰 又 軟， 開 塗 空， 做 眠 牀，伊 則 會 叫 歌。

10. lau˧ sue˧: laŋ˧ hit˥ lo˧ tsui˧ tsʻan˧ lĩ˧(<ĩ˧), tʻau˧ lã˧ tŋ˧, sin˧ bã˧ lŋ˥, i˧
    老 細： 儂 或 囉 水 塍 嬰， 頭 若 長， 身 麼 軟， 伊
    tɔ˧ bue˧ kio˥ kua˧?
    都 㑩 叫 歌?

11. lau˧ tua˧: hit˥ e˧ tsui˧ tsʻan˧ lĩ˧(<ĩ˧), m˧ koˀ˥ tʻau˧ ĩ˧ ĩ˧, sin˧ tit˧ tit˧,
    老大： 或 今 水 塍 嬰 怀 □⟨注五⟩ 頭 圓 圓， 身 直 直，
    lak˧ kʻa˧ kaŋ˧ si˧ sit˥, ti˧ teˀ˥ puã˧ tʻĩ˧ pe˧, tsʻiu˧ be˧ hio˧, i˧ tsia˧
    六 骹 共 四 翼， 待 □⟨注六⟩ 半 天 飛， 樹 尾 歇， 伊 則

---

* 塗蚓仔歌反映了臺北泉州腔的讀法，都是白讀系統。
注一： 塍抵，[tsʻan˧ te˥]，即抵塍，到田里。
注二： □，[teˀ˥]，相當於普通話的"正在……"。
注三： □，[kaˀ˥]，相當於普通話的量詞"個"。
注四： □，[bun˥]，在泥沙里翻滾，鑽動。
注五： 怀□，[m˧ koˀ˥]，不過，只是。
注六： 待□，[ti˧ teˀ˥]，相當於普通話"在……"。

bue˧ kio˥ kua˧!
繪　　叫　歌!

12. lau˧ sue˧: ko˥˥ hia˥ ㄏㄨㄥ˥ e˧。la˧ hit˥ lo˧ am˧ po˧ tse˧, i˧ bã˧ t'au˧
老　細：講　□(注一)無　空　兮。儂　或　囉　蝹　蜅　蠐，伊　麼　　頭
ĩ˥ ĩ˧, sin˧ tit˧ tit˥, bã˧ si˧ lak˧ k'a˥ kan˧ si˥ sit˧, la˧ i˧ tio˥ e˧ kio˥
圓　圓，身　直　直，麼是　六　骹　共　四　翼，儂　伊　着　會　叫
kua˧?
歌?

13. lau˧ tua˧: ai˥, li˥ i˧ m˧ bat˧ a˧! hit˥ lo˧ am˧ po˧ tse˧, i˧ si˧ pat˥(<pak˥) ɔ˥
老　大：唉，你　伓　八(注二)啊! 或　囉　蝹　蜅　蠐，伊　是　腹　　　肚
e˧ tsit˧ e˧ tsim˥, k'au˥ tsit˧ e˧ k'i˧, i˧ a˥ ㄍㄜ˥, si˧ a˥ se˥, i˧ i˧ e˧
下　一　兮　□(注三)，叩　一　兮　氣，咿　啊　呃，嘶　啊　呭(注四)，咿　咿　呃
e˥, si˧ si˧ se˧ se˥, i˧ tsia˥ e˧ kio˥ kua˧。
呃，嘶嘶　呭呭，伊　則　會　叫　歌。

14. lau˧ sue˧: gua˥ m˧ sin˧, hit˥ lo˧ tsui˧ bɔ˧ hue˧, pat˥(<pak˥) tɔ˧ e˧ bã˧ si˧
老　細：我　伓　信，或　囉　水　毛　蟹，腹　　肚　下　麼是
tsit˧ e˧ tsim˥, i˧ tɔ˧ bue˧ kio˥ kua˧?
一　兮　□，伊　都　繪　叫　歌?

15. lau˧ tua˧: li˥ m˧ bat˧ a˧! hit˥ lo˧ tsui˧ bɔ˧ hue˧, m˧ ko˥ si˧ t'ɔ˧ te˥ tsŋ˧,
老　大：你　伓　八　啊! 或　囉　水　毛　蟹　伓　□　是　塗　□　鑽，
tsui˧ te˥ bun˧, i˧ t'a˥ t'o˥ e˧ kio˥ kua˧!
水　□　□，伊　□　妥(注五)會　叫　歌!

16. lau˧ sue˧: kɔ˥˥ hit˥ lo˧ bo˧ k'aŋ˥ e˧。tsit˧ tsia˥ lau˧ tsui˧ kue˧, bã˧ si˧ t'ɔ˧
老　細：講　或　囉　無　空　兮。這　隻　老　水　鷄，麼是　塗
te˥ tsŋ˧, tsui˧ te˥ bun˧, i˧ tɔ˧ e˧ kio˥ kua˧?
□　鑽，水　□　□，伊　都　會　叫　歌?

17. lau˧ tua˧: li˥ t'iã˧ gua˧ kɔ˥˥, hit˥ lo˧ lau˧ tsui˧ kue˧, tɔ˧ sio˧ tua˧, ts'ui˧
老　大：你　聽　我　講，或　囉　老　水　鷄，肚　傷　大　喙
sio˧ k'ua˧, sai˧ pak˥ hɔ˧, tsit˧ e˧ lai˧, t'iau˧ ts'ut˧ k'aŋ˧ k'au˥ gua˧, k'au˥
傷　闊，西　北　雨，一　兮　來，跳　出　空　口　外，叩
tsit˧ e˧ k'i˧, i˧ ia˧ o˥, si˧ ia˧ so˥, i˧ i˧ o˥ o˥, si˧ si˧ so˥ so˥, i˧ tsia˥
一　兮　氣，咿　呀　喔，嘶　呀　嗦(注六)咿　咿　喔　喔，嘶嘶　嗦嗦，伊　則
e˧ kio˥ kua˧。
會　叫　歌。

18. lau˧ sue˧: kɔ˥˥ hit˥ e˧ bo˧ k'aŋ˥ e˧。lan˧ tau˧ tsit˧ liap˥ tsui˧ iam˧ kŋ˧, kam˧
老　細：講　或　兮　無　空　兮。咱　兜　一　粒　水　淹　缸，□
bo˧ tɔ˧ tsin˧ tua˧, bã˧ ts'ui˧ tsin˧ k'ua˥, i˧ tɔ˧ bue˧ kio˥ kua˧?
□(注七)肚　真　大，麼　喙　真　闊，伊　都　繪　叫　歌?

注一：□，[hia˥˥]，這麼，那麼，表示驚奇。
注二：伓八，[m˧ bat˧]，不懂，不知道。
注三：□，[tsim˥]，下文又 [tsim˧]，手風琴風箱的地方。
注四：咿啊呃，嘶啊呭，[i˧ a˥ e˧ ㄍㄜ˥, si˧ a˥ se˥]，模仿蝹蜅蠐(蟲名)的叫聲。
注五：□妥，[t'a˥ t'o˥]，表示"不可能"的意思。
注六：咿喔嘶嗦，[i˧ o˥ si˧ so˥]，模擬水鷄(大青蛙)的叫聲。
注七：□□，[kam˧ bo˧]，也是。

19. lauˈ tuaˋ: liˊ tsinˈ kʼamˇ aˋ! hitˊ liapˇ tsuiˊ iamˈ kŋˊ, siˋ tʼɔˊ laiˋ tsueˋ,
　老　大：你　真　歒　啊！或　粒　水　淹　缸，是　塗　來　做，

　heˋ laiˋ sioˊ, sioˊ aŋˊ aŋˋ, sioˊ siˊ siˋ, iˊ tsãˊ iũˋ eˋ tsʼiũˊ kuaˊ!
　火　來　燒，燒　紅　紅，燒　死　死，伊　怎　樣　會　唱　歌！

20. lauˈ sueˋ: guaˇ bŋˊ liˋ, ginˊ nãˊ(＞ɣaˋ) teˊ kˊɔˊ punˇ tʼɔˊ piˊ kuˋ, bãˊ siˋ tʼɔˊ
　老　細：我　問　你，囝　仔　　　□　嗌　塗　繁　龜，麼　是　塗

　laiˋ tsueˋ, bãˊ siˋ heˋ laiˋ sioˊ, iˊ tɔˊ eˋ tsʼiũˊ kuaˊ?
　來　做，麼　是　火　來　燒，伊　都　會　唱　歌？

21. lauˈ tuaˋ: haˊ! haˊ! hitˊ lɔˊ tʼɔˊ piˊ kuˋ, siˋ lŋˊ kʼaŋˊ sioˊ laŋˊ tʼaŋˊ, punˇ
　老　大：哈！哈！或　囉　塗　繁　龜，是　兩　空　相　□　□(注一)，嗌

　tsitˈ eˋ kʼiˋ, kiˊ ɣa kiuˊ, siˋ ɣa siuˊ, kiˊ kiˊ kiuˊ kiuˊ, siˋ siˊ siuˊ siuˊ, iˊ
　一　兮　氣，嘰　啊　吃，嚧　啊　咻(注二)，嘰　嘰　吃　吃，嚧　嚧　咻　咻，伊

　tsiaˊ eˋ tsʼiũˊ kuaˊ。
　則　會　唱　歌。

22. lauˈ sueˋ: kŋˊ hitˊ eˋ boˊ kʼaŋˊ eˋ。tsitˈ kiˊ tikˇ heˋ kŋˊ, bãˊ lŋˊ kʼaŋˊ
　老　細：講　或　兮　無　空　兮。一　支　竹　火　管，麼　兩　空

　sioˊ laŋˊ tʼaŋˊ, iˊ tɔˊ bueˊ tsʼiũˊ kuaˊ?
　相　□　□，伊　都　繪　唱　歌？

23. lauˈ tuaˋ: aiˊ iaˊ, aiˊ iaˊ! hitˊ kiˊ tikˇ heˋ kŋˊ, siˋ tikˇ laiˋ tsoˋ, tɔˊ laiˋ
　老　大：唉　呀，唉　呀！或　支　竹　火　管，是　竹　來　做，刀　來

　tsʼɔˊ, tsʼɔˊ tsueˋ tsueˋ, tsʼɔˊ siˊ siˋ, iˊ tʼaˊ tʼɔˊ eˋ kioˊ kuaˊ!
　鏵，鏵　齊　齊，鏵　死　死，伊　□　妥　會　叫　歌！

24. lauˈ sueˋ: aˊ! laŋˊ guaˇ uˊ tʼiãˊ tioˊ tsitˈ kiˊ lɔŋˊ siauˊ pʼinˊ nãˊ(＞ɣaˋ) kiãˋ,
　老　細：啊！儂　我　有　聽　着　一　支　洞　蕭　品　仔　囝，

　bãˊ siˋ tikˇ laiˋ tsoˋ, tɔˊ laiˋ tsʼɔˊ, tsʼɔˊ kaˊ tsueˋ tsueˋ tsueˋ, tsʼɔˊ kaˊ siˋ
　麼　是　竹　來　做，刀　來　鏵，鏵　合　齊　齊　齊，鏵　合　死

　siˊ siˋ, laŋˊ iˊ tɔˊ eˋ kioˊ kuaˊ?
　死　死，儂　伊　都　會　叫　歌？

25. lauˈ tuaˋ: aiˊ! liˋ ɯˊ batˇ aˋ! hitˊ kiˊ lɔŋˊ siauˊ pʼinˊ nãˊ(＞aˊ) kiãˋ, kʼaŋˊ
　老　大　唉！你　怀　八　啊！或　支　洞　蕭　品　仔　囝，空

　siɔŋˊ tsueˊ, punˇ tsitˈ eˋ kʼiˋ, uˊ liuˊ siaŋˊ kɔˊ tsʼeˊ, iˊ tsiaˊ eˋ
　傷，□(注三)，嗌　一　兮　氣，□　六　上　工　□(注四)，伊　則　會

　tsʼiũˊ kuaˊ!
　唱　歌！

26. lauˈ sueˋ: guaˇ tsiaˊ mˊ sinˊ。laŋˊ keˊ pʼiaˊ hitˊ eˋ lauˇ tsimˊ poˊ, teˊ
　老　細：我　則　怀　信。儂　隔　壁　或　兮　老　嬸　婆，□

　tsueˊ hitˊ teˊ tikˊ biˊ tʼaiˊ, kʼaŋˊ boˊ teˊ itˊ tsueˊ, iˊ tɔˊ bueˊ
　做　或　帶(注五)　竹　米　篩，空　無(注六)　第　一　□，伊　都　繪

　tsʼiũˊ kuaˊ?
　唱　歌？

注一：□□，[laŋˊ tʼaŋˊ]，上下裏外穿透。
注二：嘰吃嚧咻，[kiˊ kiuˊ siˊ siuˊ]，模擬吹塗繁龜(陶製兒童玩具)的響聲。
注三：傷□，[siɔŋˊ tsueˊ]，太多
注四：□六上工□，[uˊ liuˊ siaŋˊ kɔˊ tsʼeˊ]，音符，相當於"宮商角徵羽"五音。
注五：帶，[teˊ]，量詞，相當於普通話的量詞"片"或"塊"。
注六：無，[boˊ]，不是"有無"的"無"，這裏只表示一種語氣。

27. lau˥ tua˦: m˩ bat˩ m˩ tʻaŋ˥ luan˩ tsu˥ bŋ˦ la˩! hit˥ te˥ tik˥ bi˦ tʻai˥, si˥
　　老　大：怀　八　怀　通　　亂　自　問　啦！　或　帶　竹　米　篩，　是
sai˦ hu˦ tsue˥ e˧, si˥ sai˦ hu˥ ka˥ e˧, ka˥ kaʔ˥ kin˥ kin˥ kin˥, ka˥ kaʔ˥ si˥
　　師　父　做　兮，是　師　父　絞　兮，絞　合　緊　緊　緊，　絞　合　死
si˥ si˥, beʔ˩ tsãi˥ iũ˧ e˧ tsʻiũ˦ kua˥!
　　死　死，　卜　怎　樣　會　唱　　歌！

28. lau˥ sue˥: gua˥ koʔ˥ bŋ˦ li˥ tse˥(<tsit˥) e˧. lan˥ an˦(<a˥) liã˦ hit˥ tiŋ˥
　　老　細：我　攔　問　你　一　　兮。　咱　阿　　娘　或　頂
tik˥ bin˦ tsʻŋ˥, bã˦ si˥ sai˦ hu˥ tsue˥ e˧, bã˦ si˥ sai˦ hu˥ ka˥ e˧, bã˦ si˥
　　竹　眠　牀，　麼　是　師　父　做　兮，麼　是　師　父　絞　兮，麼　是
ka˥ kaʔ˥ an˦ an˦ an˦, bã˦ si˥ ka˥ kaʔ˥ si˥ si˥ si˥, i˥ tɔ˦ e˧ tsʻiũ˦ kua˥?
　　絞　合　恒　恒　恒，麼　是　絞　合　死　死　死，伊　都　會　唱　歌？

29. lau˥ tua˦: hai˦ ia˦, li˥ bue˦ tsʻiŋ˥ tsʻɔ˥ la˦, hit˥ tiŋ˥ tik˥ bin˦ tsʻŋ˥, si˦ lan˥
　　老　大：嗨　呀，你　繪　清　　楚　啦，或　頂　竹　眠　牀，　是　咱
an˦(<a˥) liã˦ teʔ˥ loi˥ sun˥, kʻun˥ kaʔ˥ sã˦ kĩ˦ kam˩ bĩ˦ puã˦, kʻa˥
　　阿　　娘　□　搖　孫，　睏　合　三　更　□(注一)　冥　半，　骸
tsit˥ e˧ pʻua˥, tsʻiu˥ tsit˥ e˧ buã˦, huan˥ tsit˥ e˧ sin˥, tik˥ bin˦ tsʻŋ˥
　　一　兮　□(注二)　手　一　兮　□，　翻　一　兮　身，　竹　眠　牀
ĩ˥ ɾ˩ uãi˥, sĩ˥ ɾ˩ suãi˥, ĩ˥ ɾ˩ uãi˥ uãi˥, sĩ˥ sĩ˥ suãi˥ suãi˥, i˥ tsiaʔ˥ e˧ kio˥ kua˥.
　　嚶　啊　喔，　嗦　啊　唆(注三)，　嚶　嚶　喔　喔，　嗦　嗦　唆　唆，伊　則　會　叫　歌。

　　ho˥ a˩, lit˩ tʻau˦ bo˦ tsa˥ la˩, kuã˦ kin˥ loʔ˩ tsʻan˦ a˦! m˩ bian˥ ke˥
　　好　啊，日　頭　無　早　啦，趕　緊　落　塍　啊！怀　免　加
kɔŋ˥ ue˦.
　　講　話。

30. lau˥ sue˥: ho˥ la˩, ho˥ la˩! kʻaŋ˦ kʻe˥ kiam˦ tsue˥ tsin˦ tsue˥, kiã˦ a˦, kiã˦ a˦!
　　老　細：好　啦，好　啦！功　課　減　做　真　□　行　啊，行　啊！

譯文

1. 哥哥：弟弟，走啊！記着帶點飯、到田裏再吃。
2. （兄弟倆來到田邊，聽到田裏有咻咻叫的聲音。）
3. 哥哥：弟弟，你是不是在裝傻呀？
4. 弟弟：這話怎麼講？
5. 哥哥：你還不知道吧，這就是蚯蚓正在唱歌！
6. 弟弟：蚯蚓還會唱歌？
7. 哥哥：我講給你聽，聽我唱，聽我唱，唱個蚯蚓歌：蚯蚓一生下來就鑽泥砂，它才會唱歌。
8. 弟弟：説這個没影子的事。

注一： □，[kam˩]，相當於普通話的連詞"和"。
注二： □，[pʻua˥]，擺動，絆腿的意思。
注三： 嚶喔嗦唆，[ĩ˥ uãi˥ sĩ˥ suãi˥]，竹牀搖動發出的響聲。

9. 哥哥：你再聽！這種小蚯蚓，身子長，腰又軟，鑽土洞，當睡牀，它才會唱歌。

10. 弟弟：人家那種蜻蜓，頭也長，身也軟，它怎麼不會唱歌？

11. 哥哥：那種蜻蜓，只是腦袋圓圓，身子直直，六隻腿加上四隻翅膀，在那半天空飛翔，在那樹梢上休息，它才不會唱歌！

12. 弟弟：講那沒道理的事，人家那種蜓蚻蠐，它也腦袋圓圓，身子直直，也是六隻腿加上四隻翅膀，它怎麼會唱歌？

13. 哥哥：唉，你不懂啊？那種蜓蚻蠐，肚子下有一個會響的東西，吸一下氣，就咿啊呃，嗦啊哩，咿咿呃呃，嗦嗦哩哩地叫起來，它才會唱歌。

14. 弟弟：我不信，那種小螃蟹，肚子下也是一個會響的東西，它怎麼不會唱歌？

15. 哥哥：你不懂啊！那種小螃蟹，只是在土裏鑽，水裏穿，它怎麼會唱歌！

16. 弟弟：講那沒道理的話。一隻大青蛙，也是在土裏鑽，水裏穿，它怎麼會唱歌？

17. 哥哥：你聽我說，那種大青蛙，肚子很大，嘴巴很寬，西北雨一下來，跳出洞口外，吸一下氣，就咿呀喔，嗦呀嗦，咿咿喔喔，嗦嗦嗦嗦地叫起來，它才會唱歌。

18. 弟弟：講那沒道理的話。咱們家一個大水缸，也是肚子很大，嘴巴很寬，它怎麼不會唱歌？

19. 哥哥：你真傻呀！那個大水缸，是泥土做的，火燒的，燒得紅紅，燒得死死，它怎麼會唱歌！

20. 弟弟：我問你，小孩子吹的土鱉龜，也是泥土做的，火燒的，它怎麼會唱歌？

21. 哥哥：哈哈！那種土鱉龜，兩頭洞相通，吹一下氣，就嘰啊吼，嗦啊咻，嘰嘰吼吼，嗦嗦咻咻地叫起來，它才會唱歌。

22. 弟弟：講那沒道理的話。一支竹子做的吹火筒，也是兩頭洞相通，它怎麼不會唱歌？

23. 哥哥：唉呀，唉呀！那支竹子做的吹火筒，是竹子做的，是刀子銼的，銼得整整齊齊，銼得死死，它怎麼會唱歌！

24. 弟弟：啊！我聽過一支洞簫小笛子，也是竹子做的，也是刀子銼的，銼得整整齊齊，銼得死死，它怎麼會唱歌？

25. 哥哥：唉！你不懂呀！那支洞簫小笛子，洞很多，吹一下氣，□六上工□，它才會唱歌！

26. 弟弟：我才不信哩。人家隔壁那個老嬸子，做的那塊竹米篩，小洞眼最多了，它怎麼不會唱歌？

27. 哥哥：不懂就別亂問啦！那塊竹米篩，是師父做的，師父上的，上得很緊很緊，上得很牢很牢，它怎麼會唱歌？

28. 弟弟：我再問你。咱們媽媽那張竹睡牀，也是師父做的，師父上的，也是上得很緊很緊，上得很牢很牢，它怎麼會唱歌？

29. 哥哥：嗨呀，你不清楚啊，那張竹睡牀，是咱們媽媽正在搖孫子，睡到三更半夜，腳一絆，手一擺，翻個身，竹睡牀就嚶啊啞，嗦啊唆，嚶嚶啞啞，嗦嗦唆唆地叫起來，它才會唱歌。
　　　好啦，天不早了，快下田吧！別再多說話。

30. 弟弟：好啦，好啦！活計少做了很多，走吧，走吧！

三　痞大家[*]

1. p‘ai˥ ta˩ ke˥, tsit˩ lit˦ hau˧ le˩ le˥,
   痞　大　家，一　日　吼　唳　唳(注一)，
   bat˩(<bak˩) tsiu˩ tsit˩ e˧ kim˥,
   目　　　珠　一　兮　金，
   ts‘ui˩ kan˥ lã˥　　p‘ua˧ kue˥ ts‘e˥,
   　喙　□　□(注二)　破　鷄　杈，
   m˩ si˧ ts‘a˥ bŋ˩ tsiu˩ si˧ t‘ŋ˥ ts‘ni˥ be˥。
   伓　是　炒　飯　就　是　燙　瀙　糜。

2. ts‘ni˥ be˥ liŋ˥ ki˧ ki˥,
   瀙　糜　冷　嘰　嘰(注三)，
   to˥ siũ˧ be˥ tsia˩ lãi˩ tsi˥,
   倒　想　卜　食　荔　枝，
   lãi˩ tsi˥ iau˧ bue˥ aŋ˥,
   荔　枝　猶　瞼　紅，
   sim˧ pu˧ siũ˧ be˥ ban˥ k‘i˥ saŋ˥ pat˩ laŋ˥。
   新　婦　想　卜　挽　去　送　別　儂。

3. pat˩ laŋ˥ siũ˧ p‘ãi˥ se˩, tsau˥ k‘i˥ bi˩,
   別　儂　想　痞　勢，走　去　宓，
   bu˩ tio˩ ku˥ te˥ ka˩ pi˩,
   遇　着　龜　□　蚵　驚，
   pi˥ lun˩ t‘au˥, ku˥ tsau˥ k‘i˥ ka˩ kau˥,
   驚　脯　頭，龜　走　去　蚵　猴，
   kau˥ lut˥ bŋ˥,　　tsaŋ˩ ˩un t‘ŋ˥。
   猴　□　毛(注四)，㯧　搵　糖。

4. t‘ŋ˥ tĩ˥ tĩ˥, t‘e˥ k‘i˥ tsu˩ gu˩ lĩ˥,
   糖　甜　甜，扌　去　煮　牛　奶，
   gu˩ lĩ˥ k‘iu˧ k‘iu˧,　kam˥ tui˧ iu˧,
   牛　奶　□　□(注五)，柑　對　柚，
   iu˧ ho˩ tsia˥, p‘ua˥ le˩ uã˥ ka˩ lia˥,
   柚　好　食，破　籬　換　笳　□(注六)，
   ka˧ lia˥ ho˩ p‘ak˩ tau˧, ku˥ tui˧ hau˧。
   笳　□　好　曝　豆，龜　對　鷽。

---

　*　痞大家反映了臺北泉州腔的讀法，也是白讀系統。這個諺歌語言生動，流傳很廣。最後的一段我們作了適當的刪節。音標下加圓點，表示該處原讀如此。

注一：吼唳唳，[hau˧ le˩ le˥]，罵聲不絕的意思。

注二：□□，[kan˥ lã˥]，很像那個。

注三：冷嘰嘰，[liŋ˥ ki˧ ki˥]，冷、涼。

注四：□毛，[lut˥ bŋ˥]，退毛。

注五：□□，[k‘iu˧ k‘iu˧]，很有彈性，韌性的狀態。

注六：笳□，[ka˧ lia˥]，圓形的竹蓆。

5. hauˋ piŋˋ liˊ tŋˊ, ts'oˊ tikˋ tsueˋ heˊ kŋˋ,
　鑾　反　鼙　轉，鑢　竹　做　火　管，

heˊ kŋˋ punˊ boˊ hɔŋˊ,
　火　管　嗌　無　風，

tŋˊ tioˋ　siˋ tsimˊ poˊ p'aˊ lauˊ kɔŋˊ,
斷　着(注一)　四　嬸　婆　拍　老　公，

lauˊ kɔŋˊ piŋˋ liˊ tauˋ,
老　公　反　鼙　斗，

lauˊ taˊ keˊ tseˊ teˋ hauˋ。
老　大　家　坐　□　吼。

6. hauˋ laiˊ hauˋ k'iˊ tauˋ aˊ tauˋ,
　吼　來　吼　去　投　阿　斗，

aˊ tauˋ k'iˊ bueˊ oˊ,
　阿　斗　去　賣　蚵，

tsauˋ k'iˊ tauˋ mˊ poˊ,
　走　去　投　姆　婆，

mˊ poˊ k'iˊ tsueˋ k'eˋ,
　姆　婆　去　做　客，

tsauˋ k'iˊ tauˋ tuaˊ peˋ,
　走　去　投　大　伯。

7. tuaˊ peˋ k'iˊ bueˊ ts'ɔˊ tsuaˋ,
　大　伯　去　賣　粗　紙，

tauˊ laiˊ tauˊ k'iˊ tauˊ tioˋ guaˋ,
　投　來　投　去　投　着　我，

haiˊ guaˋ simˊ kuãˋ p'ɔkˋ p'ɔkˋ tuãˋ,
　害　我　心　肝　嘭　嘭　彈，

buˊ tioˋ kueˊ kakˊ lipˊ　kueˊ luãˊ,
　遇　着　鷄　角　入(注二)　鷄　嫩。

8. kueˊ luãˊ t'iauˋ loˋ tsĩˋ, tsĩˋ ɔˊ ɔˊ,
　鷄　嫩　跳　落　井，井　烏　烏，

tsikˋ kɔŋˋ kiaˋ tuˊ t'auˊ k'iˊ kutˋ tsuiˋ lɔˊ,
　叔　公　揭　鋤　頭　去　掘　水　路，

kutˊ tioˋ tsitˊ beˊ kɔˊ taiˊ　siˊ kunˊ gɔˊ,
　掘　着　一　尾　□　鯲(注三)　四　斤　五，

buˊ tioˋ t'ĩˊ ɔˊ ɔˊ, beˋ loˋ hɔˋ。
　遇　着　天　烏　烏，卜　落　雨。

9. t'iãˊ kɔŋˋ kuˊ hiãˊ beˋ ts'uaˋ bɔˋ,
　聽　講　龜　兄　卜　娶　母，

ts'anˊ liˊ(<ĩˊ) kiaˋ kiˊ kioˋ kanˊ k'ɔˋ,
　賸　嬰　　揭　旗　叫　艱　苦，

注一：斷着，[tŋˊ tioˋ]，碰上，碰見。
注二：入，[lipˊ]，動物交配。
注三：□鯲，[kɔˊ taiˊ]，魚名。

tsui˧ kue˩ kŋ˧ kio˧ tua˩ pat˥(<pak˥) tɔ˥,
水　　鷄　　扛　轎　　大　　腹　　　　　　肚，

tsit˥ la˥(<a˥) p'a˧ ŋgɔ˥ lo˩ sian˩ hi˩ te˥˧ tɔŋ˩ kɔ˥。
鯽　仔　　　拍　鑼　鱔　魚　□　　□　鼓(注一)。

10. ts'ua˩ ka˥˧ tsit˩ puã˧ pɔ˩,
　　娶　　□　　一　半　哺，

　　ku˧ hiã˧ k'i˥ ka˥˧ bin˧ ɔ˥ ɔ˥,
　　龜　兄　氣　合　面　烏　烏，

　　lau˩ tsik˥ kɔŋ˧ k'i˧ paŋ˧ tsɔ˥,
　　老　叔　公　去　幫　助，

　　sun˩ sua˩ kia˥˧ tu˧ t'au˩ k'i˧ sun˩ ts'an˩ t'ɔ˧,
　　順　續　揭　鋤　頭　去　巡　塍　塗，

　　k'io˥˧ tio˩ tsit˩ lã˧ ɔ˧。
　　抾　着　一　籃　芋。

11. p'ãi˧ ta˩ ke˩, ai˥ hau˥ kɔ˥,
　　痞　大家，愛　哮　咕，

　　ho˥ p'ãi˥ t'un˩ tsit˩ tɔ˥,
　　好　痞　墊　一　肚，

　　ts'u˥ pĩ˩ t'au˩ bey˥ ui˥ ɔ˥ ɔ˥,
　　厝　邊　頭　尾　圍　烏　烏，

　　ts'io˥ ka˥˧ bo˩ lit˥ t'aŋ˧ p'ak˥ k'ɔ˥。
　　笑　合　無　日　通　曝　褲。

12. t'am˧ tsia˥˧ kik˩ bo˩ p'ɔ˥,
　　貪　食　極　無　譜，

　　lau˥ sia˩ tsin˧ kan˧ k'ɔ˥:
　　落　瀉　真　艱　苦：

　　iau˩ siu˧ te˩ biã˩ ɔ˧ ku˧ p'oŋ˧ tɔ˥,
　　"夭　壽　□　命　烏　龜　膨　肚，

　　p'ãi˧ sim˧ kuã˧, ɔ˧ tŋ˩ tɔ˥。
　　痞　心　肝，烏　腸　肚。

13. sĩ˩ iam˧ taŋ˥ lɔ˥, e˩ tsia˥˧ buey˩ kiã˧ lɔ˧,
　　鹽　鹽　凍　露，會　食　鱠　行　路，

　　li˥ bey˥˧ si˥ tio˥˧ ts'ue˥ it˥ tsap˩ gɔ˥,
　　你　卜　死　着　初　一　十　五，

　　bey˥˧ ts'ut˥ suã˧ li˥ tio˥˧ hɔŋ˧ ka˥˧ hɔ˥,
　　卜　出　山　你　着　風　合　雨，

　　bey˥˧ k'io˥˧ kut˩ li˥ tio˥˧ ts'e˩ bo˩ bɔ˥。"
　　卜　抾　骨　你　着　□　無　墓。"

14. k'aŋ˧ ts'ui˩ t'i˧ te˥˧ pɔ˩,
　　空　喙　待　□　哺，

　　tsin˧ si˩ bo˩ huat˥ tɔ˥,
　　真　是　無　法　度，

　　pĩ˥ ka˥˧ tsau˥ k'aŋ˧ hey˥ ɔ˥ ɔ˥。
　　變　合　灶　空　火　烏　烏。

注一：□鼓，[lɔŋ˥ kɔ˥]，打鼓。

譯文

1. 兇婆婆,一天到晚罵咧咧,
   眼睛掃一下,
   嘴巴就象那趕鷄的竹杈把,
   不是炒飯就是熱稀粥。

2. 冷粥冷得叫吱吱,
   反而想要吃荔枝,
   荔枝還没紅,
   媳婦想摘去送別人。

3. 別人不好意思,去躱起,
   正碰上了烏龜在咬鱉,
   鱉縮頭,烏龜去咬猴,
   猴退毛,糭搵糖。

4. 糖甜甜,拿去煮牛奶,
   牛奶粘而稠,柑子對柚子,
   柚子好吃,破籬換竹蓆,
   竹蓆好晒豆,龜對鱟。

5. 鱟翻轉過身子,鋸段竹子做火筒,
   火筒吹没風,
   碰上了四嬸婆打老公,
   老公翻了個筋斗,
   老婆婆,坐在那裏嚎。

6. 嚎來嚎去告阿斗,
   阿斗去賣蚵,
   去告姆婆,
   姆婆去做客,
   去告大伯。

7. 大伯去賣草紙,
   告來告去碰着我,
   害得我心裏嘡嘡跳,
   碰上了小公鷄配小母鷄。

8. 小母鷄跳下井,井裏黑漆漆,
   叔公扛着鋤頭去挖水渠,
   挖着一條鮂魚四斤五,
   碰上了天黑黑,要下雨。

9. 聽説龜兄要娶妻,
   蜻蜓舉旗叫艱巨。

青蛙擡轎大肚皮，
鯽魚敲鑼，鱔魚在打鼓。

10. 娶得大半天，
龜兄氣得臉發黑，
老叔公去幫助，
順便扛着鋤頭巡田地，
撿着一筐芋頭。

11. 兌婆婆，太嘴饞，
好壞填上一肚子，
鄰居圍了一屋子，
笑得没有太陽好晒褲子。

12. 嘴饞没個譜，
又吐又瀉真艱苦：
"夭壽短命的烏龜脹肚，
壞心肝，黑腸肚。

13. 鹽鹹如凍露，會吃不會走路，
你要死必須碰着初一或十五，
要出殯你必須碰着風和雨，
要拾骨殖你必須找不到墓地。"

14. 一張嘴就在那裏罵，
真是没辦法，
弄得灶裏熄火一片黑。

四　柚仔花[*]

iuˇ aˊ hueˉ, kʻuiˋ peʔˋ peʔˇ,
柚　仔　花，　開　白　白，

tsiˋ peʔˋ pŋˋ,
煮　白　飯，

kiˋˇ lanˇ liˋ kˀˇ sãˉ kˀˇ　laiˋ tsiaʔˋ pŋˋ,
叫　咱　二　哥　三　哥　來　食　飯，

tsiaʔˋ tsiaʔˇ beʔˋ tˀˇ kʻiˋ?
食　食　卜　□　去?

beʔˋ tanˉ tsunˋ。
卜　等　船。

tanˉ bˀˋ tsunˋ,
等　無　船，

tanˊ tioʔˋ　tsitˋ tinˋ　tsaˋ bɔˊ ginˊ lãˉ(<ˀˇ) kunˋ,
等　着　一　陣　查　母　囝　仔　羣，

anˇ guanˉ tuaˋ bŋˋ kˀauˇ kiãˋ laiˋ kiãˋ kʻiˋ tsiapˋ tsiapˋ sunˋ,
按　阮　大　門　口　行　來　行　去　捷　捷　巡，

haiˋ guanˉ tiˋ buˇ ˌmˋ tsiaʔˋ pʻunˋ,
害　阮　豬　母　怀　食　潘，

tiˋ ˀˇ kiãˋ　ˌmˋ tueˋ kunˋ。
豬　仔　囝　怀　帶　羣。

譯文

柚子花，開白白，
煮白飯，
叫咱家的二哥三哥來吃飯，
吃過飯去哪里?
去等船。
等不到船，
反而等着一羣女孩子，
從我們家門口來來去去，
害得我們家母豬不吃食，
小豬崽不合羣。

---

[*] 柚仔花反映了臺南漳州腔讀法，是白讀系統。

五　天烏烏[*]

t'ĩ˧ ɔ˧ ɔ˧, beʔ˩ lɤʔ˩ hɔ˧,
天　烏　烏，卜　　落　雨，

kɔŋ˧ gã˧(<a˧) kiaʔ˩ ti˦ t'au˦,
公　仔　　　揭　鋤　頭，

k'i˦ kut˩ ɔ˦,
去　掘　芋，

kut˩ tiɤʔ˩ tsit˩ bue˦ hɔ˦ liu˧ li˩ kin˦ gɔ˧,
掘　着　一　尾　胡　溜　二　斤　五，

kɔŋ˧ gã˧(<a˧)　tsia˦ tsit˩ tɔ˧,
公　仔　　　食　一　肚，

pɤ˦ a˧　lau˥ tsit˩ k'ɔ˧。
婆　仔　落　一　褲。

譯文

天黑黑，要下雨，
老頭扛鋤頭，
去挖芋頭，
挖着一條泥鰍二斤五，
老頭吃一肚，
老婆拉一褲。

---

[*] 天烏烏反映了臺南漳州腔的讀法，也是白讀系統。

與廈門話語音同異比較表

本書導論第一節裏指出，福建廈門話是漢語閩南方言的代表點。今天臺灣閩南方言的語音系統，和廈門話極其相近，但又不完全一樣。下面列表比較其同異之處。

表中所用的廈門話記音材料，是由廈門大學中文系方言研究室所提供的聲韻調系統表，用字整理表，同音字表等材料整理的。

（一） 聲母的比較

臺灣閩南方言和廈門話聲母都是十四個，各聲母發音特點以及變化條件（如 b l g 在鼻音韻或鼻化韻前面變化爲 m n ŋ）也一樣。見附 1.1 表：

臺灣閩南方言		廈門話	例　字
泉州腔	漳州腔		
p	p	p	布
p'	p'	p'	破
b	b	b	磨
t	t	t	大
t'	t'	t'	坦
l	l	l	亂
ts	ts	ts	精
ts'	ts'	ts'	出
s	s	s	酸
k	k	k	件
k'	k'	k'	空
g	g	g	誤
h	h	h	鴻
∅	∅	∅	影

（二） 韻母的比較

臺灣閩南方言韻母七十七個，廈門話韻母八十六個，略有出入。下面分組比較。

(1) 開尾韻都是十二個。見附 1.2 表：

臺灣閩南方言		廈門話	例　字
泉州腔	漳州腔		
a	a	a	巴
ɔ	ɔ	ɔ	粗
o	ɤ	o	草
e	ue	e / ue	灰、
	e		體
ue	ue		坯
			回
i	i	i	支
u		u	猪
	u		夫
ia	ia	ia	寫
io	iɤ	io	表
iu	iu	iu	酒
ua	ua	ua	破
ui	ui	ui	水

表中廈門話 [e] 和 [ue] 互爲文白讀，如例字中的四個字在廈門話的讀法是：灰 [˳he]白、[˳hue] 文；體 ['t'e]文、['t'ue]白；坯 [˳p'e]白、[˳p'ue]文；回 [˳he]白、[˳hue]文。廈門話 [u] 韻個別字也可以讀 [i] 韻，如"猪、箸、思、去"等，但多數仍然讀 [u] 韵。

(2) 元音尾韻，都是四個。見附 1.3 表：

臺灣閩南方言		廈門話	例　字
泉州腔	漳州腔		
ai	ai	ai	臺
au	au	au	歐
iau	iau	iau	超
uai	uai	uai	懷

（3）鼻音尾韻，都是十五個。見附 1.4 表：

臺灣閩南方言		廈門話	例　字
泉州腔	漳州腔		
m	m	m	姆
ŋ	ŋ	ŋ	當
am	am	am	貪
an	an	an	丹
aŋ	aŋ	aŋ	邦
ɔŋ	ɔŋ	ɔŋ	宗
im	im	im	琴
iam	iam	iam	減
ian	ian	ian	堅
iŋ	iŋ	iŋ	政
iaŋ	iaŋ	iaŋ	亮
iɔŋ	iɔŋ	iɔŋ	中
uan	uan	uan	傳
in		in	真
	in		根
un		un	分
	un		

爲了比較的方便，暫且把 [m ŋ] 歸入鼻音尾韻一組。表中廈門話的 [iɔŋ]，原記音材料是 [ioŋ]。

（4）元音鼻化韻。臺灣閩南方言十四個，其中泉漳腔共有十個，漳州腔獨有四個，廈門話是十三個，但相互間的對應關係出入頗大。見附 1.5 表：（175—176 頁）

臺灣閩南方言		廈門話	例　字
泉州腔	漳州腔		
ã	ã	ã	打
ɔ̃	ɔ̃	ɔ̃	怒

臺灣閩南方言		廈門話	例　字
泉州腔	漳州腔		
ãi	ãi	ãi	耐
ãu	ãu	ãu	鬧
iã	iã	iã	請
iũ	iɔ̃	iũ	張
iãu	iãu	iãu	猫
uã	uã	uã	潘
ĩ	ĩ	ĩ	片
	ẽ	ẽ	嬰
	uẽ	uẽ	
uĩ	uẽ	uĩ	煤
	uãi	uãi	關

表中廈門話 [uẽ] 韻一行沒有例字，這是一個像聲詞韻母。凡像聲詞韻母，我們一概不算韻母數目，下同。

　　（5）入聲韻。臺灣閩南方言二十五個，其中泉漳腔對應兩個，屬於泉州腔獨有一個。廈門話二十九個。對應關係見附 1.6 表：（176—177 頁）

臺灣閩南方言		廈門話	例　字
泉州腔	漳州腔		
aʔ	aʔ	aʔ	拍
oʔ	ɤʔ	oʔ	桌
eʔ	ueʔ	eʔ	月
eʔ	eʔ	eʔ	伯
ueʔ		ueʔ	八
ueʔ	ueʔ	ueʔ	節
uiʔ	ueʔ	uiʔ	血
iʔ	iʔ	iʔ	鐵

臺灣閩南方言		廈門話	例　字
泉州腔	漳州腔		
iaʔ	iaʔ	iaʔ	頁
ioʔ	iɤʔ	ioʔ	約
uʔ	uʔ	uʔ	托
uaʔ	uaʔ	uaʔ	跋
		ɔʔ	
		iuʔ	惝
		aiʔ	
		auʔ	貿
		iauʔ	礉
		uaiʔ	
ap	ap	ap	答
at	at	at	達
ak	ak	ak	北
ɔk	ɔk	ɔk	駁
ip	ip	ip	緝
it	it	it	必
			席
ik	ik	ik	的
iat			革
	iat	iat	烈
iap	iap	iap	貼
iak	iak	iak	摔
iɔk	iɔk	iɔk	竹
ut	ut	ut	出
uat	uat	uat	發

在廈門話記音材料中，[ɔʔ]以及下面的[aiʔ]、[uaiʔ]都是像聲詞韻母。廈門 [iuʔ] 韵，只有陰入"惆" [kiuʔ]，~帶，鬆緊帶，臺灣閩南方言讀陰上 [ˈkiu]。廈門 [auʔ] 韻，只有"貿、雹"等少數字，臺灣閩南方言這類字不讀入聲韻，多數讀作陽去調。廈門[iauʔ]韻，只有陰入"嘐"，[kˈiauʔ]，像聲詞；又"礉" [kˈiauʔ]，硬~，硬而帶韌性，臺灣閩南方言讀陽去。另外，廈門的 [iɔk] 韻，原記音材料是 [iok] 韻。

(6) **鼻化入聲韻。**臺灣閩南方言五個，廈門話十二個。出入情況見附 1.7 表：

臺灣閩南方言		廈門話	例 字
泉州腔	漳州腔		
ãʔ	ãʔ	ãʔ	喑
ɔ̃ʔ	ɔ̃ʔ	ɔ̃ʔ	膜
ẽʔ	ẽʔ	ẽʔ	脈
ĩʔ	ĩʔ	ĩʔ	物
iãʔ	iãʔ	iãʔ	惝
		ãiʔ	
		ãuʔ	腴
		iãuʔ	
		uẽʔ	莢
		uãiʔ	
		mʔ	挼
		ŋʔ	

表中 [ãiʔ]、[iãuʔ]、[uãiʔ]、[ŋʔ] 都是像聲詞韻母。"腴"字廈門讀陰入[sãuʔ]，很脆説"真腴"，又"礐"讀陽入 [hãuʔ]，女性腐化墮落説"做儂真礐"。我們的調查材料均未發現有此説法。[uẽʔ] 韻廈門有"莢"讀陰入 [guẽʔ]，豆莢，"鑷"讀陰入 [guẽʔ]，鑷子，臺灣閩南方言泉州腔兩字均讀[geʔ]，漳州腔兩處均讀 [gueʔ]。[mʔ]韻廈門有"挼"讀陰入[hmʔ]，用木棍望下打説"挼落去"，臺灣閩南方言讀 [hm']，是陽去調。

(三) 聲調的比較

臺灣閩南方言和廈門話都是七個聲調(陰平、陽平、陰上、陰去、陽去、陰入、陽入)，調型完全一樣。調值上略有出入，這僅僅是由於處理方法不同的緣故，事實上也可以説是沒有差別的。

聲調的比較情況見附 1.8 表:

	陰平	陽平	陰上	陽上	陰去	陽去	陰入	陽入
臺　　灣 閩南方言	˥ 55	ˊ 24	ˋ 53	○	˩ 21	˧ 33	˩ 21	ˋ 53
廈　門　話	˧ 44	ˊ 24	ˋ 53	○	˩ 21	˧ 33	˩ 32	˧ 4

兩處變調的情況完全一樣,不另贅述。

與廈門話詞匯差異舉例

我們在導論第一節裏也説過,臺灣閩南方言與廈門話在詞匯方面存在着差異。這就是説,它們之間絶大多數詞匯,尤其基本詞匯是相同的,只有很少一部分詞匯存在着差異。差異情況舉例説明如下:

(一) 臺灣閩南方言的特有詞匯。這些詞匯在廈門話,甚至廈門以外的其他閩南方言是沒有的,它們是由臺灣特殊的歷史地理條件所造成的。例如:

大甲蘭 tai˩ kaʔˇ lin˧ 産於大甲(地名)的一種藺草,有名的大甲草帽就是用這種藺草編織的。

滬尾秫 hɔ˩ be(bue)ˇ tsut˥ 有名的糯米品種,産於淡水滬尾地區。

葫蘆墩米 lɔ˩ lɔ˧ tun˧ biˇ 有名的大米品種,産於臺中豐原地區。

在來米 tsai˩ lai˩ biˇ 泛指臺灣省内出産的大米。

九孔 kau˥ kʻaŋˇ(kʻɔŋˇ) 臺灣近海産的一種海螺。

山娘 suã˧ liũ˧ 長尾鯊

鷔殼鯊 hau˩ kʻakˇ sua˥ 哈那鯊

鳥鯊 tsiau˥ sua˥ 鯨鯊

花枝 hue˧ ki˥ 一種大的墨斗魚,産於臺灣附近海面。

寄牢 kiaˇ tiau˧ 冬閑時農户把牲畜寄養到山區多草的地方。

唐山 tŋ˧ suã˥ 指祖國大陸。

國姓公 kɔkˇ siŋˇ kɔŋ˧ 指鄭成功。

重洋 tiɔŋ˩ iũ(iɔ̃)˧ 據《臺灣縣志》:"自臺抵澎(湖島)爲小洋,自澎抵廈(門)爲大洋,故稱重洋。"

橫洋 huĩ(huãi)˩ iũ(iɔ̃)˩ 據《臺灣縣志》:"臺海潮流只分南北,臺廈往來,橫流而渡,故曰橫洋。"

破篷 pʻuaˇ pʻŋˇ 颱風來臨前夕,天空出現一片斷虹,猶如斷了的船帆,故名。

(二) 對於同一事物,臺灣閩南方言和廈門話用詞有差異。這一類詞匯,有兩點要注意:(1)用詞雖不一樣,但在一定語言環境下,雙方都可能理解,這部分詞匯占多數;(2)用詞不一樣,雙方互相不能理解,這部分詞匯占少數,而且臺灣閩南方言用詞,如究其來源,大部分可以在廈門話以外的其他閩南方言,或者在客家話等其他漢語方言裏找到出處。這一類詞匯舉例排列於下:

臺灣閩南方言		廈門話	注解説明
冰果店	piŋ˧ ko(kɤ)ˇ tiam˩	冰店	冷飲店
冰枝	piŋ˧ ki˥(臺南)	霜條	冰棍
枝仔冰	ki˧ a˥ piŋ˥(臺南)		
太白粉	tʻai˩ peʔˇ hun˥	藕粉	藕粉
□枋	tʻuaʔˇ paŋ˧	衫仔枋	洗衣板

烏枋	ɔ˦ paŋ˦	烏牌	黑板
亭仔骹	tiŋ˪ gãˊ(<ɣaˊ) k'aˊ	五骹 k'i'	沿街樓房遮陽的人行道
莊骹	tsŋˊ k'aˊ	鄉里	山村
草地	ts'auˋ tue(te)˦	山裏	十分避遠的山村
寄錢	kiaˇ tsĩˊ	在錢	存款,儲蓄
銀票	gun(gin)˩ p'io(p'iɣ)˩	紙字	紙幣
魚訊	hu(hi)˩ hɔŋˇ	發海	漁汛
繃瘡膏	ɣŋˊ ts'ŋˊ ko(kɣ)ˊ	粘布,膠布	橡皮膏
雷射	luiˑ sia˦	電光	激光
電晶體	tianˑ tsinˊ t'eˇ	半導體	半導體
收農機	siuˑ lɔŋˑ kiˊ	聯合收割機	聯合收割機
計程車	keˇ tiŋ˩ ts'iaˊ	出租汽車	出租汽車
公車	kɔŋˊ ts'iaˊ	公共汽車	公共汽車
卡仔機	k'aˊ aˊ kiˊ	ɔ塗機	挖土機
飛彈	huiˑ tuãˋ	導彈	導彈
核子彈	hatˑ tsuˊ tuãˋ	核彈	核彈頭

（三）臺灣閩南方言和廈門話都有一些外語借詞,有的已經根深蒂固,成爲方言的基本詞匯了,以致於人們很難辨別出來,例如"雪文",音[sapɣ bunˋ],音變爲[samɣ bunˋ],指"肥皂",人們都以爲這是方言固有詞,其實這是最早來源於法文的"savon"的外語音譯詞,[samɣ bunˋ]只是近似音。這一點是共同的。

　　也有不同的地方。臺灣閩南方言有一些直接的外語借詞,是廈門話所沒有的。這種情況和臺灣省近數百年的歷史有着緊密的聯係,這里不待詳説。但是情況也很不一樣。從我們記錄到的詞匯來看,西班牙和葡萄牙殖民主義者的入侵,它們在語言上留下的痕迹很少。荷蘭殖民主義者侵佔臺灣的時間較長,但在語言上所殘留的影響實際上也很小,現在最常用的荷蘭語借詞,我們只記錄到"甲"一個詞。"甲"荷蘭語爲cup,是度量單位,一甲相當於十三市畝多一點。至於英語的影響直接到達臺灣,這是最近三十幾年的事情。它對該方言的影響是通過普通話再音譯的,如"卡通影片"(carton)、"菲林"(film)等,並且還沒有爲該方言所真正接受。

　　影響較大的應該算日語。日本帝國主義侵佔期間,實行野蠻的"語言同化"政策,一方面固然使臺灣閩南方言接受了一些日語借詞,另一方面却使臺灣愛國同胞努力保護自己的漢語閩南方言,促進了它的統一和發展,成爲反抗日本佔領者的一種有力工具。因此,臺灣回歸祖國懷抱以後,曾一度滲透到臺灣閩南方言裏的、帶有殖民地色彩的日語借詞一下子就消失殆盡,剩下爲數不多的生活用詞和科技術語,也有很大一部分爲該方言的固有詞匯所取代,或並行使用。

　　下面把我們記錄到的日語借詞抽出一部分,按借用情況分別舉例説明,遇有並行使用的方言詞也一併寫出。日語讀音用黑本式羅馬字拼寫。詞前注有星號"＊",表示該詞在廈門話裏也可以用。

　　（1）用該方言的讀音,借用日語詞匯的漢字形式和詞匯的基本意義。如遇有文白兩讀對應的漢字,大多使用文讀音,用白讀音的極少數。例如:

借詞和方言音	日語音	方言詞	注解和説明
*埠頭 pɔˊ tʻauˋ	futo	碼頭	碼頭
*便當 pianˋ tɔŋˊ	bentō	——	簡便盒裝飯菜
坪 pĩ(pẽ)ˋ	tsubo	——	度量單位，一坪約合六平方英尺
萬年筆 banˋ lianˋ pitˋ	mannenhitsu	鋼筆	鋼筆
朝顔花 tiauˋ ganˋ hueˊ	asagao	鼓吹花	牽牛花
電球 tianˋ kiuˋ	denkiū	電珠	電燈泡
町内 tiŋˋ laiˋ	chionai	——	街道範圍以内
天然痘 tʻianˋ lianˋ tauˋ	tennento	——	天花
人參 linˋ simˋ	ninjin	紅菜頭	胡蘿蔔
自動車 tsuˋ tɔŋˊ tsʻiaˋ	jidoshia	汽車	汽車
自轉車 tsuˋ tsuanˋ tsiaˊ	jidenshia	骹踏車	自行車
卒業 tsutˋ giapˋ	sotsugio	畢業	畢業,結業
車掌 tsʻiaˋ tsiɔŋˋ	shiashio	——	車上的服務員
超勤 tsʻiauˋ kʻun(kʻin)ˋ	chiokin	——	加班加點
欠勤 kʻiamˋ kʻun(kʻin)ˋ	kekkin	——	缺勤,遲到
禁足 kimˋ tsiɔkˋ	kinsoku	——	一種關禁閉辦法，即假日期間不準外出
飛行機 hueˋ liŋˋ kiˊ	hikōki	飛機	飛機
放送 hɔŋˋ saŋˋ	hōsō	廣播	廣播
蓄音機 hiɔkˋ imˋ kiˊ	chikuonki	——	留聲機
野球 iaˋ kiuˋ	yakiu	——	棒球
運轉手 unˋ tsuanˋ tsʻiuˋ	untensiu	司機	司機,駕駛員

（2）用該方言的近似讀音，音譯日語的外來語詞匯（極個別是日語固有詞）。這些借詞一般不寫漢字，如果需要寫出漢字的話，多數也是依音找字，從漢字本身是體會不出意義的。例如：

借詞方言音	日語音	方言詞	注解説明
piˋ aˊ lõˋ	piano	——	鋼琴
pʻianˋ tsiˋ	penchi	——	鉗子
pʻɔŋˋ puˋ	ponpu	——	水泵
bãˊ laˊ liˊ aˋ	mararia	着寒熱	瘧疾
bõˋ tʻaˋ	mōtā	——	電動機
*tʻaˋ tʻaˋ bĩˋ	tatami	——	當牀鋪用的墊席
kʻaˋ suˋ tʻeˋ laˋ	kasutera	卵糕	鷄蛋糕
aˋ pʻaˋ to(tɤ)ˋ	apāto	——	公寓
aˋ bõˋ lĩˊ aˋ	anmonia	——	氨
aˋ luˋ bĩˋ	arumi	——	鋁
eˋ pʻutˋ lɔŋˋ	epuron	圍裙	長的圍裙

（3）部分借用日語，加上臺灣閩南方言的固有詞匯，構成新的詞，使詞義更加明確，姑且也

把它們歸入外語借詞,但這類借詞數量很少。例如:

　　鐵枝□□□　t'iˑ kiˉ k'ɔŋˋ k'uˋ liˋ　鋼筋水泥。日語是"鐵筋 konkulito", 由日語詞"鐵筋" (tetken) 和外來詞 "konkulito" 拼合組成。方言用固有詞"鐵枝"取代日語詞"鐵筋", 加外來借詞部分,構成新詞。

　　水道水　tsuiˉ to(ɤ)˩ suiˋ　自來水。用日語詞"水道" (suido) 加方言詞"水"構成。

　　看護士　k'anˋ hɔ˩ suˋ　護士。用日語詞"看護婦" (kangohu),去掉"婦",加上方言詞"士"構成。

　　放送機　hɔŋˉ saŋˋ kiˉ　擴音器。用日語詞"放送" (hōsō) 加方言詞"機"構成。

　　小使仔　siauˉ ruˑ ɤˋ　雜役。用日語詞"小使" (kotsukai) 加方言詞"仔"構成。